史記菁華錄

清・姚祖恩 編著

目錄

聯經出版事業公司校印

卷四

卷五

卷六

「史記菁華錄」讀法指導大概

朱自清

讀「史記菁華錄」，不可不知道「史記」的大概。「史記」的作者司馬遷的傳敘，有「史記」的末篇「自序」。那篇歷敘他的家世，傳述他父親的學術見解和著述志願，又記載他自己的遊覽各地和繼承先志，然後說到「史記」的編例和內容。「漢書」裏的「司馬遷傳」，就直鈔那篇的原文，不過加入了遷報任安的一封書信罷了。現在爲便利讀者起見，作司馬遷傳略如下：

司馬遷，字子長，生於龍門（龍門是山名，在今山西省河津縣西北，陝西省韓城縣東北，分跨黃河兩岸，形如門闕）。他的生年有兩說：一說是漢景帝中元五年（公元前一四五年），一說是漢武帝建元六年（公元前一三五年），相差十年，據近人考證，前一說爲是。他的父親談，於各派學術無所不窺，當武帝建元元封之間，爲太史令。談死於元封初年（元封元年當公元前一一〇年），遷即繼職爲太史令。因此，「史記」中稱父親，稱自己，都作「太史公」（「天官書」裏有「太史公推古天變」一說，「封禪書」裏有「有司與太史公祠官寬舒議」「太史公祠官寬舒等曰」兩語，其中的「太史公」，和「自序」前篇用了六次的「太史公」，都是稱父親；各篇後面「贊」的開頭「太史公曰」的「太史公」，都是稱自己。官是太史令，爲什麼稱「太史公」呢？關於此點，解釋很多。有的說，「太史公」是官名，其位極尊；駁者却說，「漢書」「百官公卿表」中並沒有這個官。有的說，稱「令」爲「公」，同於邑令稱「公」；駁者却說，這是僭稱，用來稱呼別人猶可，那裏有用來自稱的？有的說，遷尊其父，故稱爲「公」；駁者却說，明明自稱的地方也作「公」，爲什麼對自己也要「尊」？有的說，尊父爲「公」，是遷的原文，尊遷爲「公」，是後人所改；駁者却說，後人這一改似乎有點愚。有的說，這個「公」字並沒有特別表示尊重的意思，只如古代著書，自稱爲「子」或「君子」而已；此說用來解釋稱父和自稱，都比較圓通，但得其眞際與否，還是不可知）。遷在青年時期去游覽；「自序」裏說：「二十而南游江淮，上會稽，探禹穴，闚九疑，浮於沅湘，北涉汶泗，講業齊魯之都，觀孔子之遺風，鄉射鄒嶧，戹困鄱薛彭城，過梁楚以歸」，黃河，長江流域的大部分，他都到過，回來之後，作「郎中」的官。元封元年，「奉使西征巴蜀以南，南略邛笮昆明」，便又游覽了西南地方。及繼任了太史令，於太初元年（公元前一〇四年）開始他的著作。

「自序」裏說：「余嘗掌其官，廢明聖盛德不載，滅功臣世家賢大夫之業不述，墮先人所言，罪莫大焉。……於是論次其文」，可見他從事著作爲的是繼承先志。「論次其文」是就舊聞舊文加以整理編排的意思；他既受了父親的薰陶，又讀遍了皇室的藏書，觀察了各地的山川，風俗，接觸了在朝在野的許多人物，自然能夠取精用宏，肆應不窮。天漢二年（公元前九九年），李陵與匈奴戰，矢盡力竭，便投降了匈奴。消息傳來，一班朝臣都說陵罪很重；武帝問到遷，遷獨替李陵辨白。他說：陵事親孝，與士信，常奮不顧身，以殉國家之急，其素所畜積也，有國士之風。今舉事一不幸，全軀保妻子之臣隨而媒蘗其短，誠可痛也！且陵提步卒不滿五千，深輮戎馬之地，抑數萬之師，虜救死扶傷不暇，悉舉引弓之民，共攻圍之。轉鬬千里，矢盡道窮，士張空拳，冒白刃，北首爭死敵，得人之死力，雖古名將不過也。身雖陷敗，然其所摧敗，亦足暴於天下。彼之不死，宜欲得當以報漢也」（見漢書李陵傳，報任安書中也提到這一層，大致相同）。這是說李陵人品既好，將才又出衆，戰敗是不得已，投降是有所待。武帝以爲遷誣罔，意在毀謗貳帥將軍李廣利（那一次打匈奴，李廣利將三萬騎，爲主力軍，但沒有與單于大軍相遇，因此少有功勞），並替李陵說好話；便治他的罪，處以最殘酷的腐刑（割去生殖器）。這不但殘傷了他的身體，同時也打擊了他的精神；報任安書中說：「禍莫憯於欲利，悲莫痛於傷心，行莫醜於辱先，而詬莫大於宮刑。刑餘之人，無所比數，非一世也，所從來遠矣。昔衞靈公與雍渠載，孔子適陳；商鞅因景監見，趙良寒心；同子參乘，爰絲變色：自古而恥之。夫中材之人，事關於宦豎，莫不傷氣，況忼慨之士乎！」從這些話，可知他的羞憤和傷心達到了何等程度。受刑之後不久，他又作「中書令」的官。對於著作事業，還是繼續努力；報任安書中有「所以隱忍苟活，函糞土之中而不辭者，恨私心有所不盡，鄙沒世而文采不表於後也。古者富貴而名摩滅，不可勝記，唯俶儻非常之人稱焉。蓋西伯拘而演周易；仲尼戹而作春秋；屈原放逐，乃賦離騷；左丘失明，厥有國語；孫子臏脚，兵法修列；不韋遷蜀，世傳呂覽；韓非囚秦，說難孤憤；詩三百篇，大抵賢聖發憤之所爲作也；此人皆意有所鬱結，不得通其道，故述往事，思來者。及如左丘明無目，孫子斷足，終不可用，退論書策，以舒其憤思，垂空文以自見」的話，說明了他在痛苦之中，希望立言傳世，垂名於久遠的心理。接着就說：「僕竊不遜，近自託於無能之辭，網羅天下放失舊聞，考之行事，稽其成敗興壞之理，凡百三十篇；亦欲以究天人之際，通古今之變，成一家之言。草創未就，適會此禍；惜其不成，是以就極刑而無慍色。」寫這封書信的時候，既說了「近自託於無能之辭」的話，又有了「百三十篇」的總數，他的初稿大概已經完成了。這封書信，據近人考證，作於征和二年（公元前九一年）：其時遷從武帝幸甘泉，甘泉今陝西省淳化縣西北，距長安西北二百里，所以書中說「會東從上來」；次年正月武帝要幸雍，遷也將從行，所以書中說「僕又薄從上上雍」（「薄」是「近」和「迫」的意思，也就是「立刻要」）。如此說來，他的著作，從開始著手到初稿完成，共佔了十幾年的時間；一部開創的大著作，十幾年的工夫自然是要的。他的死年不可知，大概在武帝末年或昭帝初年（武帝末年當公元前八七年）；年齡在六十歲左右。

司馬遷所著的書，他自己並不稱爲「史記」。原來「史記」這個名詞，在古代是記事之史的通稱，這在司馬遷書裏，就有許多證據。如「周本紀」裏說：「周太史伯陽讀史記曰：『周亡矣！』」這「史記」指周室所藏的記事之史；「孔子世家」裏說孔子「因史記，作春秋」，「十二諸侯年表序」裏說孔子「論史記舊聞，興於魯而次春秋」這「史記」指孔子所見的記事之史；「自序」裏說：「諸侯相兼，史記放絕」，「六國年表序」裏說：「秦既得意，燒天下詩書，諸侯史記尤甚」，這「史記」指各國所有的記事之史；「天官書」裏說；「余觀史記考行事，百年之中，五星無出而不反逆行」，這「史記」指漢代的記事之史，從「百年之中」一語可以推知；「自序」

聯經出版事業公司校印

裏說：「紬史記石室金匱之書」，這「史記」兼指漢代、秦代（秦國秦記獨存，「見六國年表序」），及殘餘的各國的記事之史，這些都是他著書的參考資料。司馬遷沒有把「史記」這個通稱作爲自己的書的專名，也沒有給自己的書取一個統攝全部的別的專名；他在「自序」裏，只說「著十二本紀，……作十表，……作八書，作三十世家，……作七十列傳，凡百三十篇，五十二萬六千五百字，爲太史公書」而已。班固撰「漢書」，其「藝文志」承沿着劉歆的「七略」，稱司馬遷書爲「太史公百三十篇」，沒有「書」字。他的父親班彪論史家著述，將太史公書與左氏，國語，世本，戰國策，楚漢春秋並擧（見後漢書班彪傳）。這可見在班氏父子當時，還沒有把司馬遷書稱爲「史記」的。但范曄在後漢書班彪傳的敍述語中，却有「司馬遷著史記」的話。據此推測，「史記」成爲司馬遷書的專名，該是起於班范之間，從漢書到晉宋的時代。

「史記」一百三十篇，就體例而言，分爲五類，就是：「本紀」，「表」，「書」，「世家」，「列傳」。「本紀」記載帝王的事蹟，從五帝（黃帝、帝顓頊、帝嚳、帝堯、帝舜）到漢武帝，有年的分年，沒有年的分代，「表」編排各代的大事，年代已經不可考的作「世表」，年代可考的作「年表」，變化太劇烈的時候作「月表」；並表列漢興以來侯王的封立和將相的任免。「書」敍述文化的各部門，如禮節、曆法、祭祀、水利、財政等，都分類歷敍，使讀者對於這些方面得到系統的知識。「世家」按國按家並按着年代世系，記載若干有重要事蹟的封建侯王，體例和本紀相同，不過本紀記的是統治天下的人，世家記的是統治一個區域的人，有這一點分別而已。「列傳」記載自古到漢或好或壞的重要人物，以及邊疆內外的各國狀態。這五類所包容，範圍很廣大，組織很完密；在漢朝當時，實在是一部空前的「中國通史」。自從有了「史記」，我國史書的規模就確定了，以後史家作史大多模仿牠，現在所謂「二十四史」，除了「史記」以外的二十三史，體例都與「史記」相同（不過「世家」一類，以後的史中沒有了。「書」一類自從「漢書」改稱了「志」，便一直沿用下去，都稱「志」而不稱「書」。「表」和「志」並非各史都有，其沒有這兩類的，便只有「紀」和「傳」了）。這種體例稱爲「紀傳體」，與另外兩個重要史體「編年體」和「紀事本末體」相對待。

五類之中，「本紀」和「世家」兩類都有幾篇足以引起人疑問的，這裏簡略的說一說。先說「本紀」方面。秦自莊襄王以上，論地位還是諸侯，應該入「世家」；遷却作了「秦本紀」，這是一點。項羽並沒有得天下，成帝業；遷却作了「項羽本紀」，

聯經出版事業公司校印

這是二點。惠帝作了七年的天子，遷不給他作「本紀」，却作了「呂太后本紀」，這是三點。以上三點疑問，看了「自序」的話，都可以得到解答。「自序」裏說：「略推三代，錄秦漢，上記軒轅，下至於玆，著十二本紀，旣科條之矣」。「科條之」是科分條例，舉其大綱的意思；換句話說，十二「本紀」是全書的綱領。旣要「錄秦漢」，自不得不詳及秦的先代。「秦本紀」裏說：「秦之先伯翳，帝顓頊之苗裔」，「秦始皇本紀」贊裏說：「秦之先伯翳，嘗有勳於唐虞之際」，都是說秦的由來久遠。「秦始皇本紀贊」裏又說：「自繆公以來，稍蠶食諸侯，竟成始皇」，「自序」裏說：「昭襄業帝，作秦本紀第五」，都是說秦的帝業的由來。況且諸侯史記大多散失，獨有秦記保存着；要舉綱領，自宜將秦列入「本紀」了。項羽自爲西楚霸王，「霸」是「伯」的借字——「伯長」的意思，「霸王」便是諸侯之長。他實際上爲諸侯之長，所以「項羽本紀」贊裏說：「分裂天下，而封王侯，政由羽出，號爲霸王」。那自宜將他列入「本紀」了。惠帝當元年的時候，因爲呂太后「斷戚夫人（高祖的寵姬）手足，去眼煇耳，飲瘖藥，使居厠中，命曰『人彘』」，便派人對太后說：「此非人所爲；臣爲太后子，終不能治天下。」遷旣記載了這個話，下文又說，「孝惠以此日飲爲淫樂，不聽政。」在元年，惠帝便不聽政了；惠帝即位以後，實際上綱紀天下的是呂太后。那自宜將她列入「本紀」了。再說「世家」方面。孔子並非侯王，志與老、莊、孟、荀同等，入「列傳」；遷却作了「孔子世家」，這是一點。陳涉起自羣盜，自立爲陳王，六月而死，以後就沒有子孫傳下去了，這與封建侯王的情形不同，也應入「列傳」；遷却作了「陳涉世家」，這是二點。「外戚世家」記載后妃，后妃與封建侯王更不相類，爲什麼要爲他們作「世家」？這是三點。以上三點疑問，也可以從「自序」得到解答。「自序」裏說，「二十八宿環八辰，三十輻共一轂，運行無窮，輔拂股肱之臣配焉，忠信行道，以奉主上，作三十世家」。這說明了「世家」所敍人物，都是對統治者盡了「輔拂（同『弼』字）股肱」的責任的。孔子不仕於周室，在周固非「輔拂股肱之臣」；但在漢朝人觀念中，孔子垂教乃是「爲漢制作」，他的功勞，實在當代功臣之上；「自序」裏說：「爲天下制儀法，垂六藝之統紀於後世」，便表示這個意思。那自宜將他列入「世家」了。漢室的興起，由於天下豪傑羣起反秦，而反秦的頭一個，便是陳涉。「高祖本紀」裏說：「陳勝等起蘄，至陳而王，號爲『張楚』，諸郡縣皆多殺其長吏，以應陳涉」；高祖便是響應陳涉的一個。「陳涉世家」裏說：「陳勝雖已死，其所置遣侯王將相竟亡秦，由涉首事也」。「自序」裏說：「天下之亂，自涉發難。」可見陳涉對於漢室雖沒有直接的功勞，間接的關係却非常重大，如果陳涉不發難，也許就沒有漢室。那自宜將他列入「世家」了。至於后妃列入「世家」，因爲她們對於統治者輔弼之功獨大；換句話說，她們影響統治者最爲深切。「外戚世家」開頭說：「自古受命帝王，及繼體守文之君，非獨內德茂也，蓋亦有外戚之助焉。夏之興也以塗山，而桀之放也以末喜，殷之興也以有娀，紂之殺也嬖妲己；周之興也以姜原及大任，而幽王之禽也淫於褒姒。」便說明這層意思。

五類之中，「列傳」分量最多；體例並不一致，又可以分爲三類，就是：「分傳」，「合傳」，「雜傳」。「分傳」是一篇敍一個人，如「孟嘗君」「信陵君」「李斯」「蒙恬」等傳都是。「合傳」是一篇敍兩個人或兩個人以上，或因事蹟關聯，不可分割，便敍在一起，如「廉頗藺相如傳」是；或則時代雖隔，而精神相通，也便敍在一起，如「屈原賈誼傳」是。「雜傳」是把許多人，其學業或技藝或治術或行爲相類的，按照先後敍在一篇裏，計有「刺客」「循吏」「儒林」「酷吏」「游俠」「佞幸」「滑稽」「日者」「龜策」「貨殖」十篇，合了「扁鵲倉公傳」（該是「醫者列傳」，但遷並沒有標明），共十一篇。

「史記」中「本紀」「世家」「列傳」三類，都是敍述人物和他們的事蹟的，那些篇章並不是獨立的單位，一個人物的性行，一件事情的原委，往往散見在若干篇中，讀者要參看了若干篇才可以得其全貌；這由於作者認一百三十篇是整部的書。他期望讀者讀的時候，不僅抽讀一篇兩篇，而能整部的讀。其所以運用這樣作法，有幾層理由可以說的。第一，一部「史記」包括若干人物的事蹟，這若干人物的事蹟，必然有若干共同的項目；若把每個人物的事蹟，都敍述在關於其人的篇章裏，必然有若干重複或雷同，就整部書看起來，便是浪費了許多可省的篇幅。所以作者把這些共同的事蹟，敍述在關於主角的篇章裏，同時連帶敍及與此有關的其他人物；而在關於其他人物的篇章裏，便節省筆墨，單說一句「見某篇」了事，有時連這一句也省去了。這叫做「互見」，其主要目的在於避免重複。例如管仲晏嬰兩人的重要事蹟，都敍在「齊世家」裏；於是在「管晏列傳」裏，對於管仲，便只敍他與鮑叔的交情和他的政治主張兩點，對於晏嬰，便只敍他事齊三世，與越石父交和薦其御者爲大夫三點。大概遷以爲管晏的重要事蹟，都與齊國關係極大，而管晏與齊國比較，自然齊國居於主位，所以敍在「齊世家」裏，「齊世家」裏既然敍了，爲避免重複起見，「管晏列傳」裏就不再敍了。若不明白這個「互見」的體例，單就「晏管列傳」求知管晏，那是不會得其全貌的。第二，「互見」的體例不只在避免重複，又常用來寄託作者對於歷史人物的褒貶。作者認爲某人物該褒，便在關於其人的篇章裏，專述其人的長處，作者認爲某人物該貶，便在關於其人的篇章裏，專述其人的短處；遇到該褒的人確有短處，無可諱言，該貶的人確有長處，不容不說的時候，便也用「互見」的辦法，都給放到另外的篇章裏去。例如「信陵君傳」，前面既說「諸侯以公子賢，多客，不敢加兵謀魏十餘年」；末後又說「秦聞公子死，使蒙驁攻魏，拔二十城，初置東郡，其後秦稍蠶食魏，十八歲而虜魏王，屠大梁」：隱隱表示信陵君的生死，影響到魏國的存亡。這由於遷對信陵君太傾倒了，任着感情寫下去，以至「褒」得過了分寸。所以「魏世家」贊裏又說：「說者皆曰，魏以不用信陵君，故國削弱；余以爲不然」。讀者若單看「信陵君傳」而不注意「魏世家」贊裏的話，對於遷的史識，就不免要發生誤會。又如「信陵君傳」寫信陵君的個性，先提明「公子爲人仁而下士」，以下所敍許多故事，便集中在這一點；所以就文章論，這是一篇完整之作。但「仁而下士」只是信陵君個性的好的一方面；還有不甚高明的方面，却在另外的章篇裏。「范睢傳」裏敍秦昭王要爲范睢報仇，向趙國索取從魏國逃到平原君家裏的魏齊，魏齊往見趙相虞卿，虞卿便解了相印，與魏齊同到大梁，欲見信陵君，信陵君猶豫不肯見，魏齊怒而自剄。虞卿可以丟了高官，陪着朋友亡命；信陵君與魏齊同宗，偏偏顧忌着秦國，拒而不見，無怪要引起侯嬴的譏刺了。同傳裏又敍秦昭王把平原君騙到秦國，軟禁起來，向他要魏齊的頭；平原君只說：「貴而爲友者爲賤也，富而爲交者爲貧也；夫魏齊者，勝之友也，在固不出也，今又不在臣所。」平原君看重交情，表示得這麼勇決，以與信陵君的顧忌猶豫相對比，更可見出信陵君的「仁」並非毫無問題。讀者若單記着「信陵君傳」裏的「仁而下士」，對於信陵君的個性，就只知識了一半。第三，「互見」的體例，又常用來掩護作者，以免觸犯忌諱。事實上是這樣，而在作者所處的地位，却不容不說那樣，否則便觸犯忌諱；於是也用「互見」的辦法，使讀者參互求之，自得其眞相。例如遷對於高祖項羽兩人，他的同情似乎完全在項羽方面，但他是漢朝的臣子，不容不稱讚高祖；因此，他寫兩人就運用「互見」的體例，大概從正面寫時，高祖是一個長者，而項羽是一個暴君，從側面寫時，便恰正相反。「高祖本紀」開頭說高祖「仁而愛人」，這是正面。在其他篇章裏，便常有相反的記載。「張丞相傳」裏記載周昌對高祖說：「陛下即桀紂之主也」；「佞幸列傳」裏直說「高祖至暴抗也」；此外見於「張耳陳餘列傳」「魏豹彭越列傳」「淮陰侯列傳」「酈生傳」裏的，不一而足。從這許多記載，讀者可以見到高祖怎樣的暴而無禮，恰正是「仁而愛人」的反面。「蕭相國世家」裏記載蕭何請把上林中空地，讓人民進來耕種，高祖大怒，教廷尉論蕭何的罪，其後對蕭何說：「相國休矣！相國爲民請苑，吾不許，我不過爲桀紂主，而相國爲賢相；吾故繫相國，欲令百姓聞吾過也。」「桀紂主」的話，高祖自己也說出來了，可見高祖連假裝「仁而愛人」的心思也並不存的。「高祖本紀」裏說：「懷王諸老將皆曰：『項羽爲人慓悍滑賊』」，這是正面。在其他篇章裏，便也常有相反的記載。「陳丞相世家」裏記載陳平對高祖說：「項羽爲人，恭敬愛人，士之廉節好禮者多歸之」，「淮陰侯列傳」裏記載韓信對高祖說：「項羽見人，恭敬慈愛，言語嘔嘔，人有疾病，涕泣分食飲」，便在「高祖本紀」裏，也留着王陵的「項羽仁而愛人」一句話。陳平韓信都是棄楚歸漢的人，王陵的母親在楚死於非命，他們三個人對於項羽，當然不會有過分的好評；把他們的話合起來看，項羽「恭敬愛人」該是眞的，恰正是「慓悍滑賊」的反面。讀者若不把各篇參看，對於高祖項羽兩人，就得不到眞切的認識。

「互見」的體例具有避免重複，寄託褒貶，掩飾忌諱三種作用，「史記」是這樣，以後仿模「史記」的許多史書也是這樣。因此，凡屬「紀傳體」的史書，必須統看全部，才會得到人物及其事蹟的眞相；倘若僅僅抽讀一篇兩篇，那所得的只是個朦朧而不切實的印象而已。所以，在欲知一點史實的人，「紀傳體」的史書並非必讀；

現在有好些研究歷史的人，給大學生作了「中國通史」；給中學生讀的「中國通史」似乎還沒有，但編輯得完善一點的歷史教本，也足夠使中學生知道史實了。「紀史本」的史書，就其性質而言還只是一種材料；把牠參互比觀，仔細鉤稽，是史學專家和大學史學系學生的工作，僅僅欲知一點史實的人是不能而且也不必去做的。還有，「紀傳本」以人物爲經。自不得不以紀事蹟爲緯，即使不嫌重複，想不用「互見」的體例，事實上也辦不到。而在欲知史實的人，却是事蹟重於人物。一件事蹟往往延續到若干年，另外一種「編年體」爲要編年，把整件事蹟分隔開來，看起來也不方便。所以宋朝袁樞在「紀傳體」和「編年體」之外，創立「紀事本末體」而作「通鑑紀事本末」，牠把一件大事作題目，凡司馬光「資治通鑑」中關於這件大事的記載，都鈔來放在一起，這樣，一件事蹟便有頭有尾，牠的前因後果都容易看明白了。在舊式的史書中，「紀事本末體」比較適宜於一般欲知史實的人，這是應該知道的。

現在的「史記」並不是司馬遷當時的原樣，已經經過了許多人的增補和竄改。「漢書」「司馬遷傳」載了「史記自序」之文，接着說：「遷之自敍云爾，而十篇缺，有錄無書。」這是說整篇的缺失，而古代簡策，保存不易，零星的殘逸，也是可以想見的事。修補「史記」的，以漢褚少孫爲最早；又有馮商和孟柳，「俱待詔，頗序列傳」（見漢書藝文志顏師古注）；東漢時有楊終，「受詔刪太史公書爲十餘萬言」（見後漢書楊終傳）；唐劉知幾「史通」外篇「古今正史」中說「史記」之後，「劉向、向子歆、及諸好事者若馮商、衞衡、楊雄、史岑、梁審、肆仁、晉馮、段肅、金丹、馮衍、韋融、蕭奮、劉恂等相次撰續，迄於哀平，猶名『史記』。」這些增補刪削的本子，與原書混和起來是很容易的，着手混和的人也不一定爲着存心作僞。現在的「史記」，惟褚少孫的補作低一格刊物，或更標明「褚先生曰」，可以一望而知，此外的增補和竄改便不能辨別了。舊注中頗有辨僞的考證；歷代就單篇零句加以考證的，多不勝舉；清崔適作「史記探源」八卷，舉出僞竄之處特別多，雖未必完全可靠，但一般批評都認爲當得「精博」兩字。

關於「史記」的注釋，宋裴駰的「史記集解」，唐司馬貞的「史記索隱」，唐張守節的「史記正義」，合稱「三注」，現在都附刊在「史記」裏。「史記集解」的序文中說：「考較此書（指『史記』），文句不同，有多有少，莫辯其實，而世之惑者，定彼從此，是非相貿，眞僞舛雜。故中散大夫東莞徐廣，研核衆本，爲作『音義』，具列異同，兼述訓解；粗有所發明，而殊恨省略。聊以愚管，增演徐氏，采經傳百家并先儒之說，豫是有益，悉皆抄內，刪其游辭，取其要實，或義在可疑，則數家兼列，……號曰『集解』；未詳則闕，弗敢臆說。」「史記索隱」的序文中說：「貞謏聞陋識，頗事鑽研，而家傳是書（指『史記』），不敢失墜。初欲改更舛錯，裨補疎遺，義有未通，兼重註述。然以此書殘缺雖多，實爲古史，忽加穿鑿，難允物情。今止探求異聞，採摭典故，解其所未解，申其所未申者，釋文演註，又爲述贊。凡三十卷，號曰『史記索隱』。」「史記正義」的序文中說：「守節涉學三十餘年，六籍九流，地里蒼雅，銳心觀採，評史漢，詮衆訓釋而作正義。郡國城邑，委曲申明，古典幽微，竊探其美，索理允愜，次舊書之旨，音解兼注，引致旁通，凡成三十卷，名曰『史記正義』。」看了以上所引，約略可以知道「三注」的大概。若作「史記」的研究，單看「三注」是不夠；因爲關於「史記」任何方面的考據，從唐以後還有很多，就是現在也常有人發表新見，必須搜羅在一起，互相比觀，才談得到研究。若並不作研究而僅僅是閱讀，那不必全看「三注」，也可以全不看，只要有一部較好的辭書，如商務印書館「辭源」或中華書局「辭海」，就可以解決大部分疑難了。

「史記」的大概既已說明，才可以談到「史記」菁華錄。

現在中學裏自有歷史課程，或用教本，或由教師編撰講義，學生據以研修，便知道了從古到今的史實。「史記」不是僅僅欲知一點史實的人所宜，前面已經說過；若把牠認爲古史教本，給中學生研修，那在能力和時間上都超過了限度，無論如何是不應該的（事實上也沒有一個中學把「史記」作爲歷史教本的）。但同樣一部書，往往可以從不同的觀點去看牠；譬如「莊子」，就內容的觀點說，是一部哲學書，但就寫作技術的觀點說，却是一部文學書；又如「水經注」，就內容的觀點說，是一部地理書，但就寫作技術的觀點說，却是一部文學書。內容和寫作技術當然不能劃然分開——要了解內容必須明白牠怎樣表達，要理會寫作技術必須明白牠說些什麼；但偏重一方面，在一方面多用些工夫，那是可以的。從哲學的觀點讀「莊子」，必須弄清楚莊子思想的整個系統，以及牠與當時別派思想的異同，牠給與後來思想界的影響等項；從地理的觀點讀「水經注」，必須弄清楚古今的變遷，廣稽圖籍，知道什麼水道還是與古來一樣，什麼水道却不同了，又須辨別原著的是非，詳加考證，知道某處記載確鑿可靠，某處記載却是作者的疎失；但從文學的觀點讀這兩部書，這些方面便不必過於精求，只須注重在詞句的運用，篇章的安排，以及人情事態的描寫等項就是了。「史記」也同上面所舉兩部書一樣，就內容的觀點說，是一部歷史書，就寫作技術的觀點說，是一部文學書。認「史記」爲歷史而讀牠，固非中學生所能勝任；但認

「史記」爲文學而讀牠，對於中學生却未嘗不相宜。「史記」的多數篇章，敍人敍事都是「文學的」，值得恆久的玩味；「二十四史」中的各史，不一定全是文學，但「史記」無疑的是文學的名著。中學生讀「史記」，目的並不在也能寫出像「史記」一般的古文，而在藉此訓練欣賞文學的能力和寫作記敍文的技術；換句話說，藉此養成眼力和手法，以便運用到閱讀和寫作方面去，得到切實的受用。

中學生讀文學名著，雖不貪多務博，廣事涉獵，也不能抱定一書，不再他求。因此，對於每一部書，不能通讀全部，只能節取其一部分；全部的分量往往太多了，非中學生的時力所能應付；所節取的一部分，當然是全書的精粹。教育部頒布的「中學國文課程標準」，在「實施方法概要」項的「教材標準」目下，初中的略讀部分列着「有詮釋之名著節本」一條，高中的略讀部分列着「選讀整部或選本之名著」一語，正是這個意思。現在提出的「史記菁華錄」，就是一種「名著節本」或「選本之名著」。

「史記菁華錄」是錢塘姚祖恩編的。他在卷首有一篇題辭，末書「康熙辛丑七夕後三日，苧田氏題」；卷尾又有一篇跋，末書「辛丑長至後三日閱訖題此」；據此可知他這部書的編成在淸康熙六十年辛丑（公元一七二一年）。「苧田氏」是他的別號，幸而題辭後面有吳振棫的短跋：「此本爲吾鄉姚公祖恩摘錄，比携之入黔，中丞善化賀公見而善之，命校勘刋行，以惠學者；道光癸卯五月，錢塘吳振棫識」；才使我們知道編者的姓名和籍貫。但除此以外，我們對於姚祖恩便別無所知。「善化賀公」是賀長齡，曾做貴州巡撫。吳振棫曾做貴州布政使，此書原版就在任內刋刻，所以卷首書名旁邊署着「藩憲吳開雕」五字。「癸卯」是道光二十三年（公元一八四三年），據此可知此書行世快滿一百年。原版而外，各地刻本不少；最近在成都買到一部，是民國三年成都文明閣刻的。自從西洋印刷術流傳進來之後，又有些鉛印石印的本子。你一定要在某家書舖子裏買到一部，往往不能如願；但如果隨時留心的話，却很容易遇見此書，當然不限定那一種本子。

姚祖恩自題兩篇，就所記時日看，跋作在前。此跋說明他的編撰體例，現在全錄於後：

「『史記』一書，學者斷不可不讀，而亦至不易讀者也；蓋其文洸洋瑋麗，無奇不備，匯先秦以上百家六藝之菁英，羅漢興以來創制顯庸之大略，莫不選言就班，青黃纂組，如遊禁篽，如歷鈞天，如夢前生，如泛重溟；以故謭材謏學無有能閱之終數卷者。前喆雖有評林，要亦丹黃粗及，全豹不呈。不揣荒陋，特採錄而羣閱之，務使開卷犂然，皆可成誦，間加論斷，必出心裁。密字蠅頭，經涉寒暑，幸可成編，固足爲雪案之快觀也。若所刪節者，刊本具存，豈妨繙讀。世有三倉四庫爛熟胸中之士，吾又安能限之哉？」

這裏說他所採選的，都可以認爲完整的篇章；如要看刪去的部分，自有整部的「史記」在那裏。採選之外，他又自出心裁，加以評註。題辭一篇，說明他編選此書的用意，現在摘錄如下：

「余少好龍門『史記』，循環咀諷，炙輠而味益深長。顧其夥頤奧衍，既不能束之巾笥；又往喆評林，迄無定本，嘗欲抽挹菁華，批導窾却，使其天工人巧，刻削呈露；俾士之欲漱芳潤而傾瀝液者，瀾翻胸次，而龍門之精神眉宇，亦且鬱勃翔舞於尺寸之際，良爲快事矣。……古人比事屬辭，事奇則文亦奇，事或紛糅，則文不能無冗蔓；故有精華結聚之處，即不能無隨事敷衍之處。掇其菁華而略其敷衍，而後知古人之作文甚苦，而我之讀者乃甚甘也。今夫龍門之文得於善遊，夫人而能言之矣；則當其浮長淮，泝大江，極覽夫驚沙逆瀾，長風怒號，崩擊而橫飛者，吾於其書而掇取之；望雲夢之泱漭，覩九嶷之芊緜，蒼梧之野，巫山之陽，朝雲夕煙，靡曼綽約，吾於其書掇取之；臨廣武之墟，歷鴻門之坂，

聯經出版事業公司校印

訪潛龍之巷陌，思霸主之雄圖，鷹揚豹變，忼慨悲懷，吾於其文而掇取之；奉使巴岷，弔蠶叢魚梟之疆，捫石棧天梯之險，縈紆晦窅，巉峭幽深，吾於其文而掇取之；適魯登夫子之堂，撫琴書，親杖屨，雍容魚雅，穆如清風，吾於其文而掇取之。若夫後勝未來，前奇已過，於其中間，歷荒隄而經破驛，頑山鈍水，非其興會之所屬，斯逸而勿登焉。讀其文而可以知其遊之道如彼，則文之道誠不得不如此也。……凡『史記』舊文幾五十萬言，今掇其五之一；評註皆斷以鄙意，視他本爲最詳，約亦數萬言。龍門善遊，此亦如米海嶽七十二芙蓉，研山几案間臥遊之逸品也。因目之曰『史記菁華錄』云。」

這裏說摘出一些部分，足以表見「史記」文字的「天工人巧」的，供學者研摩；又把遊覽比喻讀書，遊覽可以挑選那最勝之處，「頑山鈍水」便捨棄不顧，讀書可以挑選那精粹之處，隨事敷衍的筆墨，便也捨棄不顧；這是文章家的看法，把「史記」認爲文學書，與史學家的看法全然不同。其中「事奇則文亦奇」的「奇」字，與跋中「無奇不備」的「奇」字，在評註中也常常用到，並不是「奇怪」或「新奇」的意思；大概「事奇」的「奇」字指其事可供描寫而言，「文奇」的「奇」字指其文描寫特出而言。但站在史家的立場，不能專取那些可供描寫的材料；一事的過場脈絡，也不得不敍；趣味枯燥可是關係重要的事蹟，也不得不記。這些材料，在文章家看來，便是不奇的事，寫成文字，只是尋常的記敍文，便是不奇的文了。

此書選錄「本紀」三篇，「表序」三篇，「書」三篇，「世家」九篇，「列傳」三十三篇，共五十一篇。各篇之中，並不都加刪節，全錄的有十六篇（「高祖功臣年表序」、「秦楚之際月表序」、「六國表序」，「蕭相國世家」、「伯夷列傳」、「司馬穰苴列傳」、「孟子荀卿列傳」、「信陵君列傳」、「季布欒布列傳」、「張釋之馮唐列傳」、「魏其武安侯列傳」、「李將軍列傳」、「汲鄭列傳」、「酷吏列傳」、「游俠列傳」、「滑稽列傳」）。於「合傳」中全錄一人之傳的也有五篇（於「老莊申韓列傳」全錄「老子傳」，於「屈原賈生列傳」全錄「屈原傳」，於「韓王信盧綰列傳」全錄「盧綰傳」，於「酈生陸賈列傳」全錄「陸賈傳」而「酈生傳」有刪節，於「扁鵲倉公列傳」全錄「扁鵲傳」而「倉公傳」有刪節。）這些全錄的，該是編者所認為完整的篇章，文學的佳作。從此又可推知，凡加以刪節的，他必認為其中有「隨事敷衍之處」，非作者「興會之所屬」。如「本紀」一類，原是全書的綱領，從史學的觀點看，是極關重要的；但作者寫來，不能不平鋪直敍，有如記帳。所以十二「本紀」中，他只選了三篇，而且都加以刪節。於「秦始皇本紀」，只取了「議帝號」、「制郡縣」、「廢詩書」三節；這三節主要部分是議論，闊大而簡勁，其實對於後來又有極大關係，故而採選。於「項羽本紀」，刪去的部分就沒有「秦始皇本紀」那麼多，約佔全篇的三分之一，都是敍述當時一般的戰爭情勢的。原來「項羽本紀」注重在描寫項羽這個人物，在十二「本紀」中，是並不拘守體例的一篇；從文章家看來，描寫項羽的部分都是好文章，其敍述當時一般的戰爭情勢的部分，雖是史學家所不容忽略，然而非作者「興會之所屬」了。於「高祖本紀」，只取了開頭敍高祖微時的一節，和高祖還沛，酒酣作「大風歌」的一節；這兩節都是描寫高祖這個人物，採選的用意與「項羽本紀」相同。——其他各篇刪節，大致都是如此。

編者用從前人評點的辦法，把「史記」文字逐語圈斷；認爲頗關緊要或文章佳勝的處所，便在旁邊上連點或連圈。因爲刋刻的不精審，就是原版也是很多地方把圈斷的圈兒刻錯了，其他翻刻排印的本子，也不能完全校正無誤；其加上連圈的部分，把一段文字一直圈下去，圈斷之處便無辨別。因此，閱讀此書的時候，先得自己下一番工夫，詳審文字的意義而加上句讀，不能全靠圈斷的圈兒。閱讀古書，第一步原在明句讀；句讀弄清楚了，對於書中的意義才確切咬定，沒有含糊。像此書似的單用一種圈兒作符號，語意未完的地方是圈兒，語意完足的地方也是圈兒，本來不很妥當。讀者自己下一番工夫，在語意未完的地方用「讀號」（「，」），在語意完足的地方才用「句號」（「。」），這是很有意思的一種練習，使你對於文中每一個字都不滑過。至於文字旁邊的連點和連圈，也可以不必重視；因爲加上這種符號由於編者的主觀，讀者若能讀得透澈，別有會心，也自有他的主觀，而這兩種主觀，從讀者方面說，以後者爲要，前者只有拿來比照的用處罷了。

古人作文不分段，現在重印古書，往往給牠分段，如果分得很精審的話，在讀者自是極大便利。此書除了刪去一段，下段另行開頭以外，仍照原樣不分段。因此，讀者在斷句之後，還得下一番分段的工夫。這番工夫也不是白用的，從這上邊，你可以練習解析文章的手段。分段的時候，可以參考此書的註，因爲註中有時提到關於段落的話。如「項羽本紀」，此書節錄「初宋義所遇齊使者高陵君顯在楚軍」至「項羽由是始爲諸侯上將軍，諸侯皆屬焉」爲一段；但在其中「當陽君蒲將軍皆屬項羽」一句下註道：「以上一大段，總寫羽爲上將軍之案」，便可知此處是一段之末，以下「項羽已殺卿子冠軍」可另作一段。又如同篇節錄敍「鴻門之會」的文字爲一段；但在其中「乃令張良留謝」一語下註道：「張良留謝，自作一段讀」，便可知此處是一段之始，該與上一語「於是遂去」割開。在註中沒有提到的地方，就得自出心裁，把每一

聯經出版事業公司校印

段都分得極精審。

編者所加評註，篇中篇末都有。在篇中的，有的寫在文句之下，有的寫在書頁的上方，如所謂「眉批」。大致評註少數語句的，寫在文句之下，評註較長的一節的，寫在書頁的上方；但這個區別並不嚴格，只能說是編者下筆時隨便書寫的結果。在篇末的，是對於本篇的評論；所選五十一篇的後面，並不是每篇都有，只有二十四篇有。我們既選讀此書，對於這些評註，應當明白牠的體例，辨別牠的善否，選擇牠的善者而利用牠。以下便就這方面說。

通常所謂「註」，是解釋字義句義，凡讀者不易了悟之處，都把牠申說明白；或考證故事成語，凡讀者見得生疎之處，都把牠指點清楚。這類的註，此書並不多，所以閱讀的時候，案頭應當備一部較好的辭書。但此書屬於這類的註，大體都明白扼要，可以閱看。如「秦始皇本紀」，「丞相綰，御史大夫劫、廷尉斯等」下註道：「秦初三公之職如此」，讀者便知「丞相」「御史大夫」「廷尉」是秦的「三公」，漢時「三公」是因襲秦制。又如「項羽本紀」，於「公將見武信君乎」下註道：「即項梁」，於「項王令壯士出挑戰」下註道：「獨騎相持，不用兵卒者，謂之挑戰」；於贊語「何興之暴也」上方註道：「暴字只是驟字義，言苟非神明之後，何德而致此驟興也」，讀者對於「武信君」「挑戰」和「暴」字，或將迷惑，看了註語，便明白了。又如「秦始皇本紀」，於「人善其所私學，以非上之所建立」下註道：「人各以其所私學者爲善也，長句曲而勁」；「高祖本紀」，於「高祖每酤，留飲酒，讎數倍」下註道：「始則索錢數倍常價，以其不瑣瑣較量也」；讀者於此等語句或將不明其義，看了「人各以其所私學爲善」，便明白什麼是「人善其所私學」，看了「索錢數倍常價」，便明白什麼是「讎數倍」。不過也偶爾有解釋錯的。如「項羽本紀」，於「馬童面之，指王翳曰：『此項王也』」下註道：「偭面向王翳也」；把「偭面向」解釋「面」字，又把「之」語爲稱代王翳，都是顯然的錯誤。這個「面」字向來認爲用的反訓，是「背向」的意思；又有人說是「偭」的借字，「偭」有「向」義，也有「背」義，「離騷」「偭規矩而改錯」的「偭」字，便是「背」義。用代名詞「之」字，所代的人或事物必然先見，沒有先面了「之」字，然後提出牠所代的人或事物的；現在說「偭面向王翳」，便是「之」字先見，王翳後出了。這個「之」字分明是稱代上一句「項王身亦被十餘創……」的「項王」；「面之」便是「背向項王」。

除了前一類的註以外，多數的評註可以分爲兩大類：一類是關於文章的，一類是關於事蹟的。現在先說前一類。前一類中又可分爲幾類。一類是說明文章的段落，前面已經提及，這裏不再說了。又一類是說明文章的層次脈絡。「秦始皇本紀」，於「收天下兵，聚之咸陽，銷以爲鍾金，金人十二」，「重各千石，置宮廷中」下註道：「一銷兵」；於「一法度衡石丈尺，車同軌，書同文字」下註道：「二同律」；於「地東至海，暨朝鮮，西至臨洮羌中，南至北嚮戶，北據河爲塞，並陰山，至遼東」下註道：「三興地」；於「徙天下豪富於咸陽十二萬戶，諸廟及章臺上林，皆在渭南」下註道：「四建京」；看了這四註，對於這節文字便有了統括的觀念。又如「項羽本紀」，於「是時漢兵盛食多，項王兵罷食絕」下註道：「成敗大關目，提出大有筆力」；於張良陳平說漢王語中的「楚兵罷食盡」下又註道：「再言之」；於「項王軍壁垓下，兵少食盡」下又註道：「三言之」；其上方又註道，「『兵罷食盡』之語凡三提之，正與項王『天亡我』之言呼應；史公力爲項王占地步，其不肯以成敗論英雄如此，皆所謂『一篇之中，三致意焉』者也」；這提醒了讀者，由此可知屢敍兵罷食盡並不是無謂的贅筆。又如同篇，於「項王身亦被十餘創，顧見漢騎司馬呂馬童曰：『若非吾故人乎？』馬童面之，指王翳曰：『此項王也。』項王乃曰：『吾聞漢購我頭千金……』」的上方註道：「項王語本一片，中間別描呂馬童數筆，此夾敍法」；看了此註，便知項王「吾聞漢購我頭千金……」的話與「若非吾故人乎」的話原是逕接的，知道逕接，項王當時的心情聲態更覺如在目前；又可以進而推求，爲什麼要把呂馬童向王翳說的話插在中間？推求的結果，便知道移到後面去就安排不好，惟有插在中間，才表現出當時的生動的場面。這一類註都有用處，都該細看。

又一類是說明文章的作用。如「項羽本紀」，於「諸項氏枝屬，漢王皆不誅，乃封項伯爲射陽侯」下註道：「合敍中見輕重法」；讀者便知特提項伯，其作用在顯示他是有恩於漢王的人，下文「桃侯、平皋侯、武侯」三人都無甚關係，所以只以「皆項氏，賜姓劉氏」了之。又如「高祖本紀」，於「呂公大驚，起迎之門。呂公者，好相人」下註道：「史公每用夾注法，最奇妙」，於下文「見高祖狀貌，因重敬之，引入坐」下又註道：「接上『迎之門』句」，讀者便知「呂公者，好相人」的作用是插注，「引入坐」的作用是回接。又如「河渠書」，於「隨山浚川，任土作貢，通九道，陂九澤，度九山，然河菑衍溢，害中國也尤甚」下註道：「忽宕一筆，是史公文至此方從洪水獨抽出河來，以下皆言治河」；讀者便知「然河菑衍溢，害中國也尤甚」的作用從廣泛的洪水轉到單獨的河害。這一類註也有用處，由此可以養成仔細閱讀的習慣。

又一類是闡說文章的旨趣。如「項羽本紀」，於「梁父即楚將項燕，爲秦將王翦所戮者也。項氏世世爲楚將」的上方註道：「提出項燕王翦，以著秦項世仇，提出世爲楚將，以著覇楚緣起」，又如同篇，於「項王渡淮，騎能屬者百餘人耳」的上方註道：「以下皆子長極意摹神之筆，非他傳可比」，又如「高祖本紀」，於所選第一段的上方註道：「漢室定鼎，誅伐大事，皆詳於諸功臣世家列傳中，及『高祖本紀』，則多載其細微時事及他神異符驗，所以其文繁而不殺，靈而不滯；歎後世撰實錄者不敢復用此格，而因以竟無可傳之文也」，又如「六國表序」，於「獨有秦記」至「此與以耳食無異，悲夫」的上方註道：「此段是正敍採秦記以著『六國年表』本意；然秦記卑陋，爲世儒不屑道，下段故特舉『耳食』之弊，以見秦記之不可盡廢也；文義始終照應，一絲不走。」以上四例，從第一例，可知敍述項燕爲王翦所戮和項氏世世爲楚將，並非閒筆墨；從第二例，可以喚起閱讀時的注意，於項王戰敗自刭一大段，細辨其「極意摹神」之處；從第三例，可知「高祖本紀」內容的大概，以及其何以略於「誅伐大事」；從第四例，可知「六國表序」以「太史公讀秦記」開頭，以下各國與秦並論，而側重於秦，皆所以說明「因秦記」作表的旨趣。這一類註都於讀者有幫助。

又一類是指出描寫的妙筆。如「項羽本紀」，於「項伯……欲呼張良與俱去，曰：『毋從俱死也』」下註道：「十餘字耳，敍得情事俱盡，性情態色俱現，千古奇筆」；於「張良曰：『誰爲大王爲此計者』」下又註道：「從容得妙」；於「（沛公）曰：『鯫生說我曰』」下又註道：「急中罵語，皆極傳神」；於「良曰：『料大王士卒，足以當項王乎』」下又註道：「偏從容」；於「沛公默然曰：『固不如也，且爲之奈何』」下又註道：「又倔强，又急遽，傳神之筆」；於「張良曰：『請往謂項伯，言沛公不敢背項王也』」下又註道：「到底從容，音節琅琅可聽，只如此妙」；於這段文字的上方又註道：「以一筆夾寫兩人，一則窘迫絕人，一則從容自如，性情鬚眉，躍躍紙上，史公獨絕之文，左國中無有此文字」，沛公與張良計議是史實，但這些註語並不論史實而論文章：從文章看，沛公的窘迫和張良的從容都表現了出來，而註語把表現了出來之處給點醒了。又如「高祖本紀」，於「呂后與兩子居田中耨，有一老父過，請飲，呂后因餔之」下註道：「看他連敍兩個相人，無一筆犯複，古人不可及在此」，一個相人是呂公相高祖，一個相人是老父相呂后，孝惠和魯元；於「相魯元亦皆貴」下又註道：「相人凡換四樣筆，乃至一字不相襲，與城北徐公又大不同」，所謂四樣筆，一是呂公相高祖，明說「臣少好相人，相人多矣，無如季相」，二是老父相呂后，讚稱「夫人天下貴人」，三是老父相孝惠，說明「夫人所以貴者，乃此男也」，四是老父相魯元，不復記其言語，只敍道：「相魯元亦皆貴」。這也是論

聯經出版事業公司校印

文章，記敍同樣的事實，而文章能變化，確然值得玩味。後一註中所稱「城北徐公語」，指「戰國策」「齊策」「鄒忌修八尺有餘」一篇中的問答語而言。鄒忌問其妻「我孰與城北徐公美」？妻答道：「君美甚，徐公何能及君也」！又問其妾「吾孰與徐公美」？妾答道：「徐公何能及君也」？又問其客「吾與徐公孰美」？客答道：「徐公不若君之美也」。每次問答語都不相同，向來認爲文章能變化的好例；但與「高祖本紀」寫相人的這一節對比，便覺得「戰國策」問答語的變化僅在字句之間了。又如「項羽本紀」「項王范增……乃陰謀曰：『巴蜀道險，秦之遷人皆居蜀』，乃曰『巴蜀亦關中地也』。故立沛公爲漢王。王巴蜀漢中」一節，於「巴蜀亦關中地也」下註道：「『乃陰謀曰』，『乃曰』，一陰一陽，連綴而下，眞繪色繪聲手」；經這一點明，便知這兩語一表私下的計議，一表公開的宣布，雖是簡單的敍述，也具有描寫的作用。又如「陳涉世家」，於「且日，卒中往往語，皆指目陳勝」下註道；「畫出情景」；經這一點明，便覺「指目陳勝」四字寫出一個繁複而生動的場面，讀者各自可以想像得之。又如「信陵君列傳」，於「當是時，魏將相賓客滿堂，待公子舉酒，市人皆觀公子執轡，從騎皆竊罵侯生」下註道：「方寫市中公子侯生，忽從家內插一筆，從騎插一筆，市人插一筆，神妙之筆，當面飛來，又憑空抹倒」；經這一點明，但覺幾語看似突兀，而實則極入情理，以見所有人都驚怪於公子的謙恭和侯生的驕蹇，於是「侯生視公子，色終不變」兩語接上去，才格外的有力——因爲看似突兀，所以說「當面飛來」，因爲下文仍歸到市中公子侯生，所以說「又憑空抹倒」。這一類註都足以啓發讀者，語句簡短，有時又不免抽象一點，但讀者據此推想開來，往往可以體會到描寫的佳處。

以上所舉幾類的註，都是關於文章的。現在再說關於事蹟的。這又可以分爲幾類。一類是批評事蹟，與文章全無關係；但其語精警，於讀者知人論世頗有幫助。「項羽本紀」，於樊噲帶劍擁盾入項王軍門一節的上方批道：「樊噲諫還軍霸上，及定天下後排闥問疾數語，俱有大臣作用，此段忠誠勇決，亦豈等閒可同；論世者宜分別觀之」。編者恐讀者但認樊噲爲麤豪武夫，所以批注這一條，喚起讀者的注意。沛公攻進了咸陽，豔羨秦宮的富有，意欲就此住下來；樊噲勸他還軍霸上，他不聽；張良說樊噲的話是忠言，他才聽了；事見「留侯世家」（此書「留侯世家」沒有選錄這一節）。高祖在禁中臥病，不讓羣臣進見；樊噲排闥直入，一班大臣也就跟了進去，却見高祖枕着一個宦者躺在那裏。噲等於是流涕進諫，有「陛下病甚，大臣震恐，不見臣等計事，顧獨與一宦者絕乎！且陛下獨不見趙高之事乎？」的話：事見「樊酈滕灌

聯經出版事業公司校印

列傳」（此書沒有選錄下「樊酈滕灌列傳」），讀者若細味本篇樊噲對項王說一番話，再兼看那兩篇，對於樊噲這個人物，印象自當不同。又如「廉頗藺相如列傳」，於相如送璧先歸，庭對秦王一節的上方批道：「人臣謀國，祇是致身二字看得明白，即智勇皆從此生，而天下無難處之事矣。藺相如『完璧歸趙』一語，當奉使時，已自分璧完而身碎，璧歸趙而身不與之俱歸矣。此時隻身庭見，若有絲毫冀倖之情，即一字說不出。看其侃侃數言，有倫有脊，故知其明于致身之義者也」。這裏提出「致身」二字，解釋相如智勇的由來，很有見地。又如「淮陰侯列傳」，於諸將問韓信致勝之術，韓信答以「置之死地」一節的上方批道：「岳忠武論兵曰：『運用之妙，存乎一心』。夫心之精微，口不能言也，況于書乎。漢王嘗以十萬之兵，夾睢水陣，爲楚所蹙，睢水爲之不流；此與『置之死地』者何異，而敗衂至此。使泥韓信之言，其不至顛蹶輿尸，載胥及溺者幾何矣。此總難爲死守訓詁者言也。」這一段以韓信背水陣與漢王夾睢水陣並論，兩回戰役情形相似，而一勝一敗，可見致勝的因素決不止一個；韓信據兵法說由於「置之死地」，這不過許多因素中的一個而已；因此歸結到韓信的話不可泥，自是頗爲通達的議論。又如「李將軍列傳」，於文帝說李廣「惜乎子不遇時，如令子當高帝時，萬戶侯豈足道哉」的上方批道：「文帝『惜乎子不遇時』

之言，非謂高帝時尚武而今偃武修文也。文帝時匈奴無歲不擾，豈得不倚重名將？帝意正以廣才氣跅弛，大有黥彭樊灌之風；當肇造區宇之時，大者王，小者侯，取之如探策矣。今天下已定，雖勒兵陷陣，要必束之于簿書文法之中；緦緦紀律，良非廣之所堪也，故歎惜之。此實文帝有鑒別人才處；廣之一生數奇，早爲所決矣」。這一段發明文帝語意和李廣所以一生數奇，都很精闢。

又一類也是批評事蹟，也與文章全無關係，且所評只是編者一時的興會，說不上知人論世：這一類評註於讀者無甚益處，竟可不看，即使順便看了，也無須加以仔細研求。如「項羽本紀」，於項羽拔劍斬會稽守頭下批：「如此起局，自然只成羣雄事業」。這似說項羽不能取天下，成帝業，乃由於他起局的不正，未免把歷史大事看得太簡單太機械了。於項王以馬賜烏江亭長下批道：「以馬與長者，好處分」；於項王對呂馬童說「若非吾故人乎」下又批道：「尋一自刎好題目」；於項王「乃自刎而死」下又批道：「以身與故人，又好處分」。這些都是在小節目上說巧話，頗像從前人批評小說的格調，對於讀者實在沒有什麼啓發。又如「絳侯周勃世家」，於文帝勞軍細柳，「軍士吏被甲銳兵刃彀弓弩持滿」下批道：「作臨陣之態，豈非著意妝點，見才于人主乎？」於「天子先驅至，不得入」下又批道：「若先驅得入，則不能令天子親見軍容矣，其理可知」；於「都尉曰：『將軍令曰』」下又批道：「極意作態」；於「於是上乃使持節詔將軍」下又批道：「此亦天子之詔也，天子未至則不受，至則受之，爲其整肅之已見也，倨甚」；於「壁門士吏謂從屬車騎曰：『將軍約，軍中不得驅馳』」下又批道：「乃至以約束吏者約束天子，倨甚」；於「將軍亞夫持兵揖曰」下又批道：「倨甚」；於這一節文字的上方又批道：「細柳勞軍，千古美談。余謂亞夫之巧於自著其能，以邀主眷耳；行軍之要，固不在此也。何者？當時遣三軍出屯備胡，既非臨陣之時，則執兵介冑，傳呼闢門，一何過倨。況軍屯首重偵探，豈有天子勞軍已歷兩塞，而亞夫尚未知之理？乃至先驅既至，猶閉壁門，都尉申辭，令天子亦遵軍令，不亦甚乎！然其持重之體迥異他軍，則錐處囊中，脫穎而出，亞夫之謀亦工矣。顧非文帝之賢，安能相賞於形迹之外哉」？這些評語以爲亞夫有意做作，好像他預知文帝能夠賞識他那一套似的；未免是存心挑剔。從前有一部分翻案的史論就屬於這一類，都無關於史實的認識。

又一類是批評事蹟，却與文章的了解或欣賞有關。這一類大致可看，看了之後，於事蹟，於文章，都可有進一步的體會。如「項羽本紀」，於「籍曰：『彼可取而代也』」下批道：「蠻得妙，與高祖語互看，兩人大局已定于此」；「高祖本紀」，於

「觀秦皇帝，喟然太息曰：『嗟乎！大丈夫當如此也』」下批道：「與項羽語參看」。「兩人大局已定于此」的話雖浮游無根，但把兩語參看，確可見劉項微時，正具一般的雄心；而兩語一表麤豪，一表闊大，也可從比較中見出。又如「項羽本紀」，於項王困於垓下，自爲詩歌下批道：「英雄氣短，兒女情深，千古有心人莫不下涕」；「留侯世家」，於高祖欲立戚夫人子爲太子，因張良計阻，不得如願，「戚夫人泣，上曰：『爲我楚舞，吾爲若楚歌』」下批道：「項羽垓下事情，高祖此時却類之，英雄兒女之情，何必以成敗異也，讀之凄絕」。兩事很相類，若取這兩節文章對看，體會其文情，更吟味兩人所爲詩歌的感慨意緒，自比單看一節有趣得多。又如「魏其武安侯列傳」，於篇首的上方批道：「敍魏其事，須看其段段與武安針鋒相對，豫爲占地步處」；又道：「田蚡藉太后之勢以得侯，魏其詘太后之私以去位，此一異也；田蚡貴幸，鎭撫多賓客之謀，魏其賜環，投身赴國家之難，此二異也；田蚡居丞相之位，不肯詘於其兄，魏其受大將之權，必先進乎其友，此三異也；田蚡之狗馬玩好，徧徵郡國而未厭其心，魏其之賜金千斤，盡陳廓廡而不私于己，此四異也；魏其以强諫謝病，賓客說之莫來，田蚡以怙勢見疏，人主麾之不去，此五異也：凡此之類，皆史公著意推轂魏其，以深致痛惜之情；而田蚡之不値一錢，亦俱於反照處見之矣」。這些評語把兩人事蹟扼要提示，同時指出作者的文心，使讀者看下去，頭緒很清楚，並能領會於敍述中見褒貶的筆法。但這一類中也有不足取的。如「留侯世家」，於「子房始所見下邳圯上父老與太公書者，後十三年，從高帝過濟北，果見穀城山下黃石，取而葆祠之」的「子房始所見下邳圯上父老與太公書者」下批道：「好結穴，諸傳所無」。他人並沒有老人授書事，他人傳中當然不會有此結筆；這不過是補敍餘事，回應前文而已，定要說是「諸傳所無」的「好結穴」，未免求之過深。又如「張儀列傳」，於蘇秦使舍人陰奉張儀，讓他得見秦惠王，既已達到目的，舍人辭去，張儀留他，舍人說：「臣非知君，知君乃蘇君；蘇君憂秦伐趙敗從約，以爲非君莫能得秦柄，故感怒君」下批道：「此數語恐當日未必明明說出，若說出一毫無味矣；史公未檢之筆也，不可不曉」。因其明說無味，便認爲「未檢之筆」，這純把作史看成作小說了。並且，不敍舍人說「蘇君憂秦伐趙敗從約」，下文張儀「吾又新用，安能謀趙乎」的話又怎樣能着拍？所以這個評語乃是不中節的吹求。

此書所選「史記」文字，其中二十四篇的篇末，有編者的評論，都就全篇而言。體例也不一律，或僅論事論人，或在論事論人之外兼論文章理法，或僅發表對於本篇的感想，現在各舉一例。「商君列傳」篇末評道：

「商君變法一事，乃三代以下一大關鍵。由斯以後，先王之流風餘韻遂蕩然一無可考；其罪固不可勝誅。然設身處地，以一羈旅之臣，岸然排父兄百官之議，任衆怨，兼衆勞，以卒成其破荒特剏之功，非絕世之異才，不能爲也。故吾以爲古今言變法者數人：衞鞅，才子也，介甫，學究也，趙武靈王，雄主也，魏孝文帝，明辟也，其所見不同，而有定力則一。唯學究之害最深，以其執古方以殺人，而不知通其理也。」

這一說商鞅廢古，罪不可勝誅，王介甫行新法，是執古方以殺人，都是從前讀書人的傳統見解，無甚意思。但說商鞅變法是三代以下一大關鍵，却有識見。秦變法之後，立了許多新制度，後來傳給漢，於是秦漢的局面與三代大不相同；豈不是一大關鍵？「秦楚之際月表序」篇末評道：

「題曰『秦楚之際』，試問二世既亡，漢國未建，此時號令所出，非項羽而誰？又當山東蠭起，六國復立，武信初興，沛公未兆，此時號令所出，非陳勝而誰？故不可言『秦』，不可言『楚』，謂之『際』者，凡以陳項兩雄也。表爲兩雄而作，却以記本朝剏業之由，故首以三家並起，而言下軒轅自明，次引古反擊一段，然後收歸本朝，作贊嘆不盡之語以結之。布句之工，未易測也。」

這一段前半據史實發明立題的旨趣，後半就文章闡說全局的布置，都很精當，於讀者頗有幫助。又如「信陵君列傳」篇末評道：

「不知文者嘗謂無奇功偉烈，便不足垂之青簡，照耀千秋。豈知文學予奪，都不關實事。此傳以存趙起，抑秦終；然竊符救趙，本未交兵，即逐秦至關，亦祇數言帶敍，其餘摹情寫景，按之無一端實事。乃千載讀之，無不神情飛舞，推爲絕世偉人。文章有神，夫豈細故哉！」

這一段點明「信陵君列傳」所以使人讚賞不已，不在信陵君的事功，而在文章描寫的精妙，確是見到之言。

關於此書的評註，前面已經談的很多。讀者若能依據前面所分類目，逐一比附，取其精要的，特別加以體會，略其膚泛的，不再多費思索；便是善於利用此書了。當然，在編者的評註以外，讀者自己若能有深入的心得，那是尤其可貴的。

注：本篇前半談「史記」的部分，有許多意見是從朱東潤先生的「史記講錄」（武漢大學講義）和「傳敍文學與史傳之別」（「星期言論」第三十一期）採來的；不敢掠美，特此聲明。

史記菁華錄題辭

余少好龍門史記，循環咀諷，炙輠而味益深長。顧其夥頤奧衍，既不能束之巾笥；又往詰評林，迄無定本，嘗欲抽挹菁華，批導窾郤，使其天工人巧，刻削呈露；俾士之欲漱芳潤而傾瀝液者，瀾翻胸次，而龍門之精神眉宇，亦且鬱勃翔舞於尺寸之際，良為快事矣。客有諗於予者曰：「史記者，龍門一家言也，而擘摘刺取之，能無剽掠之訾乎？」予曰：「客蓋未達乎文章之原者也。古者左史記事，右史記言；言為尚書，事為春秋，此史記之名所由昉也。自左氏因春秋之文作內外傳，於是言與事始並著於一篇之中。宋真德秀論次文章正宗，特分議論、敘事為兩途，實原本尚書、春秋之遺意而判厥町畦。故其錄左、國、史、漢之書，一篇之文，有割其事於此而綴其言於彼者，蓋文選以下別無薈萃，古文有之，自德秀始而其法已然。且左氏用編年之法，每自為一篇以盡一事之本末；至杜元凱始分經之年與傳之年相符。後世記誦之學，亦各取其一節之精妙而命之曰『篇』，其來舊矣。顧獨於史記而疑之乎？蓋古人之讀書也，既知夫三倉五車之才選於千萬人而不能以一二遇也，吾生也有涯而知也無涯，以有涯隨無涯，不亦殆乎？又以為古人比事屬辭，事奇則文亦奇，事或紛糅，則文不能無冗蔓；故有精華結聚之處，即不能無隨事敷衍之處。掇其菁華而略其敷衍，而後知

聯經出版事業公司校印

古人之作文甚苦，而我之讀之者乃甚甘也。今夫龍門之文得於善遊，夫人而能言之矣；則當其浮長淮，泝大江，極覽夫驚沙逆瀾，長風怒號，崩擊而橫飛者，吾於其書而掇取之；望雲夢之泱漭，覩九嶷之芊綿，蒼梧之野，巫山之陽，朝雲夕煙，靡曼綽約，吾於其書而掇取之；臨廣武之墟，歷鴻門之坂，訪潛龍之巷陌，思霸王之雄圖，鷹揚豹變，慷慨悲懷，吾於其文而掇取之；奉使巴岷，弔蠶叢魚鳧之疆，捫石棧天梯之險，縈紆晦窅，巉峭幽深，吾於其文而掇取之；適魯登夫子之堂，撫琴書，親杖屨，雍容魚雅，穆如清風，吾於其文而掇取之。若夫後勝未來，前奇已過，於其中間，歷荒隄而經破驛，頑山鈍水，非其興會之所屬，斯逸而勿登焉。讀其文而可以知其遊之道如彼，則文之道誠不得不如此也。吾見今之耳傭而目僦者，日置全史於几案之旁，自成童以迄皓首，固有一卷之文，偶值夫鉤章棘句即掩卷不遑卒讀者。徒琅琅於管、晏、夷、屈數傳，又不得其窾卻之所存，猶且號於人曰『剽擲之不古也』，其為自欺以欺人，豈不足胡盧一笑哉！」客無以難，遂書其語於簡端。凡史記舊文幾五十萬言，今掇其五之一；評註皆斷以鄙意，視他本為最詳，約亦數萬言。龍門善遊，此亦如米海嶽七十二芙蓉，研山几案間臥遊之逸品也。因目之曰「史記菁華錄」云。

康熙辛丑七夕後三日，苧田氏題。

先儒謂秦時詔令雜以吏牘，自是一種文字，然謨誥之下，漢詔之前，實另具一段精嚴偉麗光景。此其第一令也，絕大不羣。

先自定議，復稱制，以可之也。稱制可，秦始於此，實爲娟峭。只三十餘字，有援引，有跌宕，有斷制。

史記菁華錄卷一

清　姚祖恩編著

秦始皇本紀

秦初并天下，令丞相、御史曰：「（中略）寡人以眇眇之身，興兵誅暴亂，（以謙晦作夸詡，辭氣峻厲）賴宗廟之靈，六王咸服其辜，（總前六國罪案，簡而偉）天下大定。今名號不更，無以稱成功，傳後世。其議帝號。」（言下已前無古人矣，諸臣只闡明此意耳）丞相綰、御史大夫劫、廷尉斯等（秦初三公之職如此）皆曰：「昔者五帝地方千里，其外侯服夷服。諸侯或朝或否，天子不能制。（看其即將前令敷衍，不更益一語）今陛下興義兵，誅殘賊，平定天下，海內爲郡縣，法令由一統，自上古以來未嘗有，五帝所不及。（秦人萬古罪案，即萬古公案）臣等謹與博士議曰：（有致）『古有天皇，有地皇，有泰皇，泰皇最貴。』（古拙可愛，此即封禪書悠謬之說也）臣等昧死上尊號，王爲『泰皇』。命爲『制』，令爲『詔』，天子自稱曰『朕』。」王曰：「去『泰』著『皇』，（古勁之極）采上古『帝』位號，號曰『皇帝』。他如議。」制曰：「可。」追尊莊襄王爲太上皇。（又了一事）制曰：「朕聞太古有號毋謚，（首援太古爲說，波瀾甚壯）中古有號，死而以行爲謚。如此，則子議父，臣議君也，甚無謂，朕弗取焉。（斷得妙）自今以來，除謚法。朕爲始皇帝。後世以計數，二世三世至千萬世，傳之無窮。」（意極愚而詞極婉）

為秦計誠非，然千古不能易者，積重之勢使然也。

纂法最古健，絕去一切支葉。

丞相綰等言：「諸侯初破，燕、齊、荆地遠，不爲置王，毋以塡之。（塡，鎭古字，通用。亦有竟作塡義者，更古）請立諸子，唯上幸許。」始皇下其議於羣臣，（下其議亦始此）羣臣皆以爲便。廷尉李斯議曰：「周文武所封子弟同姓甚衆，然後屬疏遠，（凡人臣引議，不援目前所至切者爲言，則其議難申，斯得其旨矣）相攻擊如仇讎，諸侯更相誅伐，周天子弗能禁止。（總只申初令之旨，細味自知）今海內賴陛下神靈一統，皆爲郡縣，諸子功臣以公賦稅重賞賜之，甚足易制。天下無異意，則安寧之術也。置諸侯不便。」（數言利害皆盡）始皇曰：「天下共苦戰鬭不休，以有侯王。賴宗廟，天下初定，又復立國，是樹兵也，而求其寧息，豈不難哉！廷尉議是。」（始皇語語有蓋世之氣）分天下以爲三十六郡，郡置守、尉、監。（三官等）更名民曰「黔首」。大酺。（以大酺收分郡案，下又逐件起）收天下兵，聚之咸陽，銷以爲鍾鐻，金人十二，重各千石，置廷宮中。（一銷兵）一法度衡石丈尺。車同軌。書同文字。（二同律）地東至海暨朝鮮，西至臨洮、羌中，南至北嚮戶，北據河爲塞，竝陰山至遼東。（三興地）徙天下豪富於咸陽十二萬戶。諸廟及章臺、上林皆在渭南。（四建京）

三十四年，（中略）始皇置酒咸陽宮，博士七十人前爲壽。僕射周青臣進頌曰：「他時秦地不過千里，賴陛下神靈明聖，平定海內，放逐蠻夷，日月所照，莫不賓服。（亦即初并天下之令衍出來）以諸侯爲郡縣，人人自安樂，無戰爭之患，傳之萬世。自上古不及陛下威德。」始皇悅。博士齊人淳于越進曰：「臣聞殷周之王千餘歲，封子弟功臣，自爲枝輔。今陛下

始皇初令羣臣，旣以為上古所未有，五帝所不及，故凡進諫者皆以誇古為本。淳于生獨以殷周為言，宜其如水投石也。全段總以古今為眼目。

前段專駁淳于，故文勢作頓。後段歸獄詩書，特更端另起。

妙在寫得紛紛雜雜，便見詩書然甚壞事。

擬令要一字無虛設，先秦文不可及如此。

有海內，而子弟爲匹夫，卒有田常、六卿之臣，無輔拂，何以相救哉？（始皇喜操切，此言非所樂聞）事不師古而能長久者，非所聞也。（痛切而疏宕）今青臣又面諛以重陛下之過，（重字妙，有激射）非忠臣。」始皇下其議。（越言亦戇矣，始皇猶知下其議，可不謂猶有君人之度乎）丞相李斯曰：「五帝不相復，三代不相襲，各以治，非其相反，時變異也。（引古曲說）今陛下創大業，建萬世之功，固非愚儒所知。且越言乃三代之事，何足法也？（此段爲焚書案，然屢提儒生過失，實爲坑儒伏脈）異時諸侯竝爭，厚招游學。今天下已定，法令出一，百姓當家則力農工，士則學習法令辟禁。今諸生不師今而學古，以非當世，惑亂黔首。（諸生罪案已定，其語甚辣，妙在遽住）丞相臣斯昧死言：古者天下散亂，莫之能一，（亦從平定一統冒入，有把握）是以諸侯竝作，語皆道古以害今，飾虛言以亂實，人善其所私學，以非上之所建立。（人各以其所私學者爲善也，長句曲而勁）今皇帝幷有天下，別黑白而定一尊。私學而相與非法教，（二句皆指是古非今者言之）人聞令下，則各以其學議之，入則心非，出則巷議，夸主以爲名，異取以爲高，率羣下以造謗。（秦時奏議，凡欲重其罪者，多疊雜而出之，如逐客、督責諸書皆然）如此弗禁，則主勢降乎上，黨與成乎下。（鑽入操切人心孔）禁之便。臣請史官非秦記皆燒之。非博士官所職，天下敢有藏詩、書、百家語者，悉詣守、尉雜燒之。（左史記事，右史記言，古制也。兩層，上指記事之書，下指紀言之書，甚明劃）有敢偶語詩、書者棄市。以古非今者族。吏見知不舉者，與同罪。令下三十日不燒，黥爲城旦。（前布其令，此詳其罪）所不去者，醫藥、卜筮、種樹之書。若欲有學法令，以吏爲師。（律外餘文甚周匝，此實後世造律之祖）制曰：「可。」

聯經出版事業公司校印

本紀無稱字之例，此獨稱字者，所以別於真帝也。史遷深惜項羽之無成，故特叔此格。提出項燕、王翦，以著秦項世仇；提出世爲楚將，以著霸楚緣起。

每吳中云云數句，正註明「皆出項梁下」一句也，看「以是知其能」五字自明。古文針路皆如此。

當教以兵法時，固已知其可用，此處「奇」字，直有可使南面之想矣，細思自辨。

項羽本紀

項籍者，下相人也，字羽。初起時，年二十四。（諸紀傳無特著初起之年，此獨大書之，所以爲三年滅秦、五年亡國作張本，正是痛惜之意）其季父項梁，梁父即楚將項燕，爲秦將王翦所戮者也。項氏世世爲楚將，封於項，故姓項氏。項籍少時，學書不成，去學劍，又不成。（特寫兩不成、一不肯竟學，羽之結局，已大概可見）項梁怒之。籍曰：「書，足以記名姓而已。劍，一人敵，不足學；學萬人敵。」（語倔強而說書劍處又有層折，見劍雖差勝於書，而意猶未厭也。如聞其聲）於是項梁乃教籍兵法。籍大喜，略知其意，又不肯竟學。（眞英雄氣概在此句）

項梁殺人，與籍避仇於吳中。吳中賢士大夫皆出項梁下。（妙用孟子「北方之學者未能或之先」句法）每吳中有大繇役及喪，項梁常爲主辦，（名甚雅）陰以兵法部勒賓客及子弟，（有心人見奇處）以是知其能。秦始皇帝遊會稽，渡浙江，梁與籍俱觀。籍曰：「彼可取而代也。」（蠻得妙，與高祖語互看，兩人大局已定於此）梁掩其口，曰：「毋妄言，族矣！」梁以此奇籍。（「以此」與前「以是」句應）籍長八尺餘，力能扛鼎，才氣過人，（史公一生得意此四字，其列籍本紀亦坐此）雖吳中子弟皆已憚籍矣。（顧「吳中子弟」，緊密）秦二世元年七月，陳涉等起大澤中。其九月，會稽守通（通字疑守之名，諸解未確）謂梁曰：「江西皆反，此亦天亡秦之時也。吾聞先即制人，後則爲人所制。吾欲發兵，使公及桓楚將。」（守所見亦是而卒見殺，觀其辭氣需緩，正與羽之才氣相射也）是時桓楚亡在澤中。（夾入一句敘事，好筆法）梁曰：「桓楚亡，人莫知其處，獨籍知之耳。」（趁風起帆，機

守既知項梁能，即委之可耳，何為又扯一亡去之桓楚？如其言，事何時就乎？跋前疐後如此，所以卒貿其首也。

夾敘二項，各各鬚眉欲活，寫生妙手。

不特回顧主辦一段也。古文摹寫人處，往往大處不寫，寫一二小事，轉覺神情欲活，此頰上添毫法也，不必謂實有是事。

起范增三句，字字無浪下。年七十與羽年二十四，自相照應。

亞父首計原欲借虛名以立基業耳。東坡謂義帝為疑增之本，似太認真。

謬以其祖之謚即為其孫之號，非偶然惑衆之計而何？

（警之極，勢如脫兔）梁乃出，誡籍持劍居外待。梁復入，（敍項梁如生龍活虎）與守坐，曰：「請召籍，使受命召桓楚。」守曰：「諾。」梁召籍入。須臾，（迅捷）梁眴（字法）籍，曰：「可行矣！」於是籍遂拔劍斬守頭。（如此起局，自然只成羣雄事業）項梁持守頭，佩其印綬。門下大驚，擾亂，籍所擊殺數十百人。一府中皆慴伏，莫敢起。（以上皆以梁為主籍為從，故只如此寫）梁乃召故所知豪吏，諭以所為起大事，（櫽括得好）遂舉吳中兵。使人收下縣，得精兵八千人。（二句夾敘法，合所舉所收，共八千人也）梁部署吳中豪傑為校尉、候、司馬。（校尉將兵者。候，軍候，主偵敵。司馬，主軍政賞罰）有一人不得用，自言於梁。梁曰：「前時某喪，使公主某事，不能辦，以此不任用公。」衆乃皆伏。（閒處著筆最妙）於是梁為會稽守，籍為裨將，徇下縣。（先作一結，下文另起一案）廣陵人召平於是為陳王徇廣陵，未能下。聞陳王敗走，秦兵又且至，乃渡江矯陳王命，拜梁為楚王上柱國。曰：「江東已定，急引兵西擊秦。」（夾敘一事，非傳中正文也。看其簡處則極簡，兩行中寫許多情事，如此作文方無喧客奪主之患）項梁乃以八千人渡江而西。（如椽之筆，與傳末作章法）居鄛人范增，年七十，素居家，好奇計，往說項梁曰：「陳勝敗固當。（借陳勝引入，有把握）夫秦滅六國，楚最無罪。自懷王入秦不反，楚人憐之至今，（倒「至今憐之」，句法妙）故楚南公曰：『楚雖三戶，亡秦必楚也。』（讖緯之說）今陳勝首事，（遙接「敗固當」句）不立楚後而自立，其勢不長。今君起江東，楚蠭起之將皆爭附君者，以君世世楚將，（應起句，有情）為能復立楚之後也。」於是項梁然其言，乃求楚懷王孫心民間，為人牧羊，（寫腳色，有關係）立以為楚懷王，從民所望也。（點破妙）

此段特為懷王用宋義張本，非項氏傳中正文，而其結構圖密，似國語文字。

公卿二字，古人相尊之通稱，卿子猶公子也。冠，元也；軍，戎也。猶元戎之稱，而名特新美。

出兵以救趙而乃以趙委之，以試其鋒，豈理也哉？謬甚。

項梁起東阿，西，北至定陶，再破秦軍，項羽等又斬李由，（李斯子）益輕秦，有驕色。（爲梁死案）宋義乃諫項梁曰：「戰勝而將驕卒惰者敗。（宋義語只是尋常見識耳，幸而中，亦不幸而中，卒以此殺其身也）今卒少惰矣，秦兵日益，臣爲君畏之。」項梁弗聽。乃使宋義使於齊。（時田假立爲齊王）道遇齊使者高陵君顯，曰：「公將見武信君乎？」（即項梁）曰：「然。」曰：「臣論武信君軍必敗。公徐行（語生色）即免死，疾行則及禍。」秦果悉起兵益章邯，擊楚軍，大破之定陶，（點明定陶，自作章法）項梁死。

初，宋義所遇齊使者高陵君顯在楚軍，（裝頭長句法）見楚王曰：「宋義論武信君之軍必敗，居數日，軍果敗。兵未戰而先見敗徵，此可謂知兵矣。」（語甚撇輕，正妙在說得無甚深要）王召宋義與計事而大說之，（懷王殊非娗娗下人者，然此眞孟浪之舉）因置以爲上將軍；項羽爲魯公，（特插此三字爲後案）爲次將，范增爲末將，救趙。（點出一段大關目）諸別將皆屬宋義，號爲卿子冠軍。（如後世特置之銜，欲以尊異之）行至安陽，留四十六日不進。項羽曰：「吾聞秦軍圍趙王鉅鹿，疾引兵渡河，楚擊其外，趙應其內，破秦軍必矣。」宋義曰：「不然。夫搏牛之蝱不可以破蟣蝨。（二語於情事不切而必引之，活畫出宋義頭巾氣）今秦攻趙，戰勝則兵罷，我承其敝；不勝，則我引兵鼓行而西，必舉秦矣。故不如先鬭秦趙。（此留而不行之故）夫被堅執銳，義不如公；坐而運策，公不如義。」（前引後收，詘詘如見，此輩甚多，胡可勝道）因下令軍中曰：「猛如虎，很如羊，貪如狼，（軍令亦新甚、韻甚）彊不可使者，皆斬之。」（暗指項羽，欲以此折其氣）乃遣其

宋義庸妄，不難一見而決，然是時好奇計之范增為末將，豈有不置一策之理？且項羽歷數宋義之失，言言中窾，非羽所及，而其後增又即委贄於羽，故吾當謂自此以下，皆增之計畫也。蓋立懷王之意，原欲借以就項氏之業，今乃任其用宋義以倚續，豈所甘哉？蘇子謂殺宋義乃疑增之本，未必然也。

鉅鹿之戰，羽所以成伯業也，故史公用全力為他寫得精神百倍，萬世如覿。

「當是時」三字重提起，筆力奇恣。「冠諸侯」略作一鎖，下再展開。皆故作奇恣之筆，以出色描畫也。

子宋襄相齊，身送之（一發迂緩）至無鹽，飲酒高會。天寒大雨，（渲染法）士卒凍飢。項羽曰：「將戮力而攻秦，（總提句）久留不行。今歲饑民貧，（此就利害上言之）士卒食芋菽，軍無見糧，乃飲酒高會，不引兵渡河因趙食，與趙并力攻秦，（此就義理上言之）乃曰『承其敝』。夫以秦之彊，攻新造之趙，其勢必舉趙。（於義既不當，於勢又無益）趙舉而秦彊，何敝之承！（透健有聲）且國兵新破，王坐不安席，（又假大義以責之，羽安能及此）埽境內而專屬於將軍，（寫出隱根來）國家安危，在此一舉。今不恤士卒（先指饑凍）而徇其私，（又帶定送子，周匝之至）非社稷之臣。」項羽晨朝上將軍宋義，即其帳中斬宋義頭，出令軍中曰：「宋義與齊謀反楚，（若無送子相齊一着，何以蒙惡聲哉）楚王陰令羽誅之。」當是時，諸將皆慴服，莫敢枝梧。皆曰：「首立楚者，將軍家也。（妙妙提出項氏隱衷，偏不附會楚王陰令之說，而詞又未畢，直畫亦畫不到）今將軍誅亂。」乃相與共立羽為假上將軍。使人追宋義子，及之齊，殺之。使桓楚報命於懷王。（了宋義事）懷王因使項羽為上將軍，（寫出太阿倒持來）當陽君、蒲將軍皆屬項羽。（以上一大段總寫羽為上將軍之案）

項羽已殺卿子冠軍，（又提）威震楚國，名聞諸侯。乃遣當陽君、蒲將軍將卒二萬渡河，救鉅鹿。（先敍一筆）戰少利，陳餘（餘為趙將）復請兵。項羽乃悉引兵渡河，皆沈船，破釜甑，燒廬舍，持三日糧，以示士卒必死，無一還心。（寫羽才氣過人）於是至則圍王離，與秦軍遇，九戰，絕其甬道，大破之，（自與後「已破」句應，先寫一遍，完事蹟）殺蘇角，虜王離。涉間不降楚，自燒殺。當是時，楚兵冠諸侯。諸侯軍救鉅鹿下者十餘壁，（又重寫一遍，專描戰功）莫敢縱兵。及楚擊秦，諸將皆從壁上

羽之大怒，但為其已破咸陽及盡有珍寶；范增之忌，自為其志不在小，此其相去固已遠矣。

敘得極明劃，特下「旦日」二字為下「夜」字、二「旦日」字、一「即日」字作引子，古文伏脈之法都如此。

張良開口提韓王，所謂不義，自指韓也。

觀。楚戰士無不一以當十，楚兵呼聲動天，諸侯軍無不人人惴恐。 本助諸侯擊秦也，反寫諸侯惴恐，加倍寫法 於是已破秦軍，項羽召見諸侯將，入轅門，無不膝行而前，莫敢仰視。 登高而呼，餘響猶震 項羽由是始爲諸侯上將軍，諸侯皆屬焉。

楚軍夜擊阬秦卒二十餘萬人新安城南。行略定秦地。函谷關有兵守關，不得入。又聞沛公已破咸陽，項羽大怒， 兩大怒，有次序 使當陽君等擊關。項羽遂入，至於戲西。沛公軍霸上，未得與項羽相見。沛公左司馬曹無傷使人言於項羽曰： 小人多事，不知彼與劉項有何恩怨 「沛公欲王關中，使子嬰爲相，珍寶盡有之。」 語陋得妙 項羽大怒，曰：「旦日饗士卒，爲擊破沛公軍！」 語直捷有勢，正與後「許諾」及「默然不應」對鎖作章法 當是時，項羽兵四十萬，在新豐鴻門，沛公兵十萬，在霸上。 提清全局，與後對看，他人不解用此筆 范增說項羽曰：「沛公居山東時，貪於財貨，好美姬。今入關，財物無所取，婦女無所幸， 特特與曹無傷「珍寶盡有」之言不相仇，所以表出范增 此其志不在小。吾令人望其氣，皆爲龍虎，成五采，此天子氣也。急擊勿失。」 還其旦日擊破之言而趣之 楚左尹項伯者，項羽季父也，素善留侯張良。張良是時從沛公，項伯乃夜馳之沛公軍，私見張良，具告以事，欲呼張良與俱去。曰：「毋從俱死也。」 十餘字耳，敘得情事俱盡，性情態色俱現，千古奇筆 張良曰：「臣爲韓王送沛公，沛公今事有急，亡去不義，不可不語。」良乃入，具告沛公。沛公大驚，曰：「爲之奈何？」張良曰：「誰爲大王爲此計者？」 從容得妙 曰：「鯫生說我曰 急中罵語皆極

以一筆夾寫兩人，一則窘迫絕人，一則從容自如，性情鬚眉，躍躍紙上，史公獨絕之文，左國中無有此文字。

反字下得妙，明明以君待羽，以臣自待，其忌不煩解而自釋矣。

此下一段，千古處危難現成榜樣，未可以文字視之。

（傳神）：『距關，毋內諸侯，秦地可盡王也。』故聽之。」良曰：「料大王士卒足以當項王乎？」（偏從容）沛公默然，曰：「固不如也，且爲之奈何？」（又倔強、又急遽，傳神之筆）張良曰：「請往謂項伯，言沛公不敢背項王也。」（到底從容有節，琅琅可聽，只如此妙）沛公曰：「君安與項伯有故？」（自出機警）張良曰：「秦時與臣游，項伯殺人，臣活之。今事有急，故幸來告良。」沛公曰：「孰與君少長？」（機警）良曰：「長於臣。」沛公曰：「君爲我呼入，吾得兄事之。」（機警絕人）張良出，要項伯。項伯即入見沛公。（此等處皆特寫項伯，所謂傳外有傳也）沛公奉卮酒爲壽，約爲婚姻，曰：「吾入關，秋豪不敢有所近，籍吏民，封府庫，而待將軍。所以遣將守關者，備他盜之出入與非常也。（自解語與曹無傷語對針，若范增之言，本非羽心，且亦無可置辨也）日夜望將軍至，豈敢反乎！願伯具言臣之不敢倍德也。」（語氣詳愼，卑抑之至，大英雄能屈處，凡此文皆特特與項羽對看）項伯許諾。謂沛公曰：「旦日不可不蚤自來謝項王。」（娓娓如聞其聲）沛公曰：「諾。」於是項伯復夜去，（線索清出）至軍中，具以沛公言報項王。因言曰：「沛公不先破關中，公豈敢入乎？今人有大功而擊之，不義也，不如因善遇之。」（兄弟之益如此，所以謂沛公之機警幷非子房所及）項王許諾。（直性）沛公旦日從百餘騎來見項王，至鴻門，謝曰：「臣與將軍勠力而攻秦，（一合說來，化異爲同，妙著）將軍戰河北，臣戰河南，然不自意能先入關破秦，得復見將軍於此。（語意藹然，眞辭令妙品）今者有小人之言，（輕帶，渾得好）令將軍與臣有郤。」項王曰：「此沛公左司馬曹無傷言之；（脫口便盡畫出直爽來）不然，籍何以至此。」項王即日因留沛

無端將坐次描出，次用「亞父」二字一喚，搖擺出「范增也」三字來，便將當日沛公、張良之刺心刺目神情一齊托出紙上。史公冥心獨造之文也。

高祖定天下，誅丁公而侯項伯，此中實有不可一例論者。先輩或以此為比例，非也。

樊噲諫還軍霸上，及定天下後排闥問疾數語，俱有大臣作用。此段忠誠勇決，亦豈等閒可同，論世者宜分別，觀之。

汲長孺大將軍有揖客之語，直中帶婉；舞陽侯鴻門誚項王之言，激中有巧，俱千古詞令絕品，非苟然者。

公與飲。項王、項伯東嚮坐，亞父南嚮坐。亞父者，范增也。（當日沛公獨懼此耳）沛公北嚮坐，張良西嚮侍。范增數目項王，舉所佩玉玦（玦、決同，欲其早決斷也）以示之者三，項王默然不應。范增起，出，召項莊，謂曰：「君王為人不忍，（亦至言）若入前為壽，（寫定計，明劃）壽畢，請以劍舞，因擊沛公於坐，殺之。不者，若屬皆且為所虜。」（是激莊語，非正意）莊則入為壽。（「則」字娟峭）壽畢，曰：「君王與沛公飲，軍中無以為樂，請以劍舞。」項王曰：「諾。」項莊拔劍起舞，項伯亦拔劍起舞，（疾甚，沛公何以得此，豈非天乎）常以身翼蔽沛公，莊不得擊。於是張良至軍門，見樊噲。（接過如鷹隼之削）樊噲曰：「今日之事何如？」良曰：「甚急。今者項莊拔劍舞，其意常在沛公也。」（急語能緩，愈見其妙）噲曰：「此迫矣，臣請入，與之同命。」（若無此念，如何敢入）噲即帶劍擁盾入軍門。交戟之衞士欲止不內，樊噲側其盾以撞，衞士仆地，噲遂入，披帷西嚮立，（合前坐次看，便如畫）瞋目視項王，頭髮上指，目眥盡裂。（出色細寫）項王按劍而跽曰：「客何為者？」張良曰：「沛公之參乘樊噲者也。」（一問一答，如布定着數，缺一不可，亂一不得）項王曰：「壯士，（品目妙）賜之卮酒。」則與斗卮酒。（處分妙）噲拜謝，起，立而飲之。項王曰：「賜之彘肩。」則與一生彘肩。樊噲覆其盾於地，加彘肩上，拔劍切而啗之。（此等瑣細處，愈見噲之氣雄萬夫，若一直分麄豪則了無生趣矣）項王曰：「壯士，（又讚妙）能復飲乎？」樊噲曰：「臣死且不避，卮酒安足辭？（借勢遞入，捷而雄）夫秦王有虎狼之心，（借秦王罵項羽，巧甚）殺人如不能舉，刑人如恐不勝，天下皆叛之。（以叛脇之）懷王與諸將約曰：『先破秦

噲實有學問，狗屠中有此人，雖欲不取封侯之責，得乎？

「會其怒」一語，倒映出方纔席間氣色來，遂令斗酒彘肩一著分外出色，此杜句所謂「返照入江翻石壁」之妙也。

入咸陽者王之。』當時羽深諱此約，偏要提臣，妙矣。尤妙在下文回護得好今沛公先破秦，入咸陽，豪毛不敢有所近，封閉宮室，還軍霸上，以待大王來。還軍壩上本噲之策，故此語前所無，此獨宣之故遣將守關者，備他盜出入與非常也。勞苦而功高如此，未有封侯之賞，先入秦應王矣，卻又以封侯之賞推尊項王，明明以霸王歸之，所謂回互法也而聽細說，欲誅有功之人。此亡秦之續耳，亡秦語應起句竊為大王不取也。」項王未有以應，曰：「坐。」樊噲從良坐。寫此時情事，險甚坐須臾，沛公起如廁，因招樊噲出。細婉之筆沛公已出，項王使都尉陳平召沛公。沛公曰：「今者出，未辭也，為之奈何？」樊噲曰：「大行不顧細謹，大禮不辭小讓。樊將軍快絕如今人方為刀俎，我為魚肉，何辭為？」奇絕語，看熟不覺耳於是遂去。乃令張良留謝。張良留謝，自作一段讀良問曰：「大王來何操？」曰：「我持白璧一雙，欲獻項王，玉斗一雙，欲與亞父，會其怒，不敢獻。公為我獻之。」張良曰：「謹諾。」當是時，項王軍在鴻門下，沛公軍在霸上，相去四十里。重提一筆，以醒大關目，眞是千古妙手沛公則置車騎，脫身獨騎，與樊噲、夏侯嬰、靳彊、紀信等四人，持劍盾步走，從酈山下，道芷陽間行。先將行色路徑細細點出，方逆接「謂張良」一語，良工心苦，於此可見。若先語張良，下重敘行色，如何再接入鴻門留謝事乎沛公謂張良曰：「從此道至吾軍，不過二十里耳。度我至軍中，公乃入。」沛公已去，間至軍中，八字是子房意中語，非敘事也張良入，謝曰：「沛公不勝桮杓，不能辭。以辭為託謹使臣良奉白璧一雙，再拜獻大王足下，玉斗一雙，再拜奉大將軍足下。」數語耳，亦有體有韻項王曰：「沛公安在？」良

亞父之憤固不必言，然碎玉斗一事，徒見其麤，何益於事？增以七十之叟，既知將為之虜，猶戀戀於羽何耶？

項羽、沛公、范增皆義帝所遣之將。此段乃劉、項成敗大機關，草蛇灰線皆伏於此。

漢兵五十六萬，羽以三萬人大破之，此段極寫項王善戰，為傳末「天亡我」數語伏案，看其筆墨抑揚之妙，而知史公之惋惜者深矣。

曰：「聞大王有意督過之，脫身獨去，已至軍矣。」（直說，妙詞，又遜婉，非子房不辨此）項王則受璧，置之坐上。（反襯下文）亞父受玉斗，置之地，拔劍撞而破之，曰：「唉！豎子不足與謀。（憤極罵不得項羽，只罵項莊，妙）奪項王天下者，必沛公也，吾屬今為之虜矣。」（亦遙與謂項莊語應）沛公至軍，立誅殺曹無傷。（了案）

項王欲自王，先王諸將相。（提一句，方有架落）謂曰：「天下初發難時，假立諸侯後以伐秦（明謂義帝也，心事畢露）然身被堅執銳首事，暴露於野三年，滅秦定天下者，（只敘戰功，便令諸公皆出己下）皆將相諸君與籍之力也。（歸重有法）義帝雖無功，故當分其地而王之。」（語牽強得妙，弒端兆矣）諸將皆曰：「善。」乃分天下，立諸將為侯王。（節去諸王封號）項王、范增疑沛公之有天下，（此段寫羽、增心事如鏡）業已講解，（指鴻門事）又惡負約，恐諸侯叛之，（指義帝「先入關者王之」之約）乃陰謀曰：「巴、蜀道險，秦之遷人皆居蜀。」乃曰：「巴、蜀亦關中地也。」（「乃陰謀之」、「乃曰」，一陰一陽，連綴而下，真繪色繪聲手）故立沛公為漢王，王巴、蜀、漢中，都南鄭。而三分關中，王秦降將以距塞漢王。（羽以魯公終，義帝命也；劉以漢為有天下之號，羽所置也。豈非天乎）

春，漢王部五諸侯兵，凡五十六萬人，東伐楚。（故作整筆提出數目，下乃離披如見，最是要句）項王聞之，即令諸將擊齊，而自以精兵三萬人，（時齊王田榮反楚，羽方自將擊之）南從魯出胡陵。四月，漢皆已入彭城，收其貨寶美人，日置酒高會。（如此寫漢，不滿甚矣，與宋義何異）項王乃西，從蕭晨擊漢軍，而東至彭城，日中，大破漢軍。（一路戰來，自晨至日中，寫得有破竹之勢）漢軍皆走，相隨（「相隨」字妙，便如土崩不可收拾）入穀、泗水，殺漢卒十餘萬人。漢卒皆南走山，（半入水，半欲據山自固）楚又追擊至靈壁東睢水上。（逼之舍山，仍趕入水，寫得如看戲劇）漢軍

五十六萬人來，數十騎而去，而中間以天幸描之，漢之幸，項之惜也。

前段出色寫項王之善戰，此段出色寫漢王之善忍。

漢兵在鞏不足距項王也，全虧彭越牽綴得妙。

卻，爲楚所擠，多殺，漢卒十餘萬人皆入睢水，睢水爲之不流。（上又加「多」字，下著「水不流」字，可見十餘萬不止，已將五六十萬人開除殆盡矣）圍漢王三帀。於是大風從西北而起，折木發屋，揚沙石，窈冥晝晦，逢迎楚軍。（「逢迎」字妙，非設身處地寫不出，眞乃神筆）楚軍大亂，壞散，而漢王乃得與數十騎遁去。欲過沛收家室而西。（應「東伐楚」句）楚亦使人追之沛，取漢王家；（此先聲也，在漢王未至沛之前）家皆亡，不與漢王相見。漢王道逢得孝惠、魯元，（求室家另是一段小文字，看其筆之碎而成章）乃載行。楚騎追漢王，漢王急，推墮孝惠、魯元車下，（忍心，可與項王爲人不忍對看）滕公常下收載之。如是者三。曰：「雖急，不可以驅？奈何棄之？」（得滕公語，漢王之忍愈見）於是遂得脫。求太公、呂后，不相遇。審食其從太公、呂后間行，求漢王，反遇楚軍。楚兵遂與歸，報項王，項王常置軍中。（伏平國君案）

漢王之出滎陽，（項王圍漢滎陽，以紀信僞降得出）南走宛、葉，得九江王布，行收兵，復入保成皋。漢之四年，項王進兵圍成皋。漢王逃，獨與滕公出成皋北門。渡河走修武，（能忍一）從張耳、韓信軍。諸將稍稍得出成皋，從漢王。楚遂拔成皋，欲西。漢使兵距之鞏，令其不得西。是時，彭越渡河，擊楚東阿，殺楚將軍薛公。項王乃自東擊彭越。漢王得淮陰侯兵，（遙接「走修武」句）欲渡河南。鄭忠說漢王，乃止壁河內。（能忍二）使劉賈將兵佐彭越，燒楚積聚；（楚之敗也以乏食，看其隱隱隆隆，由漸寫來。此燒積聚，彼食敖倉，成敗之機，已伏於此）項王東擊破之，走彭越。漢王則引兵渡河，復取成皋，軍廣武，就敖倉食。項王已定東海，來西，與漢俱臨廣武而軍，相守數

先儒多謂分羹之語為英雄作略，太公全虧此語因得不烹；吾謂父子之間分雖殊而理則一，當其推墮子女時，忍心固已畢現，豈得謂孝惠、魯元亦虧其推墮因得不死耶？此只是隆準翁頑鈍處，不必曲為之說。

侯公往，直請太公耳，乃反先寫中分天下，而後許歸太公，又其約出自項王，可知以兵罷食盡之勢，情見勢屈，太公去而事愈不可為矣。

月。當此時，（另從數月內重寫）彭越數反梁地，絕楚糧食，項王患之。爲高俎，置太公其上，（項策已竭，乃出此下著）告漢王曰：「今不急下，吾烹太公。」漢王曰：「吾與項羽俱北面受命懷王，曰『約爲兄弟』，（可謂迂矣，只是頑鈍得妙）吾翁即若翁；必欲烹而翁，則幸分我一桮羹。」（能忍三）項王怒，欲殺之。項伯曰：「天下事未可知，（終虧鴻門舊救星耳）且爲天下者不顧家，（諫得亦妙）雖殺之無益，祇益禍耳。」項王從之。楚漢久相持，未決，丁壯苦軍旅，老弱罷轉漕。（忽作斷案語，渡下文情，駘宕多姿）項王謂漢王曰：「天下匈匈數歲者，徒以吾兩人耳。願與漢王挑戰決雌雄，毋徒苦天下之民父子爲也。」（語有君人之度，惜其欲挑戰以決之，仍是武夫習氣耳）漢王笑謝曰：「吾寧鬬智，不能鬬力。」（能忍四）項王令壯士出挑戰。（獨騎相持不用兵卒者，謂之挑戰）漢有善騎射者樓煩，楚挑戰三合，樓煩輒射殺之。項王大怒，乃自被甲持戟挑戰；樓煩欲射之，項王瞋目叱之。樓煩目不敢視，手不敢發，遂走還入壁，不敢復出。（連用三「不敢」字，極意形容）漢王使人間問之，乃項王也。漢王大驚。（此等皆極寫項王）於是項王乃即漢王相與臨廣武間而語。（徑造漢壘）漢王數之。（歷數項王十罪）項王怒，欲一戰。（不濟事）漢王不聽，（能忍五）項王伏弩射中漢王。漢王傷，走入成皋。（能忍六）

是時，漢兵盛食多，項王兵罷食絕。（成敗大關目提出，大有筆力）漢遣陸賈說項王，請太公，項王弗聽。（如太公在楚，漢亦未敢遑也，特先補此一事在前，固是要著）漢王復使侯公往說項王，項王乃與漢約，中分天下，割鴻溝以西者爲漢，鴻溝而東者爲楚。（至是項王欲休而漢愈不肯休矣，范增若在，必不離披至此）項王許之，（此許之，專指歸太公，遙接「侯公往說」句）即歸

漢所欲破者，一羽耳；今獨力既不能，而必資信、越，子房乃勸以與之共分天下，是滅一羽復生二羽矣。且信、越之雄，又非羽所可同年而論也，然而當日子房勸之，高祖亦力從之，而楚遂以滅。夫人用鳥喙長萬以已疾，疾之既已，其去鳥喙長萬而惟恐不速也，必至之勢矣，而惜乎信、越之不能見及此也。

漢王父母妻子。軍皆呼萬歲。漢王乃封侯公為平國君。匿，弗肯復見。（千古高見，眞有英雄作略）曰：「此天下辯士，所居傾國，故號為平國君。」（反言以為厭勝）項王已約，乃引兵解而東歸。漢欲西歸，（故作抑揚，當時必無欲西歸之事）張良、陳平說曰：「漢有天下大半，而諸侯皆附之。（反挑動信、越）楚兵罷食盡，（再言之）此天亡楚之時也，不如因其饑而遂取之。（狠辣，視約誓如兒戲，千古此類至多）今釋弗擊，此所謂『養虎自遺患』也。」漢王聽之。漢五年，漢王乃追項王，至陽夏南，止軍，與淮陰侯韓信、建成侯彭越期會而擊楚軍。至固陵，而信、越之兵不會。楚擊漢軍，大破之。漢王復入壁，深塹而自守。（臨滅復作一振，極寫楚之善戰）謂張子房曰：「諸侯不從約，為之奈何？」對曰：「楚兵且破，信、越未有分地，其不至固宜。君王能與共分天下，今可立致也。（此兩人非俛首以求封侯之賞者明甚）即不能，事未可知也。（反筆，甚危悚）君王能自陳以東傅海，盡與韓信；（可謂驚人之論，非子房不能道。◎傅、附同，猶云依海以東也）睢陽以北至穀城，以與彭越：使各自為戰，則楚易敗也。」（說得透，眞兵法奧旨）漢王曰：「善。」（快甚，正與刻印刓忍弗與者對看）於是乃發使者告韓信、彭越曰：「并力擊楚，楚破，自陳以東傅海與齊王，睢陽以北至穀城與彭相國。」使者至，韓信、彭越皆報曰：「請今進兵。」（信、越淺甚，禍端伏於此矣）韓信乃從齊往，劉賈軍從壽春竝行，屠城父，至垓下。（信、越置兩頭，中間劉、周，敍四路兵，錯綜得妙，眞奇文）大司馬周殷叛楚，以舒屠六，舉九江兵，（六亦地名。周殷，楚之大司馬也，以舒之兵屠翦六地，并舉九江兵來會也）隨劉賈、彭越皆會垓下，詣項王。項王軍壁垓下，兵少食

聯經出版事業公司校印

「兵罷食盡」之語凡三提之，正與項王「天亡我」之言呼應，史公力為項王占地步，其不肯以成敗論英雄，如此皆所謂「一篇之中，三致意焉」者也。

以下皆子長極意摹神之筆，非他傳可比。

從來取天下而不以其道者，亦必兼用詐力兵威，若純任一戰鬭之雄而欲以立事，古未有也；羽臨死而嘵嘵自鳴，專以表其善戰，可謂愚矣。史公曲為寫生，亦無一字過溢，而贊中「豈不謬哉」

盡，（三言之）漢軍及諸侯兵圍之數重。夜聞漢軍四面皆楚歌，（亂其軍心）項王乃大驚曰：「漢皆已得楚乎？是何楚人之多也！」（思亂而語奇）項王則夜起，飲帳中。（史公每著「則」字處，俱極有致）有美人名虞，常幸從；駿馬名騅，常騎之。（二句如詩之小序）於是項王乃悲歌忼慨，（四字有聲有態）自為詩曰：「力拔山兮氣蓋世，（結煞「才氣過人」語）時不利兮騅不逝。騅不逝兮可奈何，虞兮虞兮奈若何！」（英雄氣短，兒女情深，千古有心人莫不下涕）歌數闋，美人和之。項王泣數行下，左右皆泣，莫能仰視。於是項王乃上馬騎，麾下壯士騎從者八百餘人，（此句起案，看其針路）直夜潰圍南出，馳走。平明，漢軍乃覺之，（數重之圍如兒戲，極寫羽能）令騎將灌嬰以五千騎追之。項王渡淮，騎能屬者百餘人耳。（隨途瓦解）項王至陰陵，迷失道，問一田父，（兵不厭詐，一田父，一亭長，為漢所遺置可知）田父紿曰：「左。」左，乃陷大澤中。以故漢追及之。項王乃復引兵而東，至東城，乃有二十八騎。漢騎追者數千人。項王自度不得脫。謂其騎曰：「吾起兵至今八歲矣，身七十餘戰，（句句從戰上誇張，在羽固為實錄）所當者破，所擊者服，未嘗敗北，遂霸有天下。（鉅鹿之戰，霸業已成，原無他藉）然今卒困於此，此天之亡我，非戰之罪也。今日固決死，願為諸君快戰，必三勝之，為諸君潰圍，斬將、刈旗，（雄甚，亦陋甚）令諸君知天亡我，非戰之罪也。」乃分其騎以為四隊，四嚮。漢軍圍之數重。項王謂其騎曰：「吾為公取彼一將。」（寫得聲勢俱有）令四面騎馳下，期山東為三處。（欲以誤漢兵而得脫也）於是項王大呼馳下，漢軍皆披靡，遂斬漢一將。（應「為公取彼一將」）是時，赤泉侯為騎將，追項

一句，真與痛砭，所以爲良史才也。

項王之意，必不欲以七尺軀墮他手坑塹，觀其潰圍奔逐，豈不欲脫？追聞亭長言而又不肯上其一葉之舟，既又賜以愛馬，而慰遣之，粗糙爽直，良可愛也。

項王語本一片，中間別描呂馬童數筆，此夾敍法。

傳末贅魯公案，裊裊有餘韻。

王，項王瞋目而叱之，赤泉侯人馬俱驚，辟易數里。（於斬將之後又加一叱退之將，所謂餘勇可賈也，皆加倍寫法）與其騎會爲三處。漢軍不知項王所在，乃分軍爲三，復圍之。（三處各置一圍則兵減）項王乃馳，復斬漢一都尉，（因遂殺出矣）殺數十百人，復聚其騎，亡其兩騎耳。（既出圍，則復聚爲一）乃謂其騎曰：「何如？」（情景宛然）騎皆伏曰：「如大王言。」於是項王乃欲東渡烏江。（始欲渡）烏江亭長檥船待，（先輩指爲頑民，吾以爲漢所置遣）謂項王曰：「江東雖小，地方千里，衆數十萬人，亦足王也。願大王急渡。今獨臣有船，漢軍至，無以渡。」項王笑曰（一笑字，疑亭長紿之耳）：「天之亡我，我何渡爲！（又不欲渡）且籍與江東子弟八千人渡江而西，今無一人還，縱江東父兄憐而王我，我何面目見之？（其言最長厚，又復負氣）縱彼不言，籍獨不愧於心乎？」乃謂亭長曰：「吾知公長者。（不欲知其疑，蓋知其疑，而不敢乘我之舟，斯不武矣）吾騎此馬五歲，所當無敵，嘗一日行千里，不忍殺之，以賜公。」（以馬與長者，好處分）乃令騎皆下馬步行，持短兵接戰。獨籍所殺漢軍數百人。項王身亦被十餘創。顧見漢騎司馬呂馬童，曰：「若非吾故人乎？」（尋一自剄好題目）馬童面之，指王翳曰：「此項王也。」（回面向王翳也）項王乃曰：「吾聞漢購我頭千金，邑萬戶，吾爲若德。」乃自刎而死。（以身與故人，又好處分）

項王已死，楚地皆降漢，獨魯不下。漢乃引天下兵欲屠之，爲其守禮義，爲主死節，乃持項王頭視魯，魯父兄乃降。始，楚懷王初封項籍爲魯公，（絕好結構）及其死，魯最後

暴字不必作暴戾解，只是驟字義。言苟非神明之後，何德而致此驟興也。由「難矣」至「過矣」，終以「豈不謬哉」，三層貶法雖列三段，然只是二段之後，作一反掉，以總結其一生之事皆足以致亡，而純靠用兵，必不足以立大業也。

下，故以魯公禮葬項王穀城。漢王爲發哀，泣之而去。于情于理，固應乃爾 諸項氏枝屬，漢王皆不誅。乃封項伯爲射陽侯。命敍中見輕重法 桃侯、平皋侯、玄武侯皆項氏，賜姓劉。

太史公曰：吾聞之周生曰，「舜目蓋重瞳子」，又聞項羽亦重瞳子。羽豈其苗裔邪？何興之暴也！夫秦失其政，陳涉首難，豪傑蠭起，相與竝爭，不可勝數。三句見勝之實難 然羽非有尺寸，乘勢起隴畝之中，三年，遂將五諸侯滅秦，正所謂暴興 分裂天下而封王侯，政由羽出，此列于本紀之旨 號爲「霸王」，位雖不終，近古以來未嘗有也。及羽背關懷楚，指傳中「不歸故鄉，如衣錦夜行」之語，其意已滿矣 放逐義帝而自立，怨王侯叛己，難矣。自矜功伐，奮其私智而不師古，謂霸王之業，欲以力征，起兵三年，有國五年，暴得者亦暴失也—，傳中呼應處 經營天下，五年卒亡其國，身死東城，尚不覺寤而不自責，過矣。乃引「天亡我，非用兵之罪也」，豈不謬哉！總承上二段，非又別作一貶

漢室定鼎，誅伐大事，皆詳於諸功臣世家列傳中，及高祖本紀，則多載其細微時事及他神異符驗，所以其文繁而不殺，以其靈而不滯；嘆後世撰實錄者，不敢復用此格，而因以竟無可傳之文也。

高祖豁達大度，乃數數縈情于相人之術，追後光武迭興，又酷信讖緯家言，是以漢家一代之間，不出術數圖緯，是豈非有天下者萬世之龜鑑哉！

高祖本紀

高祖爲人，隆準而龍顏，美須髯，左股有七十二黑子。仁而愛人，喜施，意豁如也。常有大度，（一篇提綱語，其文活而不板，故妙）不事家人生產作業。及壯，試爲吏，爲泗水亭長，廷中吏無所不狎侮。（亦從「豁如」中來，若齷齪迂謹人，安能有此）好酒及色。常從王媼、武負貰酒，醉臥，武負、王媼見其上常有龍，怪之。（此段只摹其好酒，故知上「及色」二句稍帶，有趣）高祖每酤，留飲，酒讎數倍。（始則索錢數倍常價，見其不瑣瑣較量也）及見怪，歲竟，此兩家常折券棄責。（此終不責所負）高祖常繇咸陽，縱觀，（天子出禁人觀，此時偶值縱觀政，高祖得觀之）觀秦皇帝，喟然太息曰：「嗟乎，大丈夫當如此也！」（與項羽語參看）單父人呂公，善沛令，避仇，從之客，因家沛焉。沛中豪桀吏聞令有重客，皆往賀。蕭何爲主吏，主進，（凡以財物輸人皆曰進）令諸大夫曰：「進不滿千錢，坐之堂下。」（此語若逆爲高祖設）高祖爲亭長，素易諸吏，乃紿爲謁（書字於刺曰謁，即「賀錢萬」三字也）曰「賀錢萬」，實不持一錢。謁入，呂公大驚，起，迎之門。呂公者，好相人，（史公每用夾注法，最奇妙）見高祖狀貌，因重敬之，引入坐。（接上「迎之門」句）蕭何曰：「劉季固多大言，少成事。」（呂公蕭何二段並一時事，分敍各妙）高祖因狎侮諸客，遂坐上坐，無所詘。酒闌，呂公因目固留高祖。（酒闌、後罷二段則是呂公正文）高祖竟酒後。呂公曰：「臣少好相人，相人多矣，無如季相，願季自愛。臣有息女，願爲季箕帚妾。」酒罷，呂媼怒呂公曰：

聯經出版事業公司校印

項羽方擴得關中，即云：「富貴不歸故鄉，如衣繡夜行。」及垓下之敗，忼慨歌詩，英雄氣盡。此紀一段正語語與彼對照，羣雄之與真主氣象一一如繪，史公之惠後學，千古無窮也。

「公始常欲奇此女，與貴人。沛令善公，求之不與，何自妄許與劉季？」（順手補出兩事，文味濃至而口吻又宛然，神筆也）呂公曰：「此非兒女子所知也。」卒與劉季。呂公女乃呂后也，（點睛法）生孝惠、魯元公主。高祖為亭長時，（重提）常告歸之田。呂后與兩子居田中耨，有一老父過，請飲，呂后因餔之。（看他連敍兩個相人，無一筆犯複，古人不可及在此）老父相呂后曰：「夫人天下貴人。」令相兩子，見孝惠，曰：「夫人所以貴者，乃此男也。」相魯元，亦皆貴。（相人凡換四樣筆，乃至一字不相襲，與城北徐公語又大不同）老父已去，高祖適從旁舍來，呂后具言客有過，相我子母皆大貴。高祖問，曰：「未遠。」乃追及，問老父。老父曰：「鄉者夫人嬰兒皆似君，（漢書「似」作「以」，頗優）君相貴不可言。」高祖乃謝曰：「誠如父言，不敢忘德。」及高祖貴，遂不知老父處。（收得高）

十二年十月，高祖已擊布軍（對黥布反）會甀，（收兵會于甀地）布走，令別將追之。高祖還，歸，過沛，留。（一留字與下二留字呼應）置酒沛宮，悉召故人父老子弟縱酒，（亦應傳首好酒案）發沛中兒得百二十人，教之歌。酒酣，高祖擊筑，（摹情寫景，一步酣暢一步）自為歌詩曰：「大風起兮雲飛揚，（首言遭亂起義）威加海內兮（次言定鼎）歸故鄉，（次言至沛）安得猛士兮守四方！」（終因布反而思守成之難）令兒皆和習之。高祖乃起舞，（先歌後舞，節次宛然）慷慨傷懷，泣數行下。謂沛父兄曰：「游子悲故鄉。（自註出詩題）吾雖都關中，萬歲後，吾魂魄猶樂思沛。（生而悲，死而樂，其理一也）且朕自沛公以誅暴逆，遂有天下，其以沛為朕湯沐邑，（亦如以魯公禮葬項羽之意）復其民，世世無有所與。」沛父兄諸母故人，（又竄入諸母，文愈酣恣）

凡敍事耐恣之法，須先分節次，逐段加潤，則其味愈濃。不解此，即如嚼蠟矣。

贊又極莊重，極雅馴。

日樂飲極驩，道舊故爲笑樂。（前悲此樂其情文一也）十餘日，高祖欲去，沛父兄固請留高祖。（一留）高祖曰：「吾人衆多，父兄不能給。」乃去。沛中空縣皆之邑西獻。（送之而仍獻食如祖餞然）高祖復留，（再留）止，張飲三日。沛父兄皆頓首曰：「沛幸得復，豐未復，（此段只爲豐邑請復事，乃前段之餘文）唯陛下哀憐之。」高祖曰：「豐，吾所生長，極不忘耳，吾特爲其以雍齒故，反我爲魏。」沛父兄固請，乃并復豐，比沛。

太史公曰：夏之政忠。（字法句法俱精）忠之敝，小人以野，（只言小人，妙。野，喬野也）故殷人承之以敬。敬之敝，小人以鬼，（古云：「殷人尚鬼」，蓋敬而流於媚）故周人承之以文。文之敝，小人以僿，故救僿莫若以忠。三王之道若循環，終而復始。周秦之間，可謂文敝矣。秦政不改，反酷刑法，豈不繆乎？（明明不許秦人承統）故漢興，承敝易變，使人不倦，（用繫辭文，妙）得天統矣。

從古功臣封誓引入，一腔忠厚之意盎然言下，正與漢之少恩作激射，可謂工於立言。

史記凡用數疊文法，最顯筆力，後人為之，非排即弱。

此段專以驕淫定臣子罪案，然表中以此失侯殊少，故妙。索隱謂五侯為：平陽侯曹宗、曲周侯酈終根、陽阿侯齊仁、戴侯秘蒙、穀陵侯馮偃，余別有攷。

高祖功臣年表

太史公曰：古者人臣功有五品：（首提人臣之功說入，見所以尊寵者本非倖得）以德立宗廟、定社稷曰勳，以言曰勞，用力曰功，明其等曰伐，積日曰閱。（此二句應上三句，勳、勞與功，皆有明等積日之用）封爵之誓曰：「使河如帶，泰山如厲，（接手領援封誓，妙在說得不甚分明）國以永寧，爰及苗裔。」始未嘗不欲固其根本，而枝葉稍陵夷衰微也。（臣之躍溪，上之繩密，俱有在內）余讀高祖侯功臣，察其首封，（伏下案）所以失之者，曰：異哉所聞！（此句直貫到「何必舊聞」句）書曰：「協和萬國」，遷於夏商，或數千歲。蓋周封八百，幽厲之後，見於春秋。（六七百年矣）尚書有唐虞之侯伯，歷三代千有餘載，（如虞思陳滿柏翳申呂之屬）自全以蕃衛天子，豈非篤於仁義，奉上法哉？（此句專責臣子，文章得體）漢興，功臣受封者，百有餘人。（高祖功臣，同異姓共一百四十三人）天下初定，故大城名都，散亡戶口，可得而數者，十二三，（原其始封之安，實由地瘠而貧）是以大侯不過萬家，小者五六百戶。後數世，民咸歸鄉里，戶益息，（原其所以失之者，實由富厚而溢）蕭曹絳灌之屬，或至四萬，小侯自倍，富厚如之。（自倍其封，以戶口日增也）子孫驕溢，忘其先，淫嬖。（九字總結罪案）至太初，（景武帝朝）百年之間，見侯五，餘皆坐法隕命。亡國耗矣。（由始封至此才百年而亡者百三十八侯，與前「協和萬國」作對）「罔亦少密焉，然皆身無兢兢於當世之禁云。（只「罔亦少密」句，千回百折而後下之，又急收轉）居今之世，志古之道，所以自鏡也，未必盡同。（「居今」句正明其罔密也。古之道與當世之禁對看，既未必同，則雖志古之道而亦難免於今之世矣。言外

緄與混同，古字通用。帝王各殊禮而異務，則侯之存亡，難以古為例矣。

感慨良深帝王者，各殊禮而異務，要以成功為統紀，豈可緄乎？觀所以得尊寵，及所以廢辱，亦當世得失之林也，何必舊聞？當時得失之林，只是今時禁網耳，豈五品之功、永寧之誓所可概乎於是謹其終始，表見其文，頗有所不盡本末，著其明，疑者闕之。闕疑之意後有君子，欲推而列之，得以覽焉。

孝武殫括利源，尊顯卜式，而功臣列侯莫肯輸財助邊，于是元鼎五年，坐酎金奪爵者百餘人，而高祖功臣盡矣。亡非其罪，所謂網亦少密也。知此，則是篇宛轉嘆息之意雪亮。

秦楚之際月表

西漢文字雅，不用排比，故達敘三四事，必句句變調，非有意作奇，其筆性自高也。故學文自秦漢入者，必不墮六朝俳體。至史公，則又字字稱量銖泰而後出之。

後半只作一氣貫注之筆，趕出兩個天子，兩個大聖來，錯互迭離。數十字中恰有萬仞陡注之勢，其得力只在中間一句宕開，一筆兜轉，有千鈞力。

太史公讀秦楚之際，曰：（所讀蓋亦秦記也）初作難，（三字是陳涉定案）發於陳涉。虐戾滅秦，（四字是項羽身分）自項氏。撥亂誅暴，平定海內，卒踐帝祚，（十二字是高祖結果）成於漢家。五年之間，號令三嬗，（陳、項、劉也）自生民以來，未始有受命若斯之亟也。（此受命實兼說三家，所以史記於陳涉稱世家，於羽稱本紀；惟其五年之間而有三朝受命，所以爲亟。俗解專指高祖，文理便礙）昔虞、夏之興，積善累功數十年，德洽百姓，攝行政事，考之於天，然後在位。湯、武之王，乃由契、后稷修仁行義十餘世，不期而會孟津八百諸侯，（上總言湯、武，此句專指武王，古文如此甚多，正以疏而得妙）猶以爲未可，其後乃放弒。秦起襄公，章於文、繆，獻、孝之後，稍以蠶食六國，百有餘載，至始皇乃能并冠帶之倫。以德若彼，用力如此，蓋一統若斯之難也。（逆攔一筆，正見受命之亟爲前古所未有）秦既稱帝，患兵革不休，以有諸侯也，於是無尺土之封，（以下方專爲本朝占身分）墮壞名城，銷鋒鏑，鉏豪桀，維萬世之安。然王跡之興，起於閭巷，合從討伐，軼於三代，（總攝得勢，文筆峻挺，絕無巵詞）鄉秦之禁，（著此句便疏宕有奇氣）適足以資賢者爲驅除難耳。故憤發其所爲天下雄，安在「無土不王」。（四字蓋古語也，筆致勁疾之至）此乃傳之所謂大聖乎？豈非天哉，豈非天哉！（作想像不盡之筆，煞出受命之正，獨尊本朝）非大聖孰能當此受命而帝者乎？

題曰秦楚之際，試問二世旣亡，漢國未建，此時號令所出，非項羽而誰？又當山東蠭起，六國復立，武信初興，沛公未兆，此時號令所出，非陳勝而誰？故不可言秦，不可言楚，謂之際者，凡以陳、項兩雄也。表爲兩雄而作，卻以記本朝剏業之由，故首以三家並起，而言下軒輊自明；次引古，反擊一段，然後收歸本朝，作贊嘆不盡之語以結之。布局之工，未易測也。

秦之興僭亂，何可勝紀？此特拈西畤用事上帝起，所以暗伏中間「若有天助」一段也。次拈踰隴營岐之事，所以伏中間「收功實者當於西北」一段也。文章脈絡，摘出朗若列眉矣。

敘秦用三段文字，其氣一段緊一段；敘六國亦用三段文字，其氣亦一段緊一段。史公文極雄放，然細尋其脈，卻復極謹嚴也。

一猜天助，再猜地利，然前則云「蓋若」，後則冠以「或曰」，其

六國表

太史公讀秦記，起結以秦紀爲關目至犬戎敗幽王，周東徙洛邑，秦襄公始封爲諸侯，作西畤，時者，郊祀之名。秦有五時，各以其地係之用事上帝，僭端見矣。禮曰：「天子祭天地，諸侯祭其域內名山大川。」今秦雜戎翟之俗，先暴戾，後仁義，位在藩臣文法古雅絕倫而臚於郊祀，君子懼焉。伏天助及文公踰隴，攘夷狄，尊陳寶，陳寶亦神祠營岐雍之間；伏地利而穆公修政，東竟竟、境通用至河，則與齊桓、晉文中國侯伯侔矣。此是穆公始伯，三段逐步緊來是後陪臣執政，以上言秦，以下言六國大夫世祿，六卿擅晉權，征伐會盟，威重於諸侯。及田常殺簡公而相齊國，獨拈此事，有識，可見孔子沐浴請討是春秋、戰國一大關頭諸侯晏然弗討，海內爭於戰功矣。三國終之卒分晉，田和亦滅齊而有之，六國之盛自此始。點題務在彊兵并敵，謀詐用而從橫短長之說起。矯稱蠭出，誓盟不信，雖置質剖符，猶不能約束也。此段隱括六國表中所載機權殺伐之事，其文繁而不殺，筆力雄大，非他手可辦。◎滅六國者秦也，故先敘秦後敘六國，既敘六國，則仍敘秦秦始小國，僻遠，諸侯賓之，即擯之也比於戎翟。至獻公之後，常雄諸侯。論秦之德義，不如魯衛之暴戾者，本云：「論秦之暴戾，不如魯衛之德義」，卻用錯互文法與下句作羅紋，古峭特甚量秦之兵，不如三晉之彊也，然卒并天下，非必險固便形埶利也，蓋若天所助焉。先抑地利，以天助明或曰：「東方物所始生，西方物之成孰。」夫作事者必於東南，收功實者常於西北。

意直謂秦無可興之理，所以深惡而痛斥之也。貴得其運筆之法。

此段是正敘採秦紀以著「六國年表」本意。然秦紀卑陋，為世儒不屑道，下段故特舉「耳食」之弊，以見秦紀之不可盡廢也。文義始終照應，一絲不走。

（又歸重地利，皆作惝恍不定之筆）故禹興於西羌，湯起於亳，周之王也，以豐鎬伐殷，秦之帝，用雍州興，漢之興，自蜀漢。（五句每句調必小變，漢文之異乎後人者，往往如此）秦既得意，燒天下詩書，（陡接秦紀之筆，仍轉到秦紀上去，法脈井然）諸侯史記尤甚，為其有所刺譏也。詩書所以復見者，多藏人家，（說史記，偏用詩、書陪，看其卸去又不難）而史記獨藏周室，以故滅。惜哉，惜哉！（先宕開一筆，然後接出秦紀，見其不得已而用之之意）獨有秦記，又不載日月，其文略不具。然戰國之權變，亦有可頗采者，何必上古。（六國表蓋採秦紀為之，故有年無月日）秦取天下多暴，然世異變，成功大。（如變封建為郡縣之類，後世亦蒙其利。當時諸侯放恣，非秦之力，不能驅除之也。秦記之不可廢者如此）傳曰：「法後王」，何也？以其近己而俗變相類，議卑而易行也。學者牽於所聞，見秦在帝位日淺，不察其終始，因舉而笑之，不敢道，此與以耳食無異。悲夫！（學者動稱「法上古」而不知「法後王」，故笑秦紀為不足道，正猶食不以口而以耳，徒聽他人之毀譽以為棄取，而不自知其味之果何在也）余於是因秦記，踵春秋之後，起周元王，表六國時事，訖二世，凡二百七十年，著諸所聞興壞之端。後有君子，以覽觀焉。（以年表二百七十年之事，上紹春秋二百四十二年之統，史公心事如此）

子長因秦紀剏立年表，上紹春秋之書法，下開綱目之源流，是一部史記大主腦。但春秋以魯為主，綱目以正統之君為主，六國年表則分界層格，各國自為其主；以其時勢均力敵，地醜德齊，無可統攝之義也。然六國之興滅，惟一秦始終之。秦雖不可以統六國，而未始不可以貫六國。況上世之文，列邦之史，已為秦人收付一炬，則

聯經出版事業公司校印

臨文考事，舍秦紀更無可憑，所以入手先敍秦之漸強，次即夾敍六國之寖盛，此即六國表前半公案也。次敍秦之幷天下，而六國表後半公案已漸滅其中。然其言外，却復老大悲慨，老大不平，因起手得天之意，挽住西畤郊天作一疑；又因起手踰隴營岐之事，串出西北收功作一信，此是題外原題之法也。然後轉出焚書之後，他無可据，故不得不援秦紀以存二百七十年崖略，而世儒動欲遠法上古，殊不知近已而俗變相類，議卑而易行，傳所謂「法後王」者，其理不可易也。末乃明點出踵春秋之後，著興壞之端，則又籍秦紀而不爲秦紀用者矣。

加土于山之上而藏玉檢之書，以紀受命之符曰封；除地于山之陰而祭曰禪。史公因武帝求神仙致方士等事而附會之，雜撰其事曰封禪書。其文頗曼衍補苴，故先以「其詳不可得聞」提綱也。

此段專言秦時祠祭之事，漢承秦弊者也，故多作迂怪之語，以先發其端。秦之文、襄皆非受命之君，而自作矯誣如此，乃漢武本已受命，而反效其矯誣之為，何也？此史公正意。忽于作鄜畤後，旁插吳陽武畤及好畤之廢蹟，而以傳聞不經之語東之，則所謂無其應而用事者，

封禪書

自古受命帝王，曷嘗不封禪？（起得惝怳不定）蓋有無其應而用事者矣，（妙插此句，一篇氣息皆透）未有睹符瑞見而不臻乎泰山者也。雖受命而功不至，（一句句縮定全書脈絡）至梁父矣而德不洽，洽矣而日有不暇給，是以即事用希。（然則武帝於此將何居）傳曰：「三年不為禮，禮必廢；三年不為樂，樂必壞。」（以封禪為禮樂，直指其儀言之耳，斷章取義法）每世之隆，則封禪答焉，（先嵌一句為本朝占地步）及衰而息。厥曠遠者，千有餘載，近者數百載，故其儀闕然堙滅，其詳不可得而記聞云。

周克殷後十四世，世益衰，禮樂廢，（從首段入脈）諸侯恣行，而幽王為犬戎所敗，周東徙洛邑。秦襄公攻戎救周，（封禪書夾敍擊匈奴事，此語亦非無故而下）始列為諸侯。（以上敍秦來歷，作受命案）秦襄公既侯，居西垂，自以為主少皞之神，（陰䛤受命一）作西時，祠白帝，（已為封禪之濫觴）其牲用駵駒、黃牛、羝羊各一云。（秦人杜撰之儀也，跟前儀字）其後十六年，秦文公東獵汧渭之間，卜居之而吉。文公夢黃蛇自天下屬地，其口止於鄜衍。（陰䛤受命二）文公問史敦，敦曰：「此上帝之徵，君其祠之。」（無稽而妙）於是作鄜時，用三牲郊祭白帝焉。（始曰祠，既曰郊，以漸而起）

自未作鄜時也，（忽轉入前面去）而雍旁故有吳陽武時，雍東有好時，（皆即地以名之）皆廢無祠。（則不知何神矣）或曰：「自古以雍州積高，（荒唐得妙）神明之隩，故立時郊上帝，諸神祠皆聚云。蓋黃帝時嘗用事，雖晚周亦郊焉。」其語

已略見于此矣。凡此皆為後文伏脉也，其筆力之雄渾，千古無匹。

前段實砌封禪掌故，所謂受命與無其應而用事，睹符瑞而臻泰山者，大畧具見，是為全書背面鋪粉之筆也。

桓公自侈，其功只是一匡九合耳，必從東西南北遐征遠涉說入，何也？蓋武帝封禪求仙之舉，實在北征匈奴、東誅閩粵、朝冉、從駹、定筰、存筰之後，其侈心正復相類，特借此對照，乃微詞也。凡讀史記景武間文字，皆當識其用意所在，則無一字浪下。

不經見，縉紳者不道。作鄜畤後九年，文公獲若石云，於陳倉北阪城祠之。其神或歲不至，或數歲來，來也常以夜，光輝若流星，從東南來，集於祠城，則若雄雞，其聲殷云，野雞夜雊。以一牢祠，命曰陳寶。

齊桓公既霸，會諸侯於葵丘，而欲封禪。即此自以為受命，何其滿也管仲曰：「古者封泰山、禪梁父者七十二家，而夷吾所記者十有二焉。總言封泰山、禪梁父，而下所列十二家皆非禪梁父者，蓋云云、亭亭諸皆梁父之支阜也昔無懷氏封泰山，禪云云；虙羲封泰山，禪云云；神農封泰山，禪云云；炎帝封泰山，禪云云；黃帝封泰山，禪亭亭；顓頊封泰山，禪云云；帝佶封泰山，禪云云；堯封泰山，禪云云；舜封泰山，禪云云；禹封泰山，禪會稽；湯封泰山，禪云云；周成王封泰山，禪社首：歷歷指數，不知何據，大約欲以伏羲、神農諸首出之君壓倒桓公而抑其侈耳。觀下「窮以辭」三字，其意灼然可見，讀者切莫認眞皆受命然後得封禪。」歸重此一句，蓋其難其愼之辭桓公曰：「寡人北伐山戎，過孤竹；西伐大夏，涉流沙，束馬懸車，上卑耳之山；甚言窮極幽險，其辭新異南伐至召陵，登熊耳山，以望江漢。兵車之會三，而乘車之會六，九合諸侯，一匡天下，諸侯莫違我。昔三代受命，亦何以異乎？」管仲舉十二君而桓公獨舉三代，亦見卑之，無甚高論也於是管仲睹桓公不可窮以辭，因設之以事，節奏妙曰：「古之封禪，鄗上之黍，北里之禾，文字鉅麗，與前段對所以為盛；盛，粢盛也江淮之間，一茅三脊，所以為藉也。古者薦神之玉藉用白茅東海致比目之魚，西海致比翼之鳥，所以為羞，其說益荒誕得妙然後物有不召而自至者十有五焉。又虛一筆，若平平開去，豈非印板文字耶管仲之意，只是知桓公非受命之君耳，故借無其應而不可用事窮之。即以夷吾之言而折衷于孔子，言下含宕往之致，絕不說煞，故妙。

封禪一書，於其禮儀，蓋三致意焉。此一段言秦事而刺其儀之不古也。齊魯諸生所言封禪之儀，或出於古未可知，然約而易行，必竟有原本，不知後世封禪，只是一方侈大之心耳。玉檢金繩，惟恐不盛，此其儀之所以絀而不行也。

今鳳皇麒麟不來，嘉穀不生，而蓬蒿藜莠茂，鴟梟數至，而欲封禪，毋乃不可乎？」反筆，又不必屑屑對針上文，疎宕入妙 於是桓公乃止。是歲，秦繆公內晉君夷吾。其後三置晉國之君，平其亂，繆公立三十九年而卒。插此段何意？妙在「是歲」二字也，齊桓方僩然自謂受命，而置君平亂，存亡繼絕之褒，顧出於秦，正所以明桓公之不得爲受命也 其後百有餘年，而孔子論述六藝，傳略言易姓而王，封泰山禪乎梁父者七十餘王矣，管仲之言或隣於誕，故略之孔子之言實以 其俎豆之禮不章，蓋難言之。仍歸到儀制上，應首段

秦始皇既幷天下而帝，此段屬意禮儀而先從符瑞引入 或曰：「黃帝得土德，黃龍地螾見。似龍無角 夏得木德，青龍止於郊，草木暢茂。語語有遷就，見其說之不根 殷得金德，銀自山溢。周得火德，有赤烏之符。今秦變周，水德之時。先言時當水德，而後乃援遠事以實之，誕甚 昔秦文公出獵，獲黑龍，此其水德之瑞。」獵而得龍，怪誕極矣，妙在鑿鑿而傳中迂怪之徵率可想見 於是秦更命河曰「德水」，以冬十月爲年首，色上黑，度以六爲名，以地六成水也 音上大呂，事統上法。水德主殺，故事以法律爲尚 即帝位三年，東巡郡縣，祠騶嶧山，頌秦功業。先爲封禪作一引子 於是徵從齊魯之儒生博士七十人，至乎泰山下。大議封禪之儀，是全書第一筆 諸儒生或議曰：「古者封禪爲蒲車，以蒲裹車輪 惡傷山之土石草木；埽地而祭，不築壇 席用葅稭，蒲鞂也，皆儉約之意 言其易遵也。」始皇聞此議各乖異，難施用，由此絀儒生。七十人之言，想復人人殊，上特著其大略耳 而遂除車道，上自泰山陽，自行其意，亦見雄略 至巔，立石頌秦始皇帝德，明其得封也。揣註一句，妙 從陰道下，禪於梁父。其禮頗采太祝之祀雍上帝所用，只是與前作西時、鄜時等事一副主意耳，可見前詳敘之妙 而封藏皆祕

此段畫搜方士根柢，為文成、五利輩腦後下針，無一語不為武帝喚醒。其文恍洋恣肆，盡五花八門之巧，細按則愈見其妙。

詳寫始皇求仙之勤，乃以為武帝前車之鑒耳。其三遊海上，亦是三疊文法，寫來轉覺蒼勁，絶無排比之迹。

之，世不得而記也。始皇之上泰山，中阪遇暴風雨，休於大樹下。諸儒生既絀，不得與用於封事之禮，聞始皇遇風雨，則譏之。（其意以為傷山之土石草木而山靈不享也，書生之見殊陋，着此亦以醜之）於是始皇遂東游海上，行禮祠名山大川及八神，求僊人羨門之屬。（一線飄去，轉入求仙，亦有煙雲變幻之奇）自齊威、宣之時，騶子之徒，（語見衍列傳中）論著終始五德之運，及秦帝，而齊人奏之，故始皇采用之。（其言以秦為水德，當尅火，故始皇以其言驗而神之也，豈知一變而遂為方士之祖，學術之不可不慎，於此可見）而宋毋忌、正伯僑、充尚、羨門高最後皆燕人，為方僊道，形解銷化，依於鬼神之事。（方士皆燕齊人，此處特用齊人燕人起線）騶衍以陰陽主運顯於諸侯，（重提以總斷之◎即上五德之運之說）而燕齊海上之方士，傳其術，不能通，然則怪迂阿諛苟合之徒自此興，不可勝數也。（由怪迂而阿諛，由阿諛而苟合，愈變而愈下也）自威、宣、燕昭使人入海求蓬萊、方丈、瀛洲。（三君求仙不見他書，而此亦援以起脈，要亦假借之辭）此三神山者，其傅（音附）在渤海中，去人不遠，（妙在此句）患且至，則船風引而去。（先推遠之）蓋嘗有至者，（又引而近之）諸僊人及不死之藥皆在焉。（主腦在此）其物禽獸盡白，而黃金銀為宮闕。（加一層點綴）未至，望之如雲；（此句明明空境）及到，三神山反居水下。（幻極，可知如雲之中全無所有也）臨之，風輒引去，終莫能至云。世主莫不甘心焉。（死心蹋地求之，庶幾一遇也）及至秦始皇并天下，（遙接威、宣、燕昭）至海上，則方士言之不可勝數。（與前不可勝數應）始皇自以為至海上而恐不及矣，（描出一片癡）使人乃齎童男女入海求之。船交海中，皆以風為解，（交接繹絡也）曰：未能至，望見之焉。（字字有照應）其明年，始皇復游海上，至琅邪，過恆山，從上黨歸。後三

始皇立石已刻銘矣，今二世巡游所至，復刻書其旁以追頌之，不復自立石也。

從來機祥之說，歷代所不能廢，然其流而日甚者，未有不本於祖宗之作法者也。孝武於祠求神仙不遺餘力，實高祖有以啓之。高祖即位，反秦弊政殆盡，而祠祭荒謬之舉，獨多因之，此段特著兩個「如故」字，意微而顯。

年，游碣石，考入海方士，稽核考察之也，比前段加一句從上郡歸。後五年，始皇南至湘山，遂登會稽，竝海上，冀遇海中三神山之奇藥。總結三段主意於此不得，還，至沙丘崩。收得愴然二世元年，東巡碣石，並海，南歷泰山，至會稽，皆禮祠之，而刻勒始皇所立石書旁，以章始皇之功德。忽挽入封禪本義。求仙之後，綴以此二行，亦如文章之過渡相似，可見古人文字處處謹嚴其秋，諸侯叛秦。三年而二世弒死。始皇封禪之後十二歲，秦亡。應筆如椽諸儒生疾秦焚詩書，誅僇文學，百姓怨其法，天下畔之，遙接聞遇風雨則譏之一段，而文更濃至皆譌音訛曰：「始皇上泰山，為暴風雨所擊，不得封禪。」針線極密而文不印板，妙妙此豈所謂無其德而用事者邪？點逗首段一筆漢興，高祖之微時，嘗殺大蛇。有物曰：「蛇，白帝子也，而殺者赤帝子。」即本紀中語，易數字而別具峭韻，此可為刪潤文字之法高祖初起，禱豐枌榆社。起脈徇沛，為沛公，則祀蚩尤，釁鼓旗。此篇所重者祠祭，其他法制則客意也，敍來敍輕重詳略天然適宜遂以十月至霸上，與諸侯平咸陽，立為漢王。因以十月為年首，以上為一節而色尚赤。應赤帝子語二年，東擊項籍而還。入關，問：「故秦時上帝祠何帝也？」對曰：「四帝，有白、青、黃、赤帝之祠。」高祖曰：「吾聞天有五帝，而有四，何也？」秦時四帝之祠各以其時創立，原屬不經，高祖以意斷之，謂之雄略則可，謂之典禮則不可莫知其說。於是高祖曰：「吾知之矣，乃待我而具五也。」乃立黑帝祠，命曰北畤。高祖於栢人則曰：栢人者，逼於人也；於婁敬則云：婁者，乃劉也；於此云：乃待我而具五也。皆是憑臆造古，分麤爽可愛，具見英風有司進祠，上不親往。悉召故秦祝官，復置太祝、太宰，如其故儀禮。承秦之陋可知因令縣為公社。即枌榆社之類下詔曰：「吾甚重祠而敬祭。

公孫臣之言即騐衍之説也，其言未必盡謬，然一為所動，而新垣平即得以荒誕之説希寵干進，其後雖以誅死，而文成、五利之屬已接踵於闕下矣。且文帝於賈誼所陳改正朔、易服色諸事則謙讓未遑，獨於公孫臣輩信之甚篤，謂非貽謀之不善耶？

前公孫臣之説，猶預以黃龍見為驗，及符合而後官之。至新垣平則惟其言望氣，是憑，而無從案驗矣。逐步寫來，得失自見。

上大夫之貴，千金之賜，於乎何功？方士之接踵而至，不亦宜乎？

作法如此，子孫安得不有加無已乎今上帝之祭及山川諸神當祠者，各以其時禮祠之如故。」又下「如故」字，妙魯人公孫臣上書曰：「始秦得水德，今漢受之，推終始傳，則漢當土德，土德之應，黃龍見。從來術數之學必有驗而後能動人宜改正朔，易服色，色上黃。」是時丞相張蒼好律歷，以爲漢乃水德之始，秦之爲水德舊矣，而蒼乃以漢爲水德之始者，其意以秦爲閏位，不足當五德之數也故河決金隄，其符也。然以河決爲水德之應，則遷就誣罔矣年始冬十月，色外黑內赤，與德相應。如公孫臣言，非也。罷之。後三歲，黃龍見成紀。符瑞之興，天若啓之文帝乃召公孫臣，拜爲博士，與諸生草改歷服色事。其夏，下詔曰：「異物之神見於成紀，無害於民，歲以有年。朕祈郊上帝諸神，說符瑞而歸功歲與民，固自得體禮官議，無諱以勞朕。」有司皆曰：「古者天子夏親郊祀上帝於郊，故曰郊。」於是夏四月，文帝始郊，見雍五時祠，衣皆上赤。此段於公孫臣後綴郊祀，見未失於正也其明年，趙人新垣平以望氣見上，言長安東北有神氣，望氣事一成五采，若人冠絻焉。或曰：東北神明之舍，西方神明之墓也。舍，生方；墓，死方也。其說與秦時議論異天瑞下，宜立祠上帝，以合符應。於是作渭陽五帝廟。何所見而遽信之同宇，帝一殿，面各五門，各如其帝色。祠所用及儀，亦如雍五時。詳寫殿制以著其矯誣不經夏四月，文帝親拜霸渭之會，以前年議夏親郊，今直以故事行，不復議也以郊見渭陽五帝。五帝廟南臨渭，北穿蒲池溝水，權火舉而祠，權火，其制如秤錘，著於林木，數步一置，蓋庭燎之變也若光輝然屬天焉。於是貴平上大夫，賜累千金，而使博士諸生刺六經中作王制，備舉而間出之曰刺謀議巡狩封禪事。忽帶入封禪，妙文帝出長

新垣平以望氣見，其初但作渭陽五帝祠，幻而未失其常，所以嘗試上意也。至是文帝忽自見五人而憑意造幻，別立五帝壇，平於是而有以窺帝矣；於是玉杯、汾鼎，紛紛誕妄，一依於氣以為之說。次序稟稟，豈非以著上之失耶？

收得徑淨。文帝天資極高，於此可。見，正與武帝末著輪臺之詔對看。

兩個「是時」，先提明其事而後疏解之，此法乃千古文章開山手，最為悍勁。

史公文絕少排比處，惟此段前云「是時上求神君」，下接以「

門，若見五人於道北，遂因其直北立五帝壇，祠以五牢具。其明年，新垣平使人持玉杯，上書闕下獻之。（望氣事二）平言上曰：「闕下有寶玉氣來者。」（伎倆畢露，淺誕如此，宜有殺身之禍）已視之，果有獻玉杯者，刻曰「人主延壽」。（微以求仙不死意嘗之）平又言：「臣候日再中。」（望氣事三）居頃之，日卻復中。（愈幻）於是始更以十七年為元年，（段段用「於是」字，見其信之如響）令天下大酺。平言曰：「周鼎亡在泗水中，今河溢通泗，臣望東北汾陰有金寶氣，意周鼎其出乎？兆見不迎則不至。」（望氣事四）於是上使使治廟汾陰，南臨河，欲祠出周鼎。（三段俱用「平言上」、「平又言」、「平言曰」更端起緒，疊出不休，蓋平一見拜上大夫，而其後貴不加益，故屢以詐求售，言外終見文帝之賢）人有上書告新垣平所言氣神事皆詐也。（結穴妙）下平吏治，誅夷新垣平。（聖主）自是之後，文帝怠於改正朔服色神明之事，（因神明之偽而并怠於改正朔等事，過矣）而渭陽長門五帝使祠官領，以時致禮，不往焉。（一齊結煞，好筆力）

今上初至雍，郊見五時，（亦從郊祀引入，是一書針線）後常三歲一郊。是時，上求神君，舍之上林中蹏氏觀。（提法如奇峯當面矗起，奇妙）神君者，長陵女子，以子死，（即童死也）見神於先後宛若。（先後即妯娌之稱；宛若，其字也）宛若祠之其室，民多往祠。（透段顯著開來，文簡而密）平原君往祠，其後子孫以尊顯。（平原君姓王氏，武帝之外祖母也）及今上即位，則厚禮置祠之內中。聞其言，不見其人云。（此四句方正應蹏氏觀一案）是時李少君（別起一案）亦以祠竈、穀道、（謂辟穀、導引也）卻老方見上，上尊之。（少君是正案，用平原引入，而以一「亦」字帶轉，最妙）少君者，故深澤侯舍人，主方。（方藥）匿其年及其生長，嘗自謂七十，能使物，卻老。（使物，致鬼神也，祠竈之餘文）其游以方徧諸侯。無妻

聯經出版事業公司校印

神君者」云云；後云「是時李少君」，下接以「少君者」云云，一排比法也。又敍武安侯事畢，云「一坐盡驚」，敍齊桓公器畢，云「一宮盡駭」，又一排比法也。然極整齊處卻正極疎宕，故奇。老人游射之地，銅器款識之形，固可訪求默識者，其技本淺，而庸人輒靡然惑之，甚矣！其誕之足以飾詐也。直至此始以求仙封禪牽合為一事，前此未嘗有也。史公筆力奇恣，橫七豎八說來，而意義自相貫屬，看其點睛處即明。筆意連綿飛動，令人言外如親覩當年。神君之稱前後數見，各就其事尊稱之，想見不根之甚。

子。人聞其能使物及不死，更饋遺之，常餘金錢衣食。妙在寫得極淺鄙又極幻忽，眞筆端有舌 人皆以為不治生業而饒給，又不知其何所入，愈信，爭事之。少君資好方。資性嗜好方術 善為巧發奇中。能射覆中幽隱之事 嘗從武安侯飲，坐中有九十餘老人，少君乃言與其大父游射處，老人為兒時，從其大父識其處，一坐盡驚。寫得若眞若詐，令人於言外領之 少君見上，上有故銅器，問少君。少君曰：「此器齊桓公十年陳於栢寢。」已而案其刻，果齊桓公器。一宮盡駭，以為少君神，數百歲人也。拖一句便不板，此實文章訣竅 少君言上曰：「祠竈則致物，物謂鬼物，字法深妙 致物而丹沙可化為黃金，節節牽搭，支離得妙 黃金成，以為飲食器，則益壽，幻誕無稽之極 益壽而海中蓬萊僊者乃可見，見之以封禪則不死，一篇大關鍵語 黃帝是也。又引證得奇，方士情狀逼眞 臣嘗游海上，見安期生，安期生食巨棗，大如瓜。誕而妙◎巨或作臣 安期生僊者，通蓬萊中，合則見人，不合則隱。」其言不即不離，所以羈縻弗絕者，全賴此種伎倆 於是天子始親祠竈，親祠竈句，特著失禮之極 遣方士入海求蓬萊、安期生之屬，而事化丹沙諸藥齊同劑，和各藥物也 為黃金矣。居久之，李少君病死。天子以為化去不死，語帶調笑，深著其惑 而使黃錘双才 恚 史寬舒受其方。求蓬萊、安期生莫能得，一求再求，寫出可笑 而海上燕齊怪迂之方士，多更來言神事矣。妙借「莫能」拖下，仙未至而怪迂來矣

明年，文成將軍死之明年◎鼎湖，宮名 天子病鼎湖甚，巫醫無所不致，不愈。游水發根言上郡有巫，游水郡人，發姓，根名；一云，游水姓，發根名 病而鬼神下之。病字非狂惑而何 上召置祠之甘泉。及病，使人問神君。

漢武紀：置壽宮神君，無「酒」字，其言可從。今即作置酒食於壽宮以酬神君，亦自有致。古文如此等處，須各以意會之，正不必定求畫一也。

壽宮、北宮蓋神君之別館，多其宮觀以禮重之。

「惜其方不盡」句，直從下「子誠能修其方」句倒擱出來。夫欒大之方，非文成之方也，而武帝悅欒大，直謂之能修文成之方，於是知其每飯不忘文成也，其爲欒大所罔，不亦宜乎？

（即病巫所憑，又一神君也）神君言曰：「天子無憂病。病少愈，彊與我會甘泉。」（語多丰致）於是病愈，遂起，幸甘泉，病良已。大赦，置酒壽宮神君。（了鼎湖一案，下特就神君詳記一番）壽宮神君最貴者太一，其佐曰大禁、司命之屬皆從之。（爲神君從者）非可得見，聞其言，言與人音等。（幻得可笑，令人自思之）時去時來，來則風肅然。（妙筆，最善形容）居室帷中，時晝言，然常以夜。（偶然晝言，而夜言則其常也）天子祓，然後入。因巫爲主人，關飲食。所以言行下。（蓋神君以天子爲客而享之，則如是眞弄武帝如嬰兒矣。「所以言，行下」，謂神君所言，天子即爲行之於臣下也）又置壽宮、北宮，張羽旗，設供具，以禮神君。神君所言，上使人受書其言，命之曰「畫法」。（奇名）其所語，世俗之所知也，無絕殊者，而天子心獨喜。其事祕，世莫知也。（他語以含蓄爲妙，此卻直說破而其妙愈見）

天子既誅文成，後悔其蚤死，惜其方不盡，（文成以爲妄被誅，而天子乃以爲惜，昏惑至此，總原於一念之貪）及見欒大，大說。大爲人長美，言多方略，（二句是眞本領）而敢爲大言，處之不疑。（二句是其作用，寫得盡情）大言曰：「臣常往來海中，見安期、羨門之屬。顧以臣爲賤，不信臣。又以爲康王諸侯耳，不足與方。（蓬萊豈有勢利神仙耶？其術亦易見矣。而武帝英主，信之不疑，即前所謂甘心者也）臣數言康王，康王又不用臣。臣之師曰：『黃金可成，而河決可塞，不死之藥可得，僊人可致也。』（欒大實無伎倆，故但託師言而惟以其身任使者，因之誑得富貴，可謂巧矣）然臣恐效文成，（又豫爲要約，以塞禍萌）則方士皆奄口，惡敢言方哉？」上曰：「文成食馬肝死耳。（馬肝有毒，託詞，忸怩之甚）子誠能修其方，我何愛乎！」（言不吝厚賞也）大曰：「臣師非有求人，人者求之。（見其甚不易求）陛下必欲致之，則貴其使者，（所謂「敢為大言」實際處）令有親屬，以客禮待之，勿卑，（三句含三意，下逐段分應）使各佩其信印，乃可使通言於神人。（反照前「以臣為賤」句）神人尚肯邪不邪。致尊其使，然後可致也。」（言神人肯則已，若不肯，則更加尊其使，此所以月餘佩四印，有加無已也）於是上使驗小方，鬬棊，棊自相觸擊。（方士動人本領）是時上方憂河決，（點睛法）而黃金不就，乃拜大為五利將軍。（使者貴矣）居月餘，得四印，佩天士將軍，地士將軍，大通將軍印。（各佩其信印矣）制詔御史：「昔禹疏九江，決四瀆。（從河決起，尋個冠冕題目，益見大之巧於說）間者河溢皋陸，隄繇不息。（言治隄之徭役也，句古甚）朕臨天下二十有八年，天若遺朕士而大通焉。（解天士、大通二號，恍惚可笑）乾稱『蜚龍』『鴻漸於般』，朕意庶幾與焉。其以二千戶封地士將軍大為樂通侯。」（按侯表樂通，無其地，亦只取樂於通仙之意）賜列侯甲第，僮千人。乘轝斥車馬帷幄器物以充其家。（分尚方乘輿、服御以賜之，斥，謂捨己所有也）又以衞長公主妻之，（有親屬矣）齎金萬斤，（謂遣嫁之資）更命其邑曰當利公主。（欒大食邑在當利，故以衞長公主之名從之）天子親如五利之第。使者存問供給，相屬於道。（以客禮待之矣）自大主將相以下，（大主，帝之姑，歸竇氏）皆置酒其家，獻遺之。於是天子又刻玉印曰：「天道將軍」，（道字作引導解）使使衣羽衣，夜立白茅上，五利將軍亦衣羽衣，夜立白茅上受印，（做作極矣，千古讀之，無不失笑）以示不臣也。（致尊其使矣）而佩「天道」者，且為天子道天神也。（又拖一句作註，妙甚）於是五利常夜祠其家，欲以下神，神未至而百鬼集矣，然頗能使之。（與鬬棊一段遙應作章法）其後裝治行，東入海，求其師云。（蓋世榮華只為此一句耳，收得淡然而其妙愈見，大之狂、帝之惑，俱躍然矣）大見數月，佩六印，貴震天下，而海上燕齊之

李少君言求仙，忽闌入封禪，可謂誕矣；欒大之求仙，又忽闌入河決可塞，其誕愈甚。蓋少君進說之時，方議封禪；欒大進說之時，方憂河決，於是小人巧舌依附，各視所急而中之。史公特寫個榜樣，以為萬世炯戒。

漢法：非軍功不侯，非出征不加將軍號。今以一方士佩五將軍印，且封侯，其名又多不典，何處索解？妙。載制詞一首，而其義約盡見，真千古絕高手筆。「乾稱蜚龍」二句隱寓上仙之旨，微妙之甚。蓋蜚龍者，昇天之義；漸般者，階梯之象，庶幾旦夕遇之，言得欒大而仙人可冀也。自來無人會得此旨。

無數做作，卻並不見其通言於神人也，故特插使鬼一小段，與前門碁作應，總見其小技誑人處。郊社之禮乃天子絶大之事，而小人至欲以矯誣荒誕之說立壇，令天子親郊，無忌憚極矣。然武帝於方士之言，無不如石投水，獨於親郊太一一事疑而稍絀之，蓋猶有君人之道馬。

申公受黃帝言，見其親承衣鉢，又云「無書」，獨有此鼎書，見其大可寶貴也。作態絶妙。

間，莫不搤捥而自言有禁方，能神僊矣。（收筆與少君段應）入海求蓬萊者，言蓬萊不遠，而不能至者，殆不見其氣。（既不見其氣又何從知其不遠？語荒唐入妙）上乃遣望氣佐候其氣云。（令善望氣者佐之占候也）其秋，上幸雍，且郊。或曰：「五帝，太一之佐也，宜立太一而上親郊之。」上疑未定。（前云「神君者最貴者太一」，茲更以五帝爲太一之佐。蓋太一即太極也，五帝即五行也；理本尋常，但以鬼道附會之，則可嗤耳）齊人公孫卿曰：「今年得寶鼎，其冬辛巳朔旦冬至，與黃帝時等。」（另起一頭，以黃帝作話柄，以寶鼎作證明）卿有札書曰：「黃帝得寶鼎宛朐，（地名）問於鬼臾區。（黃帝時良史）鬼臾區對曰：『黃帝得寶鼎神策，（既得鼎又得神人書策，如讖緯之屬）是歲己酉朔旦冬至，得天之紀，終而復始。』於是黃帝迎日推策，後率二十歲復朔旦冬至，凡二十推，三百八十年，黃帝僊登於天。」（冬至迎日，因以策書推算將來每二十年即復遇朔旦冬至，二十推應四百年，合是歲己酉前二十年計之，故但云三百八十年）卿因所忠欲奏之。所忠視其書不經，疑其妄書，（以所忠之疑其妄，反映武帝之反信其眞）謝曰：「寶鼎事已決矣，尚何以爲！」卿因嬖人奏之。上大說，乃召問卿。對曰：「受此書申公，申公已死。」（妙無從考核，雖然申公仙者，何爲死去，扭捏可笑）（武帝求安期久矣，故方士輒以與安期通爲言，憨甚）上曰：「申公何人也？」卿曰：「申公，齊人。與安期生通，受黃帝言，無書，獨有此鼎書。（鼎書即前札書也，下文連綴二「曰」字及「申公曰」字，又於書外附會之也）曰：『漢興復當黃帝之時。』曰：『漢之聖者在高祖之孫且曾孫也。寶鼎出而與神通，封禪。封禪七十二王，惟黃帝得上泰山封。』（忽然又穿到封禪去，妙絕章法）申公曰：『漢主亦當上封，上封則能僊登天矣。（隨口說成一片，無端無緒，令人自入其玄中）黃帝時萬諸侯，而神靈之封居七千。（言封內山川爲神靈所守者）天下名

聯經出版事業公司校印

自「黃帝時萬諸侯」以下，皆雜舉黃帝故事以歆動武帝，其中且註且證，左牽右曳，絕似考工、爾雅諸書。史公借荒誕之說以發其奇橫之文，正是極得意處。

此段歸結到鼎上，自作一大節機軸。

公孫卿半日謬悠之談，娓娓如見，武帝聽到出神處，特下「嗟乎」一歎，真千古傳神之筆。

射牛見國語。天子射牛，示親殺也。

讀此段要識得史公筆徑之奇絕處，每於一段文字中間破開，嵌入一段，使精神彼此貫注，從古無此妙文也。如

山八，而三在蠻夷，五在中國，中國華山、首山、太室、泰山、東萊，此五山，黃帝之所常游，與神會。黃帝且戰且學僊。（以武帝方大征匈奴也）患百姓非其道者，乃斷斬非鬼神者。（杜塞後門，方士惡技）百餘歲然後得與神通。（又紆其期以難之）黃帝郊雍上帝，宿三月。（此句顧幸雍近事）鬼臾區號大鴻，死葬雍，故鴻冢是也。（此借一二近似地名以實其說）其後黃帝接萬靈明廷。明廷者，甘泉也。所謂寒門者，谷口也。（接會百神於明廷，其地即今甘泉，而又謂谷口爲寒門。寒者幽隱之義，百神之所從出入也）黃帝采首山銅，鑄鼎於荆山下。鼎既成，有龍垂胡髯下迎黃帝。（說得如見）黃帝上騎，羣臣後宮從上者七十餘人，龍乃上去。（妙有斡旋，正是索解不得）餘小臣不得上，乃悉持龍髯，龍髯拔，墮，墮黃帝之弓。百姓仰望黃帝既上天，乃抱其弓與胡髯號，（與今市兒談新聞何異，然竟爲千古口實，甚矣，人之好怪也）故後世因名其處曰鼎湖，其弓曰烏號。』」（又引證）於是天子曰：「嗟乎！（節奏）吾誠得如黃帝，吾視去妻子如脫躧耳。」乃拜卿爲郎，東使候神於太室。（應許多「與神通」）

自得寶鼎，上與公卿諸生議封禪。（引脈好，見封禪事皆從方士悠謬之談造始也）封禪用希曠絕，莫知其儀禮，（用事希少，曠世絕無舉行者，故其禮不傳）而羣儒采封禪尚書、周官、王制之望祀射牛事。（伏「拘牽古文」句，十八字作一句讀）齊人丁公年九十餘，（忽嵌入一段）曰：「封禪者，合不死之名也。秦皇帝不得上封。陛下必欲上，稍上即無風雨，遂上封矣。」（提出主腦，若無此，則將以武帝封禪眞欲與七十二君爭烈耶？言漸上苟不遇風雨則便可上封，令其嘗試之也）上於是乃令諸儒習射牛，（遙接）草封禪儀。數年，至且行。天子既聞公孫卿及方士之言，（又忽嵌入一段斷制議論，奇妙極矣）

羣儒采望祀射牛事句，本當直接「於是乃令諸儒習射牛，草封禪儀」也，乃於中嵌入齊人丁公一段說話，可知封禪仍是求仙。又「至且行」三字本直接「東幸緱氏」句也，乃又於此中插入一段，自己議論，道出武帝隱衷，及諸儒迂陋，不能以古誼匡君，為可惜。嗟乎！此封禪書之所由作歟？耳食之人從無見此者，可歎也。漢武假封禪之名以求仙，史紀其事者，冠之曰「封禪書」，然只東上泰山立石一事了卻封禪公案矣。秦皇遇神人，稱之為「祖龍」，武帝遇神人，稱之為「巨公」。其言雖誕，然自饒古致，可想見漢人筆舌之妙。

黃帝以上封禪，皆致怪物，與神通，（此等皆武帝心坎中語，代為曲曲寫出）欲放黃帝以上接神僊人蓬萊士，（名目不倫不類，正妙於如此）高世比德於九皇，（九皇或作人皇氏兄弟九人解，亦不必拘）而頗采儒術以文之。（以「文之」道破，妙甚）羣儒既已不能辨明封禪事，（痛惜語）又牽拘於詩書古文而不能騁。（采古書之說，而學陋才淺，不能暢達其旨歸）上為封禪祠器示羣儒，（一事）羣儒或曰「不與古同」，（此正所謂「牽於古文而不能騁」之實）徐偃又曰：「太常諸生行禮不如魯善。」（二事）周霸屬（三事）圖封禪事，（圖者，未決之謂）於是上絀偃、霸，而盡罷諸儒不用。（妙有作略，與始皇絀諸生正同）三月，遂東幸緱氏，（方接入「且行」事）禮登中嶽太室。（直以意行之）從官在山下，聞若有言「萬歲」云。（二字甚活，而後世則愈說得逼眞）問上，上不言；問下，下不言。（綴得好）於是以三百戶封太室奉祠，（以三百戶之賦供祠祭之用）命曰崇高邑。（別為三百戶邑名）東上泰山，泰山之草木葉未生，乃令人上石立之泰山巔。（一書中結穴只此三語◎秦人往往立石刻頌功德，漢武刻石而無文，意者即以此為增封之義耶）上遂東巡海上，行禮祠八神。齊人之上疏言神怪奇方者以萬數，（封禪事畢矣，只要候神人至而乘龍上仙耳，故以下求神愈急）然無驗者。乃益發船，（「無驗者」、「乃益發船」二句連書，見其昏瞀之至）令言海中神山者數千人求蓬萊神人。公孫卿持節（仍歸結到公孫卿）常先行候名山，至東萊，（即候氣）言夜見大人，長數丈，就之則不見，見其跡甚大，類禽獸云。（明明有跡而人不可就視，明明是人而跡又類禽獸，一語而再三幻如此）羣臣有言，見一老父牽狗，（誕甚，卻可味）言「吾欲見巨公」，已忽不見。上即見大跡，未信，及羣臣有言老父，則大以為僊人也。宿留海上，（明是責備廷臣之語。舉朝若狂，王誰與為善哉）予方士傳車，（有乘傳公行者）及間使求僊人以千數。（又有微行密訪者）公孫卿曰：「僊人可見，而上方士伎倆將窮，必別設一難以遁其情。公孫卿侯神，至此茫無著腳，武帝雖昏惑而斬斷英果，懼大誅之將至也，則又引之以土木之功，民窮財殫，至死不悟。千古而下，讀之憤歎，史公曲曲傳之，豈非良史之儔杌哉。土木之功，前特以「仙人好樓居」引其端，未幾，以芝房之瑞而止，已而柏梁𤏲於火，天之警帝也，章章矣。乃方士又揑造青靈臺一段公案，而復治明廷，啓之，以至越巫則直以越俗厭勝之法為言，而後土木大興，看其逢君之惡，亦從漸漸生發下來。易不云乎：「其所由來者，漸矣！」為人上者，盍留意於斯焉。

往常遽，以故不見。（又別起一頭，明明說性急不得）今陛下可為觀，如緱城，（中岳在緱氏縣，故欲仿之）置脯棗，神人宜可致也。（宜字含糊得妙）且僊人好樓居。」（加一句，暗暗引入土木之功宜侈大）於是上令長安則作蜚廉桂觀，甘泉則作益延壽觀，（通考作益壽、延壽二觀，此蓋串字法）使卿持節設具而候神人。（又一結）乃作通天莖臺，（即金莖承露臺）置祠具其下，將招來僊神人之屬。於是甘泉更置前殿，始廣諸宮室。（是此段正旨）夏有芝生殿房內中。天子為塞河，興通天臺，（興通天臺與塞河何與？本詔書而附會之也）若見有光云，（愈悅惚）乃下詔：「甘泉房中生芝九莖，赦天下，毋有復作。」（蓋謂神貺已彰，不待他求矣，故暫止興作）十一月乙酉，栢梁烖。（即通天臺）十二月甲午朔，上親禪高里，祠后土。臨勃海，將以望祀蓬萊之屬，冀至殊廷焉。（此二句亦帝意中事，後以栢梁災亟還，故未果也◎殊廷者，仙人之館）上還，以栢梁烖故，朝受計甘泉。（栢梁既災，故姑就甘泉設朝，受天下上計吏之書也）公孫卿曰：「黃帝就青靈臺，十二日燒，黃帝乃治明廷。（帝所深慕者黃帝，故處處借作入港話頭）明廷，甘泉也。」方士多言古帝王有都甘泉者。（此句追敘法，蓋前曾有此說）其後天子又朝諸侯甘泉，甘泉作諸侯邸。勇之（越巫名見前）乃曰：「越俗有火裁，復起屋必以大，用勝服之。」（既曰「越俗」，則豈足為天子效法哉）於是作建章宮，（復作）度為千門萬戶。前殿度高未央。（連用數「度」字；皆就營建之始，隨事紀之）其東則鳳闕，高二十餘丈。其西則唐（唐、塘通）中，數十里虎圈。（蓋為養虎之圈於迴塘中，其大數十里）其北治大池，漸臺高二十餘丈，（池中作臺名漸臺）命曰太液，池中有蓬萊、方丈、瀛洲、壺梁，象海中神山龜魚之屬。其南有玉堂、璧門、大鳥之屬。（不得遇其眞者，姑且作其僞者，此方士欲興土木之根也，蓋聊藉此慰帝渴想之情耳）乃立神

此是一篇大文結束，看其語不多而縝密周匝，仍有餘力，以見其奇偉之氣，迴非韓蘇所能彷彿其萬一也。

贊語不作褒刺，以褒刺之旨具見書中也。

明臺、井幹樓，度五十丈， 遂弄成一神仙世界，不必他求矣 輦道相屬焉。今上封禪， 結穴封禪 其後十二歲而還， 結穴諸神祠 徧於五岳、四瀆矣。而方士之候祠神人，入海求蓬萊，終無有驗。 結穴候神人、求蓬萊 而公孫卿之候神者，猶以大人之跡爲解，無有效。 結穴許多幻跡 天子益怠厭方士之恠迂語矣，然羈縻不絕，冀遇其眞。 三句結穴癡腸無數貪念◎渺然不盡，故妙 自此之後，方士言神祠者彌衆，然其效可睹矣。 拖一筆，從上兩個「無有驗」、「無有效」虛掉一句，趣甚

太史公曰：余從巡祭天地諸神名山川而封禪焉。 抽一總筆作冠冕 入壽宮侍祠神語。 即轉入究觀瑣細處 究觀方士祠官之意， 八字中含一篇大文，眞奇筆 於是退而論次自古以來用事於鬼神者，具見其表裏。 通篇無一處不關會 後有君子，得以覽焉。若至俎豆珪幣之詳，獻酬之禮，則有司存。 名爲封禪書，而敍武帝封禪事極簡畧，故補此句

封禪書千古奇文，而讀者不能明其中之逐段自成結構，只是通長看去；又因其文甚長，眼光不定，遂如入迷樓者，只知千門萬戶，複道交通，終不能舉其要領所在，未免矮人觀場之誚。今特用摘截之法，單就精神團結、筋脈聯貫處細為批摘，而安枝布葉之精，鬬角鉤心之巧，豁然呈露。且逐段界乙，眼光易注，固讀古之一捷法

也；如欲觀其全局，則線裝充棟，豈限上智之批尋哉？附識於此。◎文中云：三神山不遠，舟欲近，風輒引之去。讀此篇者，當作如是觀。此即史公自狀其文也。

史記菁華錄卷一終

河渠書本以志秦漢治渠之利害，乃先從大禹治水之源流說入，此自是文體宜然，非有風刺，與封禪書援引不同。

此段要看其字法奇古變化之妙，出筆自能古雅。

此段自言鄭國渠始末，自成一篇小文。先言魏富河內，於秦又特著「富強」「卒

史記菁華錄卷二

清　姚祖恩編著

河渠書

夏書曰：禹抑洪水，十三年過家不入門。（援引夏書，妙；只櫽括其意，絕不勦錄其成句）陸行載（一作乘）車，水行載舟，（逐句變字，有意造古）泥行蹈毳，（毳一作橇）山行即橋。（橋亦作檋，其制不可強為之說）以別九州，隨山浚川，任土作貢。通九道，陂九澤，度九山。（亦逐句錬字）然河菑衍溢，害中國也尤甚。（忽宕一筆，是史公文至此方從洪水獨抽出河來，以下皆言治河）唯是為務。故道河自積石，歷龍門，南到華陰，東下砥柱，及孟津、雒汭，至於大邳。（引禹貢之文，從中插入議論，此引古妙法）於是（此三十字橫插入去）禹以為河所從來者高，水湍悍，難以行平地，數為敗，（自行其意，不襲古說）乃廝二渠以引其河。（至此又從河引出渠來。廝，分也；即毛詩「斧以斯之」之義，字法新妙）北載之高地，過降水，至於大陸，播為九河，同為逆河，入於勃海。九州既疏，九澤既灑，諸夏艾安，功施於三代。（四句頌文為一篇冒頭）

西門豹引漳水溉鄴，以富魏之河內。（以魏渠引出秦渠而參其中，錯綜入妙）而韓聞秦之好興事，欲罷之，毋令東伐，（謀國者以興他人之水利，苟己國旦夕之安，拙極矣。寫來可歎）乃使水工鄭國間說秦，令鑿涇水，自中山西邸瓠口為渠，（總挈一筆，下別詳誌之）竝（步浪反）北山東注洛三百餘里，欲以溉田。中作而覺，（中字古峭，後人往往祖之）秦欲

聯經出版事業公司校印

并諸侯」二語，所以深惜韓之失計也。

田蚡食邑於鄃，河決南注，則鄃邑無水災，故蚡特巧說罔上，以致二十年不塞。

「歸舊川」二句仍從封禪書方士「河決可塞」一語附會神功生來，又云不出巡封禪，亦安知外間水患，如此，甚言封禪之為益大也，憂民之中，仍寓文過之意，妙甚。

殺鄭國。鄭國曰：「始臣為間，然渠成亦秦之利也。」（三語婉而多姿如此）秦以為然，（莫謂秦無人）卒使就渠。渠就，用注填閼之水，溉澤鹵之地四萬餘頃，收皆畝一鍾。（六斛四斗）於是關中為沃野，無凶年，（寫出美利，贊歎不盡）秦以富彊，（反應「罷之」）卒并諸侯，（反應「毋令東伐」）因命曰鄭國渠。

自河決瓠子後（從田蚡案來）二十餘歲，歲因以數不登，而梁楚之地尤甚。天子既封禪，巡祭山川，（因歌中語，故入此句）其明年，旱，乾封少雨。（乾封者方士荒唐之說耳，今引之若固然者，譎絕）天子乃使汲仁、郭昌發卒數萬人塞瓠子決。（提綱）於是天子已用事（亦祠祭事）萬里沙，（地在華州）則還自臨決河，（勵精可想）沈白馬玉璧於河，（與河神盟）令羣臣從官自將軍以下皆負薪寘決河。是時東郡燒草，（衛俗火耕）以故薪柴少，而下淇園之竹以為楗。（楗者，以竹漸插決口而以次加密，使水勢柔而後下土石也）天子既臨河決，悼功之不成，乃作歌曰：「瓠子決兮將奈何？（歌極古雅，漢時人主之才如此，況文士乎）皓皓旰旰兮閭殫為河！（言閭閻盡漂失也）殫為河兮地不得寧，功無已時兮吾山平。（吾山即魚山，謂鑿其石以塞河，石日剝而山欲平地）吾山平兮鉅野溢，魚沸鬱兮柏冬日。（柏與迫同言，魚游亙浸如與天日相近）延道弛兮離常流，蛟龍騁兮方遠遊。（大有左徒筆意）歸舊川兮神哉沛，（呼神而顧之。沛，安也）不封禪兮安知外！為我謂河伯兮何不仁，泛濫不止兮愁吾人？齧桑（地名）浮兮淮泗滿，久不反兮水維緩。」（謂久成泛濫，漸若安瀾矣）一曰：「河湯湯兮激潺湲，北渡迂兮浚流難。（二句足上篇意，下乃詳言塞河之工，而屬意楗石尤切）搴長茭兮沈美玉，河伯許兮薪不屬。（言河神雖許我而工用不集，可憂）薪不屬兮衞人罪，（即東流燒草一事）燒蕭條兮噫乎何以禦！水穨林竹兮楗石菑，（舊說解「菑」字支離，愚謂斬竹鑱石即竹石之菑耳）宣房塞兮

太湟難曉，闕之可也。

是徧天下，詳觀水勢，而一語斷之曰：「甚矣，水之爲利害也！」善於籠括，筆力最大。

萬福來。」於是卒塞瓠子，築宮其上，名曰宣房宮。（勵精之效如此）而道河北行二渠，復禹舊迹，而梁楚之地復寧，無水災。（繳應上文）

太史公曰：余南登廬山，觀禹疏九江，遂至於會稽太湟，（太湟之地不可考，湟字或作濕）上姑蘇，望五湖；東闚洛汭、大邳，迎河，行淮、泗、濟、漯、洛渠；西瞻蜀之岷山及離碓；北自龍門至於朔方。曰：甚哉，水之爲利害也！余從負薪塞宣房，悲瓠子之詩，而作河渠書。（別有領會）

封禪書極寫武帝荒侈，河渠書極寫武帝勵精，然其雄才大略，正復彼此可以參看，非彼絀而此伸也。特採瓠子兩歌，纏綿掩抑，格自沈雄，先輩謂子長所以能成史記者，亦以當時文章足供摭拾，諒哉言也。

平準書

> 漢之計臣有平準令，所以平物力之低昂而不使畸重畸輕也。史遷因武帝時興利之臣而詳悉其本末，名之曰平準書，與漢書食貨志相表裏。
>
> 平準書筆極古峭整齊，字字不苟。
>
> 此段言漢初事簡，故取於下者甚儉，亦為武帝巧取聚斂張本。
>
> 此納粟拜爵之始，而實開端於有道之文帝，豈非萬世所痛惜。

漢興，接秦之弊，（先由極弊處引起）丈夫從軍旅，老弱轉糧饟，作業劇而財匱，（健句）自天子不能具鈞駟，（馬乘一◎天子駕車之駟馬，毛色均一）而將相或乘牛車，齊民無藏蓋。（三句極言上下匱乏）於是為秦錢重難用，更令民鑄錢，（鑄錢一）一黃金一斤，（上「一」字作準字解，謂萬錢準黃金一斤也）約法省禁。而不軌逐利之民，蓄積餘業以稽市物，（蓄積多則買市物居之以待貴也）物踊騰糶，米至石萬錢，馬一匹則百金。（馬乘二）天下已平，高祖乃令賈人不得衣絲乘車，重租稅以困辱之。（以前賈人饒極，故痛抑之）孝惠、高后時，為天下初定，復弛商賈之律，（天下初定，資其物力，故稍弛之）然市井之子孫，亦不得仕宦為吏。（此句直穿至桑弘羊、孔僅之流，所以深刺武帝之尊用賈人兒以病民也）量吏祿，度官用，以賦於民。而山川、園池、市井租稅之入，自天子以至於封君湯沐邑，皆各為私奉養焉，不領於天下之經費。（此四句正言官用吏祿之外，皆不仰給於民，所以轉漕之數至約而用亦足）漕轉山東粟，以給中都官，（即京師）歲不過數十萬石。至孝文時，莢錢益多輕，（漢初名榆莢錢）乃更鑄四銖錢，（鑄錢二）其文為「半兩」，令民縱得自鑄錢。（前但言令民鑄錢，今又加「縱得」二字，見其禁愈寬）故吳，諸侯也，以即山鑄錢，富埒天子，其後卒以叛逆。鄧通，大夫也，以鑄錢，財過王者。故吳、鄧氏錢布天下，而鑄錢之禁生焉。（利權歸於下，其弊日多，因始立鑄錢之禁）匈奴數侵盜北邊，屯戍者多，邊粟不足給食當食者。於是募民能輸及轉粟於邊者拜爵，（輸者，但輸之於官；轉者，運於邊）爵得至大

哉？然其時賣有不得已者，以封國既多，天下之經費出息甚寡也。

先極言物力富盛，因及於上下驕淫，而後繼之以喜功好事之臣開邊邀賞，天下騷動，財匱勢絀，然後使心計之臣得投間而售其商賈之智。而前言自愛而畏法，先行義、絀恥辱，後言廉恥相冒，法嚴令具，又所以著人心世道之升降也。中間只用「物盛而衰，固其變也」八字過峽，無限感慨。

庶長。（賣爵：一大庶長二千石也，蓋虛銜，非實授者）孝景時，上郡以西旱，亦復修賣爵令，（賣爵二）而賤其價以招民；（其流益下，勢所必至）及徒復作，得輸粟縣官以除罪。（又於爵外加二令）（贖罪一）益造苑馬以廣用，（馬乘三）而宮室列觀輿馬益增修矣。至今上即位數歲，（此句暗渡入武帝，妙）漢興七十餘年之間，（總敍漢興以來，見祖宗培養元氣匪朝伊夕，而武帝耗削殆盡，痛惜之也）國家無事，非遇水旱之災，民則人給家足，都鄙廩庾皆滿，而府庫餘貨財。京師之錢累巨萬，貫朽而不可校。太倉之粟陳陳相因，充溢露積於外，至腐敗不可食。（史記有極省處，有極不省處，各有其妙。此段形容富足，纍纍百十言，極不肯省，而古氣洋溢噴湧，不可一世，眞大手筆）衆庶街巷有馬，阡陌之間成羣，而乘字牝者擯而不得聚會。（此小段獨詳馬乘，與起處應）守閭閻者食粱肉，爲吏者長子孫，（吏世守其職）居官者以爲姓號。故人人自愛而重犯法，（此足上句，正見世守之實）先行義而後絀恥辱焉。（引入風俗之美，既富方穀，不其然乎）當是之時，網疏而民富，役財驕溢，（法網疏闊，富民因役使貨賄以爲豪暴也）或至兼并豪黨之徒，以武斷於鄉曲。（數句專言富民之驕暴）宗室有土，公卿大夫以下，爭於奢侈，室廬輿服僭於上，無限度。（數句言封君卿士之奢僭，先言民而後及於上者，以上之失教已久也）物盛而衰，固其變也。（過峽爽勁）自是之後，嚴助、朱買臣等招來東甌，事兩越，江淮之間蕭然煩費矣。（財滿則好大喜功，此武帝痼疾也，專言其臣，爲上諱耳）唐蒙、司馬相如開路西南夷，鑿山通道千餘里，以廣巴蜀，巴蜀之民罷焉。（看其逐段句法變換）彭吳賈滅朝鮮，置滄海之郡，則燕齊之間靡然發動。及王恢設謀馬邑，匈奴絕和親，侵擾北邊，兵連而不解，天下苦其勞，

聯經出版事業公司校印

上已詳開邊為致困之由，此段仍從伐胡起，而又加養馬一事，針路逼清。

言富足，累累百十言不已，今言疲困，亦累累百十言不已，筆力詳贍而又疎古，班、范輩所遠不及也。

以下皆極意侵牟商賈以厚國，故先以富民之橫引起。

此段著孝武變錢法之制至為詳

而干戈日滋。行者齎，居者送，中外騷擾而相奉。（終孝武之世，極為天下煩苦者，征匈奴一事也，故以上三段陪出此段。此段前云江淮巴蜀燕齊，此云天下中外，文甚明劃，法極整齊）百姓抏弊以巧法，（民善遁避科徭，故國計日絀）財賂衰耗而不贍。入物者補官，（賣爵三）出貨者除罪，（贖罪二）選舉陵遲，廉恥相冒，武力進用，法嚴令具。興利之臣自此始也。（痛悼之言，韻致整鍊）天子為伐胡，盛養馬，（特詳馬乘，亦從伐胡起脈）馬之來食長安者數萬匹，（馬既仰食）卒牽掌者（廄牧之卒）關中不足，乃調旁近郡。（此輩又仰食於上）而胡降者皆衣食縣官，（此一輩又仰食於上）縣官不給，天子乃損膳，解乘輿駟，（亦應「不能具鈞駟」處）出御府禁藏以贍之。

其明年，山東被水菑，（由開邊至養馬，更加水災，凡三重耗損）民多飢乏，於是天子遣使者，虛郡國倉廥以振貧民。（傾所蓄以濟民也）猶不足，（逐層寫）又募豪富人相貸假，尚不能相救，乃徙貧民於關以西，及充朔方以南新秦中，（新秦中乃朔方以南建置郡名）七十餘萬口，衣食皆仰給縣官。（此一輩又仰給於上）數歲，假予產業，（即後世開墾之意）使者分部護之，（慮其生變也）冠蓋相望。其費以億計，不可勝數。於是縣官大空。（總勒一筆，「而」字大轉身）而富商大賈，或蹛財役貧，（積財利役使貧民）轉轂百數，廢居居邑，（即積貨買賣，廢者出貨於外，居者入貨於家）封君皆低首仰給。冶鑄煮鹽，財或累萬金，而不佐國家之急，（暗遞入卜式之線）黎民重困。

於是天子與公卿議，更錢造幣以贍用，（鑄錢三，至此皆極詳）而摧浮淫并兼之徒。（意在削奪商賈）是時禁苑有白鹿，（造幣本旨）而少府多銀錫。（造白金本旨）自孝文更造四銖錢，（將變錢法從源流說下來）至是歲四十餘年，從建元（武帝初年）以來，用少，縣官往往即多銅山而鑄錢，民亦間盜鑄錢，不可勝數。錢益多而輕，物益少而貴。（健句，兜得住）有司言曰（插入有司之意，為天子占身分處）「

聯經出版事業公司校印

畫，文亦極古雅，雖諷誦之似難於上口，足以備西京之掌故，故特錄之。此等制度，當考食貨志以釋之，不宜臆為之解。

變錢法以握利權，其意勤矣，而利之所在，走死如鶩，而上不能窒其源者，心計短於賈人也。於是卒用賈人治賈人，而天子亦商賈矣。世變至此可勝嘆哉！

卜式之為人，蓋精於心計而堅忍強力之流，范蠡、白圭亞也。小用之則足以富其家，大用之則

古者皮幣，諸侯以聘享。金有三等，黃金為上，白金為中，赤金為下。今半兩錢法重四銖，（半兩錢之法，其重過於四銖）而姦或盜摩錢裏取鋊，（以其質重，故姦民磨削其銅以別鑄）錢益輕薄而物貴，則遠方用幣，煩費不省。」乃以白鹿皮方尺，（以下詳志錢幣制度）緣以藻繢，為皮幣，直四十萬。王侯宗室朝覲聘享，必以皮幣薦璧，然後得行。（此第一等重幣惟禁苑所有，利權不得不歸於上矣）又造銀錫為白金。（又為少府所饒）以為天用莫如龍，地用莫如馬，人用莫如龜，（健筆，提得整）故白金三品：其一曰重八兩，圜之，其文龍，名曰「白選」，直三千。（次等重幣皆以銀錫為之，欲抑銅以壞私鑄也）二曰重差小，方之，其文馬，直五百。三曰復小，橢之，其文龜，直三百。令縣官銷半兩錢，更鑄三銖錢，文如其重。（筆法甚佳，謂三銖錢即以三銖為文也）盜鑄諸金錢，罪皆死，而吏民之盜鑄白金者，不可勝數。（白鹿皮雖不可得，而銀錫之饒，不能禁其有也，絕倒之筆）於是以東郭咸陽、孔僅為大農丞，（至此不得不用賈人以治賈人矣）領鹽鐵事；桑弘羊以計算用事侍中。（總握利權，為天子榷貨耳）咸陽，齊之大煮鹽；孔僅，南陽大冶；皆致生累千金，故鄭當時進言之。（出自長者，可惜當時）弘羊，雒陽賈人子，以心計，年十三侍中。（法：漢初抑商賈最嚴，後尚不得推擇為吏，今乃致位三公矣）故三人言利事析秋豪矣。

天子乃思卜式之言，（前式以家財助邊而不求官，為公孫弘所絀，先提明而後倒敍其事，此史家絕頂妙法，自遷創之）召拜式為中郎，爵左庶長，賜田十頃，布告天下，使明知之。

初，卜式者，河南人也，（方入卜式傳，第一層）以田畜為事。親死，式有少弟，弟壯，（瑣敍極潔）式脫身出分，（字法妙）獨取畜羊百餘，（胸有成算）田宅財物盡予

聯經出版事業公司校印

足以霸其國，許子將所謂治世之能臣，亂世之奸雄，正為若輩，勿輕看之。對使者言，句句自道身分，此即抵過一篇自薦表也。

是時原有賣爵、贖罪二例，故使者枚舉以問。故式之意徒欲以奇節高行致位公卿，不欲以貲郎小就，故特創此異想。觀下「不願為郎」句，心事了然，然卒以酧其志，可不謂奸雄矣哉！千古富人中善用財者，呂不韋、卜式兩人而已。

弟。式入山牧十餘歲，羊致千餘頭，（堅忍勠力，實大作用人）買田宅。而其弟盡破其業，（先欲借弟以自顯）式輒復分予弟者數矣。（難事，數字更難）是時，漢方數使將擊匈奴，卜式上書，願輸家之半縣官，助邊。（陡然尋出頭）天子使使問式：「欲官乎？」式曰：「臣少牧，不習仕宦，不願也。」（亦與鼎俎飯牛之對略同，非謙詞也）使問曰：「家豈有冤，欲言事乎？」式曰：「臣生與人無分爭。（安分一）式邑人，貧者貸之，（施德二）不善者教順之，（化頑三）所居人皆從式，（此語幾與舜之三年成都爭身分矣）式何故見冤於人！無所欲言也。」使者曰：「苟如此，子何欲而然？」式曰：「天子誅匈奴，愚以為賢者宜死節於邊，有財者宜輸委，（居然有宰相度，然其嘗上益巧矣）如此而匈奴可滅也。」（此句仍投上之所急，所以入之至深）使者具其言入以聞。天子以語丞相弘。弘曰：「此非人情。不軌之臣，不可以為化而亂法，（弘處此眞有大臣之略，與議郭解罪同意，不可看壞）願陛下勿許。」於是上久不報式，數歲，乃罷式。（旣不報又留不遣）式歸，復田牧。（好，是其堅忍不可及處）歲餘，會軍數出，渾邪王等降，縣官費衆，倉府空。其明年，（方遞入第三層）貧民大徙，皆仰給縣官，無以盡贍。卜式持錢二十萬，予河南守，以給徙民。（著數絕佳，若此時再上書則拙矣）河南上富人助貧人者籍，（式只為此耳，豈嘗須臾忘仕宦哉）天子見卜式名，識之，曰：「是固前而欲輸其家半助邊。」（誦之成片，妙，知帝之心醉久矣）乃賜式外繇四百人。（繇同役也，如今免丁之意）式又盡復予縣官。（此只是應著矣，蓋自然之勢）是時富豪皆爭匿財，惟式尤欲輸之助費。（良賈之智，人取我予）天子於是以式終長者，故尊顯以風百姓。（直倒接「乃思卜式之言」一段）初，式不願為郎。（心事畢呈）上曰：「吾有羊上林中，欲

語本無甚奇特，要亦前人唾餘，只是言之適當其時，故妙。

成皐天下積粟之區，式以輓漕功第一，故云「將漕最」，最上者也。

卜式逢漢武之惡，始以利進飾為樸忠，及致位三公，而又欲稍省利權以自媚於百姓。史公特下一語曰「上由是不悅卜式」，蓋觀其後之所不悅，而知其前之所以悅者矣，豈非以利之？言微而旨顯，令讀者恍然自悟，所以為良史之筆。

平準之法創自弘羊，然而以田牧之富輸助公家，令天子終不能忘，

令子牧之。」（式之辭郎，必仍以願歸田牧為說，故上云云）式乃拜為郎，布衣屬而牧羊。（意中又有成算）歲餘，羊肥息。上過見其羊，善之。式曰：「非獨羊也，治民亦猶是也。（我不知此語式懷之幾何時矣，今乃快然出之）以時起居，惡者輒斥去，毋令敗羣。」（官情殷熱，於此可見）上以式為奇，（二次）拜為緱氏令，試之，緱氏便之。（此是式真才力處）遷為成皐令，將漕最上。以為式樸忠，（三次）拜為齊王太傅。（官尊矣，然式意殊未饜）齊相卜式上書曰（不得不又出頭）：「臣聞主憂臣辱。南越反，臣願父子與齊習船者往死之。（真說得樸忠可愛，詞令妙品）天子下詔曰（四次）：「卜式雖躬耕牧，不以為利，有餘輒助縣官之用。（詔書雖重後截，然必從前敍起，因知上之所感於式者深矣）今天下不幸有急，而式奮願父子死之，雖未戰，可謂義形於內。（宛轉入妙）賜爵關內侯，金六十斤，田十頃。」（式志已酎）布告天下，（與前「以風百姓」應）天下莫應。列侯以百數，皆莫求從軍擊羌、越。（絕倒）至酎，少府省金，而列侯坐酎金失侯者百餘人。（怒其莫求從軍，故假微罪以奪其邑，然則式之結怨於衆也甚矣）乃拜式為御史大夫。（以貲致位三公者，漢初一人而已，式志至此始畢酎。下乃欲稍自結於民，而即見疎斥，統觀其得失之際，不勝感焉）

式既在位，見郡國多不便縣官作鹽鐵，鐵器苦惡，賈貴，或彊令民賣買之。而船有算，商者少，物貴，乃因孔僅言船算事。（船有重稅，故民不樂為商，以致貨物踊貴，式欲省之）上由是不悅卜式。（直將前四次愛式一筆反照出來）

元封元年，卜式貶秩為太子太傅。而桑弘羊為治粟都尉，領大農，盡代僅筦天下鹽鐵。（卜式未來而桑弘羊先用，及卜式見黜而弘羊益專，世變可觀）弘羊以諸官各自市，相與爭，物故騰躍，而天下賦輸，或不償其僦費，（僦費即舟車廛布之稅）乃請置大農部丞數十人，分部主郡國，各往往縣置均輸鹽鐵官，

聯經出版事業公司校印

情於富民者，式啓之也。史公先詳卜式，後及弘羊，而以式與弘羊不相能結之，深心卓識，早寓隱憂，豈僅文章絕世哉。

千古心計，小人所以昭其君者，利也。又善其說曰「民不益賦而天下用饒」，竟不知此利竟從何出？此語津津爲楊炎、劉晏、呂惠卿之徒祖述不休，得溫公「天地生財止有此數，不在官則在民」一語點破，而其燄稍息。仁人之言其利溥，學者不可不知也。

令遠方各以其物貴時，商賈所轉販者爲賦，而相灌輸。置平準於京師，都受天下委輸。鹽鐵二物，人所不能一日無，他物則時貴時賤，但就其物貴時即徵其賦，以益鹽鐵之饒，則鹽鐵之利均而他物之贏餘亦盡歸於上矣。其意如此，所謂不加賦而用足，千古小人所以誤其君者，皆祖此意也 召工官治車諸器，皆仰給大農。大農之諸官，盡籠天下之貨物，貴即賣之，賤則買之。天子爲大賈人矣 如此，富商大賈無所牟大利，則反本，而萬物不得騰踊。又爲以重本抑末、平價便民之美名文之，誰爲厲階，至今爲梗，可爲浩嘆 故抑天下物，名曰「平準」。天子以爲然，許之。始結平準題目 於是天子北至朔方，利源既饒，侈心益肆，用「於是」二字，轉落有線 東到太山，巡海上，竝北邊以歸。所過賞賜，用帛百餘萬匹，錢金以巨萬計，皆取足大農。小人之效如此，千古人主所以甘心而不悟也 弘羊又請令吏得入粟補官，及罪人贖罪。賈人至此方大貴重，萬世更不能抑矣 令民能入粟甘泉，各有差，以復終身，不告緡。以粟之多寡爲免徭役之差等，并不與告緡錢之禁令 他郡各輸急處，而諸農各致粟，山東漕益歲六百萬石。此敖倉也，京師漕輓所集 一歲之中，太倉、甘泉倉滿，以上細分四款而總計成數以結之 邊餘穀諸物，均輸帛五百萬匹。民不益賦，而天下用饒。此千百計臣衣鉢 於是弘羊賜爵左庶長，黃金再百斤焉。暗以弘羊之寵逗起卜式，好手法 是歲小旱，上令官求雨。結語之妙，眞正獨絕千古 卜式言曰：「縣官當食租衣稅而已，此縣官稱天子也，漢人多有此語 今弘羊令吏坐市列肆，販物求利。烹弘羊，天乃雨。」語快絕矣，出卜式之口，更快

太史公曰：「農工商交易之路通，閒閒敘起，是史家文體 而龜貝金錢刀布之幣興焉。所從來久遠，自高辛氏之前尚矣，靡得而記云。故書道唐虞之際，詩述殷周之世，安寧則長庠序，

歷敘夏商以來利源之所以漸開，利權之所以漸幷，如掌上螺紋，精細可數。人但知史公之疎宕奇橫處，而不知其縝密之妙，有非後人所能夢見者。

文章最妙在相間處，一段臚陳，一番淡宕，文之爲道畢矣。

先本絀末，以禮義防於利，事變多故，而亦反是。 安寧即無事，無事者，不好大喜功、自尋事做也，並不謂世運治亂。此中多少回互，須看筆鋒所向處 是以物盛則衰，時極而轉，一質一文，終始之變也。 質、文二字只借以代安寧、多故用耳 禹貢九州，各因其土地所宜，人民所多少，而納職焉。 禹之於利，全非網羅天下 湯武承弊易變，使民不倦，各兢兢所以爲治，而稍陵遲衰微。 殷周盛時與季世，即有升降不同 齊桓公用管仲之謀，通輕重之權，徼山海之業，以朝諸侯，用區區之齊，顯成霸名。魏用李克，盡地力，爲彊君。 齊、魏富彊實掊克之所由開，然一則業山海，一則盡地力，猶未嘗巧法誅求百姓 自是之後，天下爭於戰國，貴詐力而賤仁義，先富有而後推讓。故庶人之富者或累巨萬，而貧者或不厭糟糠；有國彊者，或幷羣小以臣諸侯，而弱國或絕祀而滅世。以至於秦，卒幷海內。 此段承上，極言其相推相激之勢，而終之以秦幷海內，言其利之盡歸一家，自此始也。文勢激宕之甚 虞夏之幣，金爲三品：或黃，或白，或赤；或錢，或布，或刀，或龜貝。 以上又只就金幣上臚列一番，是文章緩勢 及至秦，中一國之幣爲三等， 指秦幷海內，但言秦而不及漢，手法都好 黃金以溢名，爲上幣；銅錢識曰半兩，重如其文； 所鑄之款式也，識音志 爲下幣。而珠玉、龜貝、銀錫之屬，爲器飾寶藏，不爲幣。然各隨時而輕重無常。於是外攘夷狄，內興功業， 此正言武帝，却不提出，妙 海內之士，力耕不足糧饟，女子紡績不足衣服。古者嘗竭天下之資財以奉其上，猶自以爲不足也。 極言其流弊困苦之狀，正如本書烹弘羊一語作爰書耳，却更以宕筆淡淡收之，妙絕 無異，故云：事勢之流，相激使然，曷足怪焉。 遙應「一質一文，終始之變」意

聯經出版事業公司校印

陸中翰義馭謂：吳殺子胥賜以鴟夷而投之江，范蠡功成之後，亦取鴟夷自號，蓋居安思危，借子胥以自惕也。兩人才力伯仲之間，人幸則為少伯，不幸則為子胥，其不得免於鴟夷之沈，亦幾希耳。按：此解殊妙，附錄之。

范蠡既以為大名之下難以久居，又云久受尊名不祥，而終不肯一邱一壑逸老終年，舍富而更求富，避名而別成名，是何其好勞而惡逸，知散而仍不忘聚耶。豈真其才有餘，終難靜息，如千里之驥不行則病，白澤之獸得毬乃樂，故為是紛紛者耶？嗚呼！吾

越世家

范蠡事越王句踐，既苦身戮力，早伏長男見苦為生難與句踐深謀二十餘年，伏欲遣少子之本領竟滅吳，報會稽之恥，北渡兵於淮以臨齊、晉，號令中國，以尊周室，句踐以霸，而范蠡稱上將軍。還反國，范蠡以為大名之下，難以久居，又伏三徙成名且句踐為人，可與同患，難與處安，為書辭句踐曰：「臣聞：主憂臣勞，主辱臣死。昔者，君王辱於會稽，所以不死，為此事也。今既以雪恥，臣請從會稽之誅。」巧於立說句踐曰：「孤將與子分國而有之。不然，將加誅於子。」語便不情范蠡曰：「君行令，臣行意。」六字可為忠經總持乃裝其輕寶珠玉，自與其私徒屬，致富之本自不可少，總不便肯歇手乘舟浮海以行，終不反。於是句踐表會稽山以為范蠡奉邑。落得體面

范蠡浮海出齊，變姓名，自謂鴟夷子皮，耕於海畔，苦身戮力，父子治產。仍用此四字，妙，此是明伏線索居無幾何，致產數千萬。何苦紛紛為齊人聞其賢，以為相，范蠡喟然嘆曰：「居家則致千金，居官則至卿相，此布衣之極也。久受尊名，不祥。」再伏名字乃歸相印，盡散其財，以分與知交鄉黨，而懷其重寶，又不肯歇手間行以去，止於陶，以為此天下之中，交易有無之路通，為生可以致富矣。何苦復紛紛為於是自謂陶朱公。復約要父子耕畜，廢居，候時轉物，逐什一之利。居無何，則致貲累巨萬。天下稱陶朱公。偏又受尊名朱公居陶，

不得而知之矣。

此段借以發明篇首深謀影子耳，非閑說也。

此段用帶敘帶議論筆法，開後人無限法門，韓歐四家多摹倣之。

生少子。點清生之時，明劃少子及壯，而朱公中男殺人，囚於楚。朱公曰：「殺人而死，職也。然吾聞：千金之子，不死於市。」富翁託大，口氣亦肖告其少子往視之。乃裝黃金千溢，置褐器中，載以一牛車。且遣其少子，朱公長男固請欲行，朱公不聽。長男曰：「家有長子曰家督，自負不小，正恐其少弟之浪費財物耳今弟有罪，大人不遣，乃遣少弟，是吾不肖。」自負能肖其父，是一腔同力作苦心田中瀉出欲自殺。其母爲言曰：「今遣少子，未必能生中子也，而先空亡長男，奈何？」朱公不得已而遣長子，一片苦心，知中男之命盡矣爲一封書遺故所善莊生。曰：「至，則進千金於莊生所，聽其所爲，愼無與爭事。」誡之未嘗不極明白長男既行，亦自私齎數百金。至楚，此急雖急於爲弟，然已不甚信其父之言矣，是蠢物自命跨竈心腸莊生家負郭，披藜藋到門，居甚貧。然長男發書進千金，如其父言。上二句從長男眼中看出，此一「然」字從長男意中寫出莊生曰：「可疾去矣，愼無留！即弟出，勿問所以然。」莊生誡之又未嘗不明長男既去，不過莊生而私留，以其私齎獻遺楚國貴人用事者。不但視莊生如無人，并亦視其父如老瞶不曉事矣莊生雖居窮閻，然以廉直聞於國，自楚王以下皆師尊之。提法精采及朱公進金，非有意受也，欲以成事後復歸之以爲信耳。故金至，謂其婦曰一筆隨手補家中事，敏甚：「此朱公之金。有如病不宿誡，後復歸，勿動。」言苟卒然不諱，亦必歸之而朱公長男不知其意，以爲殊無短長也。筆力縱送如意莊生間時入見楚王，言「某星宿某，此則害於楚」。楚王素信莊生，曰：「今爲奈何？」莊生曰：「獨以德爲可以除之。」楚王曰：「生休矣，寡人將行之。」王乃使使者封

聯經出版事業公司校印

從封錢府蹴起奇文，固為莊生反覆之索，然即使突然下赦令而中男得生，吾知朱公家胥其人者，亦必向莊生索還故物，終必死其弟而後已也。若僅以為封錢府誤之，則拙矣。莊生不過谿刻之士，矯節立名之流，難以聖賢之事期之。田光以燕太子一言之陋，搤腕自剄，以為長者為行不使人疑，況以廉直閒於國之人，無端為兒子所嗤薄，其能忍乎？且殺人者死，中男本有當死之罪，亦非莊生以私慽戮之。以莊生之為人，好示恢奇，以為節俠，非可謬以情懇者，故朱公以千金一擲勿問所為籠罩之，若可直告以請，則無事紛紛矣。

三錢之府。（蹴起奇波）楚貴人驚告朱公長男曰（意外之喜，可以坐受私齎，一「驚」字描盡）：「王且赦。」曰：「何以也？」曰：「每王且赦，常封三錢之府。（數百金私齎博得報一虛信，可憐）昨暮王使使封之。」朱公長男以為赦，弟固當出也，（撤夜無眠，轆轤打算可知）重千金虛棄莊生，無所為也，乃復見莊生。（顧不得面目可憐矣）莊生驚曰：「若不去耶？」長男曰：「固未也。初為事弟，弟今議自赦，故辭生去。」（索錢巧說，酷肖富賈人兒）莊生知其意欲復得其金，曰：「若自入室取金。」長男即自入室取金，持去，（眞老辣）獨自歡幸。（呆得可憐，此時又打算回家奚落其父，誇耀其弟，許多見識可知）莊生羞為兒子所賣，乃入見楚王曰：「臣前言某星事，王言欲以修德報之。今臣出，道路皆言，陶之富人朱公之子殺人，囚楚，其家多持金錢賂王左右，故王非能恤楚國而赦，（此是眞話，不覺自己說出）乃以朱公子故也。」楚王大怒曰：「寡人雖不德耳，奈何以朱公之子故而施惠乎！」令論殺朱公子，明日遂下赦令。朱公長男竟持其弟喪歸。（此時獨自歡幸否？仍欲自殺否）至，其母及邑人盡哀之，唯朱公獨笑，曰：「吾固知必殺其弟也！（竟坐以殺弟之罪，妙）彼非不愛其弟，顧有所不能忍者也。（此種膏肓本非教誨可革）是少與我俱，見苦，為生難，故重棄財。（然朱公又每樂為其苦且難者，何也）至如少弟者，生而見我富，乘堅驅良逐狡兔，豈知財所從來，故輕去之，非所惜吝。前日吾所為欲遣少子，固為其能棄財故也。（問：當時何不早說明？若早說明，則長男又必自負當棄則棄，自有機宜矣。蓋膏肓難砭故也）而長者不能，故卒以殺其弟，（再言之，愈妙）事之理也，無足悲者。吾日夜固以望其喪之來也。」（前不得已苦心竟說出在此）故范蠡三徙，成名於天下，（此一「故」字統承能取能棄，不執一途非苟去而已，所止必成名。重言之，歸重「名」字卒老死於陶，故世傳曰陶朱公。

以陶朱公家務終越世家，有味哉其言之也！夫天下未有不能棄而可遂其欲得之情者也，當日檇李連兵，夫椒再舉，其一片雄心，早已吞姑蘇而籠泗上矣。乃其苦心焦思，非但不敢覬於吳，而并不敢有其越；非但不敢有其國，而并不敢有其身與其子若女，此能棄之極也。棄之極，而後所取者乃百千倍於向之所失，而不嘗操右券以責之償耳。朱公長男少有悋惜，不惟殺一弟，而并乾沒私賣之數百金，庸奴誠敗乃公事，使越用斯人，其亡久矣，此附傳之微意也。

伏此一段為篇末陳王故人生色。

鴻鵠是一鳥，若鳳凰然，非鴻雁與黃鵠比。

曰「不當立」，曰「數有功，愛士卒」，則未嘗不依附於綱常勳德之間也。曰「多聞其賢」，曰「楚人憐之」，夫則未嘗不深識夫人心向背而衆志成城之效也。草間有如此人，宜其輟耕太息矣。

陳涉世家

陳勝者，陽城人也，字涉。吳廣者，陽夏人也，字叔。二人並提，與他處合傳不同 陳涉少時，嘗與人傭耕，輟耕之壟上，悵恨久之，曰：「苟富貴，無相忘。」國家無事之日，而有此等田間悵恨之人，大是可憂，收羅豪傑者不可不知 傭者笑而應曰：「若為傭耕，何富貴也？」陳涉太息曰：「嗟乎，燕雀安知鴻鵠之志哉！」悵恨太息只是一副語

二世元年七月，發閭左適戍漁陽九百人，屯大澤鄉。陳勝、吳廣皆次當行，為屯長。會天大雨，道不通，度已失期。失期，法皆斬。敺之於不得不反 陳勝、吳廣乃謀曰合敘：「今亡亦死，舉大計亦死，等死，死國可乎？」連下四死字，此時固不求生也 陳勝曰：「天下苦秦久矣。吾聞二世，少子也，不當立，當立者乃公子扶蘇。數用「吾聞」、「或聞」、「或以為」等字，極肖草澤人口吻 扶蘇以數諫，故上使外將兵。今或聞無罪，二世殺之。百姓多聞其賢，未知其死也。項燕為楚將，數有功，愛士卒，楚人憐之。或以為死，或以為亡。今誠以吾衆，詐自稱公子扶蘇、項燕，為天下唱，宜多應者。」亦頗有經緯，非莽夫奮不顧生之比也 臆度得妙 吳廣以為然。乃行卜。卜者知其指意，曰：「足下事皆成，有功。然足下卜之鬼乎！」此令其假託鬼神，舊註非是 陳勝、吳廣喜，念鬼，曰摹神：「此教我先威衆耳。」乃丹書帛曰「陳勝王」，置人所罾魚腹中。卒買魚，烹食，得魚腹中書，固已怪之矣。著此一句便活 又間令吳廣之次近所旁叢祠中，謂屯次之近旁

魚腹、狐鳴等事，看似兒戲，而人心煽惑不可復同，正以舉事之初，恐眾心疑懼，聊藉此以鎮定之，雖以勝、廣之草澤經緯，然亦未嘗真恃此也。而後世處豐豫之朝，爲世方士所惑，天書、元象、白鹿、靈龜，無非假造而成者，而世主方僭然以爲長生可冀，甘心不辭，是其識乃出勝、廣之下矣。亦獨何哉？

夜篝火，狐鳴呼曰「大楚興，陳勝王」。卒皆夜驚恐。旦日，卒中往往語，皆指目陳勝。（畫出情景）吳廣素愛人，（上段以勝爲主，此段以廣爲主，）士卒多爲用者。將尉醉，廣故數言欲亡，忿恚尉，令辱之，以激怒其衆。尉果笞廣。尉劍挺，（挺即劍，倒字法）廣起，奪而殺尉。陳勝佐之，并殺兩尉。召令徒屬曰：「公等遇雨，皆已失期，失期當斬。藉弟令毋斬，而戍死者固十六七。（語不多而宛轉入情，足以感人）且壯士不死即已，死即舉大名耳，（偏不云「死則已」而云「不死則已」，皆自分必死之語，蓋此時首難之危，固間不容髮矣）王侯將相寧有種乎！」徒屬皆曰：「敬受命。」乃詐稱公子扶蘇、項燕，從民欲也。（斷句妙）袒右，稱大楚。爲壇而盟，祭以尉首。陳勝自立爲將軍，吳廣爲都尉。（筆氣至此少駐）攻大澤鄉，收而攻蘄。（并收一鄉之豪）蘄下，乃令符離人葛嬰將兵徇蘄以東。攻銍、酇、苦、柘、譙，皆下之。行收兵。比至陳，車六七百乘，騎千餘，卒數萬人。攻陳，（先總收一筆，則知陳勝之爲王，軍容如此而已）陳守令皆不在，（草草得好）獨守丞與戰譙門中。弗勝，守丞死，乃入據陳。數日，號令召三老、豪傑與皆來會計事。（便要稱號矣，勝、廣之器已滿）三老、豪傑皆曰：「將軍身被堅執銳，伐無道，誅暴秦，復立楚國之社稷，功宜爲王。」陳涉乃立爲王，號爲張楚。（言欲張大楚國，杜撰得奇）當此時，諸郡縣苦秦吏者，皆刑其長吏，殺之以應陳涉。（提起許多人在此句內）陳勝王凡六月。已爲王，王陳。其故人嘗與傭耕者聞之，之陳，扣宮門曰：「吾欲見涉。」（野率得妙）宮門令欲縛之。自辯數，乃置，（言自辨多詳乃舍之）不肯爲通。陳王出，遮道而呼涉。

漢初將相王侯多起側微，其草野倨侮應不滅此，而獨於涉傳詳之，一以應帳恨之時，而自為摹寫，一以見陳涉甫得一隅之地而惟以宮殿帷帳誇耀庸奴，惜其無遠大之圖，故忽馬殞滅也。

陳王聞之，乃召見，載與俱歸。非欲推恩舊交，其意不過與「富貴無相忘」一語照應，欲故人之震服欣羨而已入宮，見殿屋帷帳，客曰：「夥頤！涉之爲王沈沈者！」楚人謂多爲夥，故天下傳之，夥涉爲王，由陳涉始。當時方言調笑之詞，必有以「夥涉」二字代王字者，故云爾客出入愈益發舒，言陳王故情。或說陳王曰：「客愚無知，顓妄言，輕威。」陳王斬之。蓋斬一客，非斬說者也。涉器久滿，遂無一可觀諸陳王故人皆自引去，由是無親陳王者。陳王以朱房爲中正，胡武爲司過，主司羣臣。諸將徇地，至，令之不是者，繫而罪之，以苛察爲忠。其所不善者，弗下吏，輒自治之。陳王信用之。爲陳王出脫，終是惋惜意多諸將以其故不親，附此其所以敗也。陳勝雖已死，其所置遣侯王將相，竟亡秦，由涉首事也。發明所以立世家之意高祖時，爲陳涉置守冢三十家碭，至今血食。此所以稱世家

涉之傭耕隴上，與泗上亭長亦復何遠？然高祖以沛公起事，至還定三秦之後，猶守項羽故封，此其器識宏遠，雖復綿蕞儀成，搏髀而讙，知為皇帝之貴，而其初未嘗妄欲自尊也。陳涉甫得數縣之偏陲，而三老稱功，居然南面，蓋蹄涔之量，洞酌已盈，更無可一毫展布，則夥涉沈沈亦徒飽傭奴之饑眼耳，曷足貴乎？惟為羣雄倡首，史公故特立世家。以余論之，陳王家且無存，何有於世？豈以庚桑畏壘，俎豆芒碭，遂為此帶礪永寧之特筆乎？項羽可以本紀，陳涉可以世家，畢竟史公好奇之過也。

外戚傳序拈出「命」字作全傳眼目，故各篇中凡寫遭逢失意處，俱隱隱有命字在內。

敘次最明劃而絶無一毫支蔓，而此等文必當爲之而始知其難，知其難而後服其妙也。

外戚傳雖爲后之昆弟而立，然后必以皇后爲主，但文字若無出色處，史公往往用略其大而詳其細實處虛而虛處實之法。如實太后傳大節目只是生女嫖及兩男并爰立等事，以數行畢之，卻就廣國見后處，

外戚世家

竇太后，趙之清河觀津人也。呂太后時，竇姬以良家子入宮侍太后。太后出宮人以賜諸王，各五人，竇姬與在行中。竇姬家在清河，欲如趙近家，請其主遣宦者吏：「必置我籍趙之伍中。」宦者忘之，誤置其籍代伍中。（求此而得彼，因失意而致遭逢，著不得一毫人力，是以謂之命也）籍奏，詔可，當行。竇姬涕泣，怨其宦者，不欲往，相彊，乃肯行。（極力反跌）至代，代王獨幸竇姬。（文字生動）生女嫖，後生兩男。（總敘法）而代王王后生四男。（夾敘法）先代王未入立爲帝，而王后卒。（命也）及代王立爲帝，而王后所生四男更病死。（命也）孝文帝（即代王）立數月，公卿請立太子，而竇姬長男最長，（分敘法）立爲太子。立竇姬爲皇后，女嫖爲長公主。其明年，立少子武爲代王，已而又徙梁，是爲梁孝王。竇皇后親蚤卒，葬觀津。（以此段引起下段）於是薄太后乃詔有司，追尊竇后父爲安成侯，母曰安成夫人。令清河置園邑二百家，長丞奉守，比靈文園法。（薄太后親）竇皇后兄竇長君，弟曰竇廣國，字少君。（總提兩人即卸去長君）少君年四、五歲時，家貧，爲人所略賣，其家不知其處。傳十餘家，至宜陽，爲其主入山作炭，寒臥岸下百餘人，岸崩，盡壓殺臥者，少君獨得脫，不死。自卜數日當爲侯，（以獨全自負，故卜）從其家之長安。（主家）聞竇皇后新立，家在觀津，姓竇氏。（七字從少君耳中聽出）廣國去時雖小，識其

聯經出版事業公司校印

寫得濃至動人，則全篇皆極靈警，所謂射雕巧手也。

竇氏以退讓稱，衛氏以軍功顯，此外戚中之最皎皎者，故特加意描寫，今故祇錄此兩傳。

「蓋其家號曰衛氏」，因其自號者而傳之，其實生種至微，不可得而考也。後又云「衛皇后所謂姊衛少兒」，亦子夫自謂云云，其實支系鄙汚，是姊非姊均不可知也。馬遷臨文弄筆，頗著其醜，殆亦刺武帝之黷夫婦之倫而進娼優之賤乎？至其

縣名及姓，（自註）又常與其姊採桑墮，用爲符信，（先著一句，後又另生他驗，文法隨手變化）上書自陳。竇皇后言之於文帝，召見，問之，具言其故，（先暗應採桑墮）果是。又復問他何以爲驗？對曰：「姊去我西時，與我決於傳舍中，丐沐沐我，請食飯我，乃去。」（娓娓入情，自堪迸淚）於是竇后持之而泣，泣涕交橫下。（如親見當日姊弟相泣光景，入神之筆）侍御左右皆伏地泣，助皇后悲哀。乃厚賜田宅金錢，封公昆弟，家於長安。絳侯、灌將軍等曰：「吾屬不死，命乃且縣此兩人。（借功臣口反形出當時薰灼之極來）兩人所出微，不可不爲擇師傅賓客，（有大臣識見）又復效呂氏大事也。」於是乃選長者、士之有節行者與居。竇長君、少君由此爲退讓君子，（收得妙）不敢以尊貴驕人。

衞皇后字子夫，生微矣。蓋其家號曰衞氏，（筆頭輕薄之甚，然文致絕佳）出平陽侯邑。（曹參所封之國）子夫（曹壽一作不窋）爲平陽主謳者。武帝初即位，數歲無子。平陽主求諸良家子女十餘人，（子夫偏不在良家中，妙）飾置家。武帝祓霸上還，因過平陽主。主見所侍美人，上弗悅，既飲，謳者進，上望見，獨說衞子夫。（命也）是日，武帝起更衣，子夫侍尚衣軒中，（敍得熱鬧）得幸。上還坐，驩甚，賜平陽主金千斤。主因奏子夫，奉送入宮。子夫上車，平陽主拊其背曰：「行矣，彊飯，勉之！即貴，無相忘。」（寫兒女情懷，絕有憨態）入宮歲餘，竟不復幸。（忽淡忽濃，皆命使之耳）武帝擇宮人不中用者，斥出歸之。衞子夫得見，涕泣請出，上憐之，復幸，遂有身，尊寵日隆。召其兄衞長君、弟青爲侍中。而子夫後大幸，有寵，（加倍渲染）凡生三女一男。男名據。初，上

篇末，於衞霍功名，獨連書軍功字樣，可謂克自振拔而不乞靈於椒房者矣。抑揚予奪均有微詞，宜王允以謗書目之也。衞長君前後只一點，然亦不肯漏略，史公文字之密如此。

爲太子時，原敍法娶長公主女爲妃。立爲帝，妃立爲皇后，姓陳氏，無子。命也上之得爲嗣，大長公主有力焉，旁敍法以故陳皇后驕貴。聞衞子夫大幸，恚，幾死者數矣，上愈怒。陳皇后挾婦人媚道，其事頗覺，挾媚道而不能得主，此其道誣矣，正是「欲加之罪，何患無辭」耳於是廢陳皇后，而立衞子夫爲皇后。陳皇后母大長公主，景帝姊也，亦旁敍法數讓武帝姊平陽公主，後半轉折甚多，敍來只是一線穿下，故奇曰：「帝非我不得立，已而弃捐吾女，壹何不自喜而倍本乎！」自喜猶云：豈不以得立爲天子自幸，而乃忘我之力乎平陽公主曰：「用無子，故廢耳。」陳皇后求子，與醫錢連綿生下，文情如環凡九千萬，然竟無子。命也衞子夫已立爲皇后，遙接先是衞長君死，乃以衞青爲將軍，擊胡有功，爲外戚生色封爲長平侯。青三子在襁褓中，皆封爲列侯。及衞皇后所謂姊衞少兒，與篇首「蓋其家號曰」一句相應少兒生子霍去病，以軍功封冠軍侯，大書特書號驃騎將軍。青號大將軍。立衞皇后子據爲太子。衞氏枝屬以軍功起家，五人爲侯。不一書，皆所以深予之也

朱虛侯立意甚善，而行法斬亡酒之人，作歌示非種之去，迹其所為，亦異於危行言孫者之旨矣。少年將種，負氣自強，適有天幸，實非謀國之全策也。

篇首連敘三事，事事有曲折，看其無處不寫到，筆隨事曲，事隨筆顯，真奇絕之文。◎女子、小人交關於宮壼、帷薄之間，豈有不貽禍於國家者哉？紀太后、漢太后不過以愛希恩，紀翁主、修

齊王世家

朱虛侯年二十，有氣力，忿劉氏不得職。嘗入侍高后燕飲，（用家人禮爲燕私之飲）高后令朱虛侯劉章爲酒吏。（使治觴政）章自請曰：「臣，將種也，請得以軍法行酒。」（語有英氣，然只謂借軍法爲酒令耳，含糊得妙）高后曰：「可。」酒酣，章進飲歌舞。已而曰：「請爲太后言耕田歌。」（剛果雜以俳笑，使人不覺）高后兒子畜之，笑曰：「顧而父知田耳。（亦調笑奚落之）若生而爲王子，安知田乎？」章曰：「臣知之。」太后曰：「試爲我言田。」章曰：「深耕穊種，立苗欲疏，非其種者，鉏而去之。」（冷譏熱諷，呂雉褫魄）呂后默然。頃之，諸呂有一人醉，亡酒，章追，拔劍斬之，而還報曰：「有亡酒一人，臣謹行法斬之。」（正與孫武斬隊長一樣辣手）太后左右皆大驚。業已許其軍法，無以罪也。因罷。自是之後，諸呂憚朱虛侯，雖大臣，皆依朱虛侯，（以一番觴政爲反正之基，奇事）劉氏爲益彊。齊厲王，其母曰紀太后。太后取其弟紀氏女爲厲王后。王不愛紀氏女。太后欲其家重寵，（只一點私意，釀成大禍）令其長女紀翁主入王宮，正其後宮，（處分甚奇）毋令得近王，欲令愛紀氏女。王因與其姊翁主姦。（點出其姊二字便了然）齊有宦者徐甲，入事漢皇太后。皇太后有愛女曰修成君，修成君非劉氏，（曲而顯）太后憐之。修成君有女名娥，太后欲嫁之於諸侯，宦者甲乃請使齊，必令王上書請娥。（徐甲欲怙寵，又是一重公案。甲蓋知紀氏女失寵，欲以皇太后之勢成之）皇太后喜，使甲之齊。是

成君乃至以非種奸法，又加以徐甲之妄誕，主父偃之貪鄙險忮，而朱虛力創之業，不祀忽諸，有國家者，何可不深鑒也！

齊之亡，亡於主父偃，而偃之怨齊，起於不得納女後宮。偃之欲納女後宮，原於徐甲之為修成君女畫嫁齊之策。文步步用倒生出來之法，然其罪戾之端，則紀翁主啓之，故先敘在前，可知此等文字，史公亦先經安排布置，有成竹於胸中，而後寫出，故能縮千頭萬緒於尺幅之中也。

時，齊人主父偃知甲之使齊以取后事，長句勁甚 亦因謂甲：「即事成，幸言偃女，願得充王後宮。」主父偃欲聯姻貴戚，又一重公案 甲既至齊，風以此事。寫得有情態 紀太后大怒，曰：「王有后，後宮具備。且甲，齊貧人，急乃為宦者，入事漢，無補益，乃欲亂吾王家！其言亦風利近正 且主父偃何為者？乃欲以女充後宮！」詰得好，聲態俱厲 徐甲大窮，還報皇太后曰：「王已願尚娥，然有一害，恐如燕王。」隱隱逗出翁主一案，小人可畏 燕王者，與其子昆弟姦，註得自然無痕迹 新坐以死，亡國，故以燕感太后。太后曰：「無復言嫁女齊事。」事浸尋，不得聞於天子。收科亦淡得有致

主父偃由此亦與齊有郤。渡入後半篇 主父偃方幸於天子，用事，因言：「齊臨菑十萬戶，市租千金，人衆殷富，巨於長安，此非天子親弟愛子不得王此。今齊王於親屬益疏。」何不竟言削割而徒以親疏言之，其意使齊王尚修成君女娥，乃益親矣 乃從容言：「呂太后時，加「從容言」句，所謂浸潤之譖 齊欲反；吳楚時，孝王幾為亂；今聞齊王與其姊亂。」三句撮其大旨，要知其言甚多，故曰從容 於是天子乃拜主父偃為齊相，且正其事。主父偃既至齊，乃急治王後宮宦者為王通於姊翁主所者，令其辭證皆引王。明是書牘背上下其手伎倆 王年少，懼大罪為吏所執誅，乃飲藥自殺。絕無後。是時趙王懼主父偃一出廢齊，恐其漸疏骨肉，乃上書言偃受金及輕重之短。主父偃以一女之故，既廢一國，亦自殺其身，眞千古之至愚人也 天子亦既囚偃。少住 公孫弘言：「齊王以憂死，毋後，國入漢，非誅偃無以塞天下之望。」遂誅偃。公孫弘老儒，而往往以一言誅伐人，所謂外寬而內深次骨也

酇侯爲漢元功第一。於其始，默識高祖於網人之中處，用「常」字、「獨」字、「數」字，草蛇灰線，歷落敍來；而以「固請，得毋行」一語，表其深心高識，便爲第一注脚，令人贊然自見，初未當特爲品藻也，眞正高手。

蕭相國世家

蕭相國何者，沛（郡名）豐（邑名）人也。以文無害（治文書平允）爲沛主吏掾。（群吏之長）高祖爲布衣時，何數以吏事護高祖。高祖爲亭長，常左右之。高祖以吏繇咸陽，（以吏事給役京師）吏皆送奉錢三，何獨以五。（當時有當十大錢，故以三五爲數）秦御史監郡者與從事，常辨之。（御史監郡時，何才能辨其職事，即下「卒史第一」是也）何乃給泗水卒史事第一。秦御史欲入言徵何，何固請，得毋行。（想其心頭眼底是何局面）及高祖起爲沛公，何常爲丞督事。（始爲沛公之丞，便與即位爲相只是一事）沛公至咸陽，諸將皆爭走金帛財物之府分之，何獨先入收秦丞相御史律令圖書藏之。（此方是正敍何功第一處，是爲第一段）沛公爲漢王，以何爲丞相。項王與諸侯屠燒咸陽而去。漢王所以具知天下阸塞，戶口多少，彊弱之處，（即不屠燒咸陽，圖書亦爲要務。必敍屠燒者，見其機一失幾不可再得，所以加倍爲何功出色也）民所疾苦者，（加「民所疾苦」一句又好）以何具得秦圖書也。何進言韓信，（又是第一功，此是第二段）漢王以信爲大將軍。語在淮陰侯事中。漢王引兵東定三秦，（此只以還定三秦帶敍於韓信事下）何以丞相留收巴蜀，塡（塡、鎭同，古鎭字俱作塡字）撫諭告，使給軍食。漢二年，漢王與諸侯擊楚，何守關中，侍太子，治櫟陽。爲法令約束，立宗廟社稷宮室縣邑，輒奏上，（又是第一功，此爲第三段）可，許以從事；即不及奏上，輒以便宜施行，上來以聞。關中事計戶口轉漕給軍，（給餉補卒）漢王數失軍遁去，何常興關中卒，輒補缺。（皆絕大重務，又是第一功，是爲第四段。敍何功畢）上以此專屬任何關中

前半敘何功，累累俱占興亡第一籌；後半又歷摹高祖畏惡猜忌之私，皆賴容計以免禍。蓋漢待功臣至薄，而何以元功幸保令終，故曲為傳出，以為功臣炯鑒，乃他傳所無也。

此段論蕭何功凡三項而各不同。發蹤指示之說，乃高祖因羣臣「未嘗有汗馬之勞」一語趨勢謫出，以為柢欄，固非定論。即舉宗數十人從軍，又無卓卓可紀者，何足言功？不過自道其悅何之真病耳。惟邪千秋所論庶乎得之。而又不幷及

事。　漢三年，漢王與項羽相距京索之間，上數使使勞苦丞相。（疑忌第一段）鮑生謂丞相曰：「王暴衣露蓋，數使使勞苦君者，有疑君心也。（如此危機，何全不覺，而往往有人從旁覺之，危哉！幸哉）為君計，莫若遣君子孫昆弟能勝兵者，悉詣軍所，上必益信君。」於是何從其計，漢王大說。（敘得淺甚，故妙）

漢五年，既殺項羽，定天下，論功行封。（論功獨為一大節）羣臣爭功，歲餘，功不決。高祖以蕭何功最盛，封為酇侯，所食邑多。功臣皆曰：「臣等身被堅執銳，多者百餘戰，少者數十合，攻城略地，大小各有差。今蕭何未嘗有汗馬之勞，徒持文墨議論，（語雖輕薄，然自是何定評，即贊所謂刀筆吏也）不戰，顧反居臣等上，何也？」高祖曰：「諸君知獵乎？」（再問再對，文情娟秀）曰：「知之。」「知獵狗乎？」曰：「知之。」高帝曰：「夫獵，追殺獸兔者，狗也；而發蹤指示獸處者，人也。（此言實不切蕭何，歸之子房，則幾矣）今諸君徒能得走獸耳，功狗也。（輕士善罵之波流耳，豈定評哉）至如蕭何，發蹤指示，功人也。且諸君獨以身隨我，多者兩三人。（不覺自道腑肺間事）今蕭何舉宗數十人皆隨我，功不可忘也。」（「不可忘」，妙，乃己心不能忘耳，非於天下大計有所繫屬也）羣臣皆莫敢言。列侯畢已受封，及奏位次，皆曰：「平陽侯曹參身被七十創，攻城略地，功最多，宜第一。」（前既以功狗絀善戰者，今仍謂此語，乃知群臣莫敢言者，屈於辯而心未服也）上已橈功臣，多封蕭何，至位次，未有以復難之，然心欲何第一。（寫出一片隱情，總以弔動鮑生之策來）關內侯鄂君進曰：（按：表，鄂君名千秋）「羣臣議皆誤。夫曹參雖有野戰略地之功，此特一時之事。（一時、萬世二語，比功狗、功人高百倍）夫上與楚相距五歲，常失軍亡

於收圖書、擧韓信之事，正見漢廷見識不過如此，卒無一人知大計者，因以益見何之不可及也。此史公妙處，在無字句處見之者。

得鄂君乃益明，妙。蓋以己兩言之而不得要領，而後鄂君明之，而後私意得伸也。

高祖疑忌相國凡三段，前二段淺，故應以淺著而即解，後一著深，故應以深著而又幾危。蓋鮑生、召平之計，不過因韓信、鯨

衆，逃身遁者數矣。此等語略無冐互，漢人質直如此 然蕭何常從關中遣軍補其處，一段應前補缺 非上所詔令召，而數萬衆會上之乏絕者數矣。夫漢與楚相守滎陽數年，軍無見糧，蕭何轉漕關中，給食不乏。一段應前轉漕 陛下雖數亡山東，蕭何常全關中以待陛下，此萬世之功也。總束上二段 今雖亡曹參等百數，何缺於漢？漢得之，不必待以全。大難爲平陽侯，亦文章跌宕之勢，不必眞有是言 奈何欲以一旦之功而加萬世之功哉！鄂君一段有起有跌，自成章法 蕭何第一，曹參次之。」高祖曰：「善。」於是乃令蕭何賜帶劍履上殿，入朝不趨。漢立此禮，始於蕭何、霍光，終於董卓、曹操，可以興歎 上曰：「吾聞進賢受上賞。蕭何功雖高，得鄂君乃益明。」趣甚 於是因鄂君故所食關內侯邑，封爲安平侯。進關內爲列侯，但加爵而不增食邑 是日，悉封何父子兄弟十餘人，皆有食邑。餘波 乃益封何二千戶，以帝嘗繇咸陽時，何送我獨贏奉錢二也。用「我」字妙，是高祖意中語也 漢十一年，陳豨反，高祖自將至邯鄲。未罷，淮陰侯謀反關中，內外皆叛，所以功臣人人可疑，連敍有意 呂后用蕭何計，誅淮陰侯，一信也，語在淮陰事中。何始薦之，終定計誅之，何於此不能無憾矣 上已聞淮陰侯誅，使使拜丞相何爲相國，益封五千戶，令卒五百人、一都尉爲相國衞。來得有根，妙。一則賞其誅亂之功，一則因信而疑何也 諸君皆賀，召平獨弔。八字陡峻。插入召平一篇小傳，蛛絲馬跡，妙不可言 召平者，故秦東陵侯。秦破，爲布衣。貧，種瓜於長安城東，瓜美，故世俗謂之「東陵瓜」，從召平以爲名也。百忙中偏有此逸調奇事 召平謂相國曰：接「獨弔」句 「禍自此始矣。此即弔詞也 上暴露於外，而君守於中，非被矢石之事，而益君封置衞者，以今者淮

布之反而知上心實不忘相國，追遣子弟、出私財，若自弱焉者，帝意亦解；後之拊循百姓，則復犯其向之所忌而加甚焉。何生平締造之勞，即何此日族誅之具，非客說之於前，王尉解之於後，何能保首領哉？嗚呼危矣！

王衞尉之言，所以明蕭何功者，與鄂君豈相遠哉？一則以之得封侯之賞，一則不免於不悻，進言之不可以不慎如此。雖然，鄂君窺帝之意嚮何，

陰侯新反於中，疑君心矣。夫置衞衞君，非以寵君也。（撇閉益封，單就置衞拈破，曉人當如是）願君讓封勿受，悉以家私財佐軍，則上心說。」相國從其計，高帝乃大喜。（妙）漢十二年秋，鯨布反，上自將擊之，數使使問相國何爲。（二句相類而何復蹈危機，畫出樸忠人性質）相國爲上在軍，乃拊循勉力百姓，悉以所有佐軍，如陳豨時。（用舊計不錯，錯在上句耳。所謂「只知其一，不知其二」也）客有說相國曰：「君滅族不久矣。夫君位爲相國，功第一，可復加哉？（大臣能知此一語，自然退讓）然君初入關中，得百姓心十餘年矣，皆附君，常復孳孳得民和。上所爲數問君者，畏君傾動關中。（此客有絕人之識，殆亦深於黃老之學者，非前二人之比。而名獨不傳，何也）今君胡不多買田地，賤貰貸以自汙，上心乃安。」（使大臣至此，漢治之所以日下也。讀之可爲寒心）於是相國從其計，上乃大說。上罷布軍歸，民道遮行上書，言相國賤彊買民田宅數千萬。（何至數千萬？史家文法耳）上至，相國謁。上笑曰：「夫相國乃利民！」（寫出樂甚）民所上書皆以與相國，（夾敍法，惟史法多有之）曰：「君自謝民。」相國因爲民請曰：「長安地狹，（樸忠自露，妙在與賤貰貸相反，何之所以爲何也）上林中多空地，棄，願令民得入田，毋收稾，爲禽獸食。」上大怒，曰（相應妙）：「相國多受賈人財物，乃爲請吾苑！」（此二句非高帝意也，急不擇音，寫出盛怒）乃下相國廷尉，械繫之。數日，王衞尉侍，前問曰：「相國何大罪，陛下繫之暴也？」上曰：「吾聞李斯相秦皇帝，有善歸主，有惡自與。（如此覆轍，漢廷津津道之不置，如此治之所以終於雜霸也）今相國多受賈豎金，而爲民請吾苑，以自媚於民，（只此是忌怒之本）故繫治之。」王衞尉曰：「夫職事苟有便於民而請之，眞宰相事，陛下奈何

因而逢迎之；王尉當帝之方怒何，從而匡救之，王之優於鄂遠矣。而史失其名，不亦可惜矣乎！

臨沒薦相自代又是第一功，特重此段，與前半相呼應。

史遷一生好奇，故於盜魁俠首譽之不容口，如蕭何一贊，煞甚不滿。至於以周

乃疑相國受賈人錢乎！只此二語還清正項，下皆探其隱而抉之　且陛下距楚數歲，陳豨、黥布反，陛下自將而往，當是時，相國守關中，搖足則關以西非陛下有也。相國不以此時爲利，今乃利賈人之金乎？一語刺中帝之隱微，妙在仍引「向利」字，說得雪淡；若云「此時爲變」，則痕迹顯然，難爲聽者矣。詞令妙品　且秦以不聞其過亡天下，李斯之分過，又何足法哉。陛下何疑宰相之淺也。」　高帝不懌。四字眞善體人情，妙在言表　是日，使人持節赦出相國。相國年老，素恭謹，入，徒跣謝。高帝曰：「相國休矣！相國爲民請苑，吾不許，我不過爲桀紂主，而相國爲賢相。吾故繫相國，欲令百姓聞吾過也。」仍是李斯相業橫亘胸中，反言成相國之名，餘怒拂拂不可遏　何素不與曹參相能，及何病，孝惠自臨視相國病，因問曰：「君即百歲後，誰可代君者？」對曰：「知臣莫如主。」孝惠曰：「曹參何如？」何頓首曰：「帝得之矣！臣死不恨矣！」　何置田宅，必居窮處，爲家不治垣屋。曰：「後世賢，師吾儉；不賢，毋爲勢家所奪。」此段與何相業無涉，特綴於篇末者，所以明前時賤買百姓田宅千萬計，眞窮蹙救死，惟非實事也。史公如此處甚多，要在自領　孝惠二年，相國何卒，諡爲文終侯。後嗣以罪失侯者四世，絕，天子輒復求何後，封續酇侯，功臣莫得比焉。按：酇侯之封，直至東漢之末，蓋與兩漢相終始，此但就武帝之時言之

太史公曰：蕭相國何，於秦時爲刀筆吏，錄錄未有奇節。一語斷盡何之不如信、越等在此，勝處亦在此及漢興，依日月之末光，何謹守管籥，俱用一色字法因民之疾，奉法順流，與之更始。淮陰、黥布等皆

召、太公比韓，以閎散比蕭何，稱量不苟毫髮，愚以為究非定論也。

以誅滅，而何之勳爛焉。惟無奇之極，乃獨成其奇位冠羣臣，聲施後世，與閎夭、散宜生等爭烈矣。閎散在周無特立之奇節，蕭何事業俱漢所以存亡，似難並論

聯經出版事業公司校印

漢治雜伯，以貴黃老之術也，而開其端者，實參始之。諸儒多以此爲參病，不知暴秦之後，詩書悉燼，而諸儒陳說，言人人殊，又安得以鄙儒喋喋之辭，啓紛擾之失哉？固不得以是嘗參也。

太公誅華士，仲尼戮聞人，千古卓識；參之斥去刻深務名諸長史，可謂默合此意矣。不再世而酷吏大興，天下受禍，而後知參之識真不可及也。

曹相國世家

孝惠帝元年，除諸侯相國法，更以參爲齊丞相。[惟王朝有相國，侯國改稱丞相] 參之相齊，齊七十城。天下初定，悼惠王富於春秋，[地廣則事多，草創則法冗，年少則喜事，三句反襯參之清靜，妙] 參盡召長老諸生，問所以安集百姓，如齊故俗。[主意先定] 諸儒以百數，言人人殊，[亦反襯筆] 參未知所定。聞膠西有蓋公，善治黃老言，[點睛] 使人厚幣請之。既見蓋公，蓋公爲言治道貴清靜，而民自定，[要言不煩] 推此類具言之。參於是避正堂，舍蓋公焉。其治要用黃老術，[此亦人所甚難，參本以武功顯，而知此，故奇] 故相齊九年，齊國安集，[應「安集」字] 大稱賢相。惠帝二年，蕭何卒。參聞之，告舍人趣治行，「吾將入相」。[此餘文點染，非本傳所重] 居無何，使者果召參。參去，屬其後相曰：「以齊獄市爲寄，愼勿擾也。」[所見者大而屬意卻微。「寄」字妙，猶托也；以已治之齊托之，顧題勿失而去] 後相曰：「治無大於此者乎？」參曰：「不然。夫獄市者，所以幷容也。今君擾之，奸人安所容也？吾是以先之。」[察奸而奸無必盡之理，徒以擾良耳。此語至大，然非廢弛之謂也]

參始微時，與蕭何善；及爲將相，有郤。[蕭曹有郤，史無明文，不知何事。吾以爲必起於爭功時，鄂君所論，譽蕭既多而抑曹太甚，固不足以厭曹之心也] 至何且死，所推賢唯參。參代何爲漢相國，舉事無所變更，一遵蕭何約束。[細列曹參相業，娓娓不倦，只是清靜二字盡之] 擇郡國吏木詘於文辭，重厚長者，即召除爲丞相史。吏之言文刻深，欲務聲名者，輒斥去之。[深識不可及] 日夜飲醇酒。卿大夫以下吏

參所論者非通論也，自參言之則得耳。蓋何刀筆吏也，參戰將也，刀筆吏常密於法，而戰將則獨能持重。方是時，詩書未出，風俗尚媮，學校選舉之條缺馬未列。為相者，方日昃不遑之際，而云垂拱遵循，不亦悖乎？特參

及賓客，見參不事事，來者皆欲有言。此二段只就飲醇酒一節反覆言之，筆墨淋漓，酣恣極矣至者，參輒飲以醇酒；間之，「來者」、「至者」語似複而景色更佳，史公往往有此欲有所言，復飲之；醉而後去，終莫得開說，以爲常。三字加得妙。下又就中抽出一事寫之，遂覺酒痕歌韻，滿目淋漓，此渲染之美法也相舍後園近吏舍，吏舍日飲歌呼。從吏惡之，無如之何，乃請參游園中，聞吏醉歌呼，從吏幸相國召按之。乃反取酒張坐飲，亦歌呼與相應和。參見人之有細過，專掩匿覆蓋之，府中無事。爲吏舍歌呼一事作注脚耳參子窋爲中大夫。惠帝怪相國不治事，以爲「豈少朕歟」？言不足於我，以爲無可輔也乃謂窋曰：「若歸，試私從容問而父曰：形容惠帝入神『高帝新棄羣臣，帝富於春秋，君爲相，日飲，無所請事，請，謁也；謂白事也何以憂天下乎？』然無言吾告若也。」足一語，如聞其聲窋既洗沐歸，間侍，自從其所諫參。參怒，而笞窋二百，眞黃老之敎，毋以過暴視之，其子若孫所以能世其清簡者，得力在此痛棒也曰：「趣入侍，天下事非若所當言也。」至朝時，惠帝讓參曰：「與窋胡治乎？」猶言「與窋何與而治之」乃者我使諫君也。」參免冠謝曰：「陛下自察聖武孰與高帝？」上曰：「朕乃安敢望先帝乎！」曰：「陛下觀臣能孰與蕭何賢？」上曰：「君似不及也。」語妙參曰：「陛下言之是也。參言得矣，然未許他人妄效，須分別論之且高帝與蕭何定天下，法令既明，今陛下垂拱，參等守職，遵而勿失，不亦可乎？」惠帝曰：「善，君休矣！」參爲漢相國，出入三年。卒，謚懿侯。子窋代侯。百姓歌之曰：「蕭何爲法，顜若畫一；曹參代之，守而勿失。載其清淨，民以寧一。」

之才實遠不及何，倘更張之，徒足以滋亂，故貴其持重焉耳，豈爲相之通論哉。

此贊言簡而意甚長，不滿平陽意最爲顯筆。

以一歌作結，別見奇妙。史公有意弄奇處　平陽侯窋，高后時爲御史大夫。孝文帝立，免爲侯。立二十九年卒，諡爲靜侯。子奇代侯，立七年卒，諡爲簡侯。子時代侯，時尚平陽公主，生子襄。時病癘，歸國。立二十三年卒，諡夷侯。子襄代侯。襄尚衞長公主，生子宗。立十六年卒，諡爲共侯。子宗代侯。征和二年中，宗坐太子死，國除。

太史公曰：曹相國參，攻城野戰之功，所以能多若此者，以與淮陰侯俱。因信之力而參獨擅其名　及信已滅，而列侯成功，唯獨參擅其名。非薄參也，正痛惜淮陰耳　參爲漢相國，清靜極言合道。只此六字與參　然百姓離與罹同　秦之酷後，參與休息無爲，故天下俱稱其美矣。一「故」字寓意深遠

子房為韓報仇，一段忠勇之氣，便是千古大俠，所以傳中離奇閃霍，所遇之人、所為之事多在可解不可解之間。後世神僧、劍客諸傳，諸皋、杜陽諸錄，悉藍本於此，自來却無人拈破。

曰「愕然」，曰「殊大驚」，曰「因怪之」，曰「因異之」，一線穿去，意思卻不同，此種章法，惟史記有之。

留侯世家

留侯張良者，其先韓人也。（一篇骨子）大父開地，相韓昭侯、宣惠王、襄哀王。父平，相釐王、悼惠王。（序家世頗多略，惟此獨詳，正以精神所注在此）悼惠王二十三年，平卒。卒二十歲，秦滅韓。（系韓亡於平卒之後，句妙）良年少，未宦仕韓。（著此一語，良之忠義方盡見）韓破，良家僮三百人，（言其富）弟死不葬，（言其不顧家）悉以家財求客刺秦王，為韓報仇，（全是一腔義勇做成）以大父、父五世相韓故。（勁句）良嘗學禮淮陽，東見倉海君。（蓋東夷之君長）得力士，為鐵椎重百二十斤。（寫得生色）秦皇帝東遊，良與客狙擊秦皇帝博浪沙中，（狙，猿猱之屬；狙擊者，言其騰躍而擊如狙也。此如牛飲蛇行等字法，舊解多謬）誤中副車。秦皇帝大怒，大索天下，求賊甚急，為張良故也。（點一句，似可無，不知史公鄭重處正在此）良乃更名姓，亡匿下邳。

良嘗閒從容步游下邳圯上，（好提筆，最當玩味）有一老父，衣褐，至良所，直墮其履圯下，（敍黃石事，纖瑣得妙）顧謂良曰：「孺子，下取履！」良愕然，欲毆之。（太粉飾處，頗覺情理未當）為其老，彊忍，下取履。父曰；「履我！」良業為取履，（亦牽強）因長跪履之。父以足受，笑而去。（寫得神理都活）良殊大驚，隨目之。父去里所，復還，曰：「孺子可教矣。（此一篇英雄相視情景，眞千古無兩之事，須是詳寫）後五日平明，與我會此。」良因怪之，跪曰：「諾。」五日平明，良往，父已先在，怒曰：「與老人期，後，何也？」去，曰：「後五日早會。」（語句零碎，傳神之極）五日雞鳴，良往。父又先在，復怒曰：「後，何

聯經出版事業公司校印

或謂良脫身為韓報仇，卒之韓王成之死，實以良歸漢之故致之，似良有負於韓矣。不知良於此時，但知秦為韓仇，滅秦而復韓，則良志已遂，豈不欲擇君而事，以立不朽之業？而欲其委贄韓成，稿項無就，有是理乎？且良知沛公天授，而猶棄之歸韓，心事純潔極矣。追羽以疑忌僇成，而良又借漢以滅羽，仍是報韓之初志也，良真純臣也哉。

也？」去，曰：「後五日復早來。」稍變亦妙 五日，良夜未半往。有頃，父亦來，喜曰：「當如是。」相視莫逆，盡此三字 出一編書，曰：「讀此，則為王者師矣。後十年興。十三年孺子見我濟北，穀城山下黃石即我矣。」囑付卻只如此，所以異於讖緯小數也。東坡以為隱君子，是誠有見 遂去，無他言，不復見。若再加一語，再見一面，便不直一錢，寫得妙 旦日視其書，乃太公兵法也。良因異之，常習誦讀之。居下邳，為任俠。項伯常殺人，從良匿。伏鴻門案 後十年，陳涉等起兵，良亦聚少年百餘人。景駒自立為楚假王，在留。良欲往從之，道遇沛公。接得突兀 沛公將數千人，倒注上句法 略地下邳西，遂屬焉。沛公拜良為廄將。良數以太公兵法說沛公，明點以應還圯上一案 沛公善之，常用其策。良為他人言，皆不省。反攔一筆，妙 良曰：「沛公殆天授。」故遂從之。定交之始甚正

漢王之國，良送至褒中，韓王遣送 遣良歸韓。良因說漢王曰：「王何不燒絕所過棧道，示天下無還心，身未離韓，心已歸漢矣 以固項王意。」要著 乃使良還。行，燒絕棧道。良至韓，韓王成以良從漢王故，項王不遣成之國，從與俱東。寫項王疑忌處，適成其愚耳 良說項王曰：「漢王燒絕棧道，無還心矣。」留良，適所以自悞也 乃以齊王田榮反，書告項王。項王以此無西憂漢心，而發兵北擊齊。既悞之於西，復牽之使北，一良勝於十萬甲兵 項王竟不肯遣韓王，乃以為侯，又殺之彭城。甕中之物，殺之何為？是自毆良歸漢也 良亡，間行歸漢王，始一心事漢 漢王亦已還定三秦矣。補得便捷 復以良為成信侯，從東擊楚，至彭城，漢敗而還。至下邑，漢王下馬踞鞍而問曰：寫得悲壯「吾欲捐關以

先輩或云：四皓本不可致，蓋良使老人僞爲之。此真臆說！玩良所以謂四皓逃匿者，不過以帝慢侮之，殆亦骨兩

東等棄之，誰可與共功者？」（大英雄見頭，卻自王發之，沛公眞人傑）良進曰：「九江王黥布，楚梟將，與項王有郄；彭越與齊王田榮反梁地：此兩人可急使。（語有分別）而漢王之將，獨韓信可屬大事，當一面。即欲捐之，捐之此三人，則楚可破也。」（重此一段，蓋急使者，緩急可備指使而已，至天下大事，必以屬諸淮陰）漢王乃遣隨何說九江王布，而使人連彭越。及魏王豹反，（分應錯綜）使韓信將兵擊之，因舉燕、代、齊、趙。然卒破楚者，此三人力也。（先結一筆，筆力如椽）張良多病，未嘗特將也，常爲畫策臣，時時從漢王。（此一篇筋骨語，卻綴於此，妙）

漢六年正月，封功臣。良未嘗有戰鬬功，高帝曰：「運籌策帷帳中，決勝千里外，子房功也。（贊語雅，確比功狗之語高百倍）自擇齊三萬戶。」良曰：「始臣起下邳，與上會留，（儒雅長厚之意）此天以臣授陛下。（應前「沛公殆天授」句）陛下用臣計，幸而時中，臣願封留足矣，不敢當三萬戶。」乃封張良爲留侯，與蕭何等俱封。（顧一筆，爲「未有戰鬬功」句作應也）

留侯性多病，即道引不食穀，（善藏之妙迴出恆流）杜門不出歲餘。上欲廢太子，立戚夫人子趙王如意。大臣多諫爭，未能得堅決者也。（提一筆起案）呂后恐，不知所爲。人或謂呂后曰：「留侯善用計策，上信用之。」呂后乃使建成侯呂澤刧留侯，曰：（強之使出）「君常爲上謀臣，今上欲易太子，君安得高枕而臥乎？」留侯曰：「始上數在困急之中，幸用臣策。（味此數語，子房之苦心至矣）今天下安定，以愛欲易太子，骨肉之間，雖臣等百餘人何益？」（見得透，胸中已有成竹）

生之流，特以名德素聞，足以坐鎮雅俗耳。使四皓見用於時，未必有補時務，而其古貌古心，良可令人敬服，亦何爲必不可致哉。

留侯雖云難以口舌爭，然使竟不一諫，非惟情理所無，亦覺文章疎脫，故必補一句。

高祖梟雄，其欲易太子者，實疑惠帝黯弱，不克負荷之故。至戚夫人恩寵，又其餘事。故四皓之語，惟明太子之得民心，而帝意遂爲之立釋。此中具有深識，非徒以物色動人也。

呂澤彊要曰（所謂刼也）：「爲我畫計。」留侯曰：「此難以口舌爭也。顧上有不能致者，天下有四人。（轉得和緩有致）四人者年老矣，（逐句有態，當細尋之）皆以爲上慢侮人，故逃匿山中，義不爲漢臣。然上高此四人，（再轉）今公誠能無愛金玉璧帛，令太子爲書，卑辭安車，（看其只在禮貌上講究，與慢侮對針）因使辯士固請，宜來。（又加此句，方見四人之難致）來以爲客，時時從入朝，（尤見畫策時迴頭抵掌之態）令上見之，則必異而問之。問之，（每用疊句見奇）上知此四人賢，則一助也。」（又淡得妙）於是呂后令呂澤使人奉太子書，卑辭厚禮，迎此四人。四人至，客建成侯所。漢十二年，上從擊破布軍歸，疾益甚，愈欲易太子。（寫得憒亂忙迫）留侯諫，不聽，因疾不視事。（補筆周到）叔孫太傅稱說引古今，（叔孫生平幸有此日）以死爭太子。上詳許之，（詳與佯同）猶欲易之。（更危）及燕，置酒，太子侍。四人從太子，年皆八十有餘，鬚眉皓白，衣冠甚偉。（出色繪畫）上怪之，問曰：「彼何爲者？」四人前對，各言名姓，曰東園公、甪里先生、綺里季、夏黃公。（至此始借四人口自點出姓名，奇而趣）上乃大驚，曰：「吾求公數歲，公辟逃我，今公何自從吾兒游乎？」（驚詫神情，不啻口出，眞傳神之筆）四人皆曰：「陛下輕士善罵，臣等義不受辱，故恐而亡匿。竊聞太子爲人仁孝，恭敬愛士，（言其爲守文令主）天下莫不延頸欲爲太子死者，（言其已得民心）故臣等來耳。」上曰：「煩公幸卒調護太子。」（己欲搖動而幸得人調護，轉乃托人調護之，妙甚）四人爲壽已畢，起去。上目送之，召戚夫人，指示四人者，（情景逼現）曰：「我欲易之，彼四人輔之，羽翼已成，難動矣。呂后眞而主矣。」

此段只詳子房成功後善刀而藏之妙，其文離奇幻忽，獨與他傳結處迴殊。蓋他傳多詳其世次，此自不疑外無閒，却以黃石幷葬終之，子房乎，老人乎，一而二，二而一矣。

目中早早看定人矣，此語妙 戚夫人泣，上曰：「爲我楚舞，吾爲若楚歌。」項羽垓下事情，高祖此時卻類之，英雄兒女之情，何必以成敗異也。讀之淒絕 歌曰：「鴻鵠高飛，一舉千里。羽翮已就，橫絕四海。橫絕四海，當可奈何！雖有矰繳，尚安所施！」歌數闋，戚夫人噓唏流涕，上起去，罷酒。淋漓盡致 竟不易太子者，留侯本招此四人之力也。結歸子房傳，是針路一定處

留侯乃稱曰自稱語即可爲自贊，以其確也：「家世相韓，及韓滅，不愛萬金之資，爲韓報讎彊秦，天下振動。今以三寸舌爲帝者師，封萬戶，位列侯，語意卻輕 此布衣之極，於良足矣。願棄人間事，欲從赤松子游耳。」有托而逃，不必實有其人 乃學辟穀，道引輕身。會高帝崩，呂后德留侯，乃彊食之，曰：「人生一世間，如白駒過隙，何至自苦如此乎！」亦自娓娓可聽 留侯不得已，彊聽而食。以此句加卒之上，似謂從其志辟穀，可無死者然 後八年卒，謚爲文成侯。子不疑代侯。

子房始所見下邳圯上父老與太公書者，好結穴，諸傳所無 後十三年，細應 從高帝過濟北，果見穀城山下黃石，取而葆祠之。葆，寶也；立祠而寶藏此石 留侯死，幷葬黃石冢。又奇 每上冢伏臘，祠黃石。

太史公曰：學者多言無鬼神，然言有物。言光景動人者 至如留侯所見老父予書，亦可怪矣。不惟有人，又有書，故可怪 高祖離困者數矣，而留侯常有功力焉，豈可謂非天乎？天即鬼神也 上曰：「夫運籌策帷帳之中，決勝千里外，吾不如子房。」余以爲其人計魁梧奇偉，別出一解 至見其圖，狀貌如婦人好女。亦以幻忽不常之筆結之 蓋孔子曰：「以貌取人，失之子羽。」留侯亦云。

淮陰侯傳先載漂母及市中年少等項事，後一一應之；此傳亦先載伯兄之賢，後張負之識，以後一一以筆照顧，而獨無一陰禍絕世，以為一傳之結。夫陰禍者固長厚背馳也，與此存彼史公之削於平也，豈不嚴哉。凡此須於無文字處會之。

陳丞相世家

陳丞相平者，陽武戶牖鄉人也。少時家貧，好讀書，有田三十畝，（故亦不貧，為之咉然）獨與兄伯居。伯常耕田，縱平使游學。（伯乃漢初有數人物，竟不傳其名，惜哉）平為人長，美色。人或謂陳平曰：「貧何食而肥若是？」其嫂嫉平之不視家生產，曰：「亦食糠覈耳。（固是一片俗情，然亦特著此語，為盜嫂一案隱隱拈破）有叔如此，不如無有！」伯聞之，逐其婦而棄之。（加倍寫法，未必果棄也，下故有事嫂句）及平長，可娶妻，（「可娶妻」三字憨甚）富人莫肯與者，貧者平亦恥之。（帶一分稚氣，正見英雄本色）久之，戶牖富人有張負，（起案）張負女孫五嫁而夫輒死，（蓋許字人五次，非遂婚也）人莫敢娶。平欲得之。（大自負處）邑中有喪，平貧，侍喪，以先往後罷為助。（古人氣誼如此，亦為欲得女作注脚）張負既見之喪所，獨視偉平，平亦以故後去。（僅十字耳，兩人神情意態一一畫出）負隨平至其家，家乃負郭窮巷，以弊席為門，然門外多長者車轍。（三句都是張負目中看出，著一「乃」字、一「然」字，又是張負心口商度，眞正神筆）張負歸，謂其子仲曰：「吾欲以女孫予陳平。」張仲曰：「平貧不事事，一縣中盡笑其所為，獨奈何予女乎？」（補傳中所未及）負曰：「人固有好美如陳平，而長貧賤者乎？」（以淺語曉其子，負意殊不僅此）卒與女。為平貧，仍假貸幣以聘，予酒肉之資以內婦。（細寫入妙）負誡其孫曰：「毋以貧故，事人不謹。事兄伯如事父，事嫂如母。」（長者之言，可以覺世）平既娶張氏女，齎用益饒，游道日廣。（先作一結，亦寓深歎）里中社，平為宰，分肉食甚均。（不過屠割之事，非主宰之謂）

學者不善讀書，往往以太尉功多，為陳平自己打算語，誤甚。蓋呂后稱制時，惟平與呂氏最親順；及誅諸呂，其功皆出周勃；又奉璽綬迎文帝，亦勃為之。文帝之德勃也至矣，故此段「以為」二字寫文帝意中語也。陳平智士，極善先意迎合，故亟謝病，又不公為遜讓，待上之問而後分別言之，以為自己地步。所謂「高祖時，功不如臣平」，明明自居開國元勳矣；及後以口舌扼勃，而終去之，此亦其陰謀之一事也。史筆如鏡，不待明指而見。

父老曰：「善，陳孺子之爲宰！」平曰：「嗟乎，使平得宰天下，亦如是肉矣！」

孝文帝立，（前半曾未爲平占一地步，故特下此一語）以爲太尉勃親以兵誅呂氏，（此文帝意中事也，倒裝於此，而以陳平欲讓接之，妙甚）功多；陳平欲讓勃尊位，乃病謝。孝文帝初立，怪平病，問之。（引之問，以得盡言）平曰：「高祖時，勃功不如臣平。及誅諸呂，臣功亦不如勃。（自居締造之勢以壓其定亂之力也，「亦」字輕得妙）願以右丞相讓勃。」（此時平若不讓勃，文帝終亦必更置之，而平之寵衰矣。千古智人占先著處）於是孝文帝乃以絳侯勃爲右丞相，位次第一；平徙爲左丞相，位次第二。賜平金千斤，益封三千戶。（美其能讓也，顯然可知）

居頃之，（兩「居頃之」相應，見勃居位之不久，總出不得陳平圈套耳）孝文皇帝既益明習國家事，朝而問右丞相勃曰：「天下一歲決獄幾何？」（此二字乃天下人命所係，以之發問最喫緊，非偶然也）勃謝曰：「不知。」問：「一歲錢穀出入幾何？」勃又謝不知，汗出沾背，（畫）愧不能對。於是上亦問左丞相平。（語勢婉妙）平曰：「有主者。」上曰：「主者謂誰？」（咄咄逼人）平曰：「陛下即問決獄，責廷尉；問錢穀，責治粟內史。」上曰：「苟各有主者，而君所主者何事也？」平謝曰：「主臣！（主臣猶云慚愧，漢人發語詞）陛下不知其駑下，使待罪宰相。宰相者，上佐天子理陰陽，順四時，下育萬物之宜，外鎮撫四夷諸侯，內親附百姓，使卿大夫各得任其職焉。」（此浮說也，所謂口給禦人，實非至理。夫育萬物之宜，孰大於錢穀之出入與刑獄之重繁？而徒委之各有司存，可乎）孝文帝乃稱善。右丞相大慚，（畫）出而讓陳平曰：「君獨不素教我對！」（畫出樸厚人，音聲象貌都有）陳平笑曰：「君居其位，

聯經出版事業公司校印

不知其任耶？ 惡極，當面奚落，明明謂右相之位非所宜居也 且陛下即問長安中盜賊數， 言只合以主者委之 君欲彊對耶？」於是絳侯自知其能不如平遠矣。 平自知勝勃，勃不自知不及平也 居頃之， 應 絳侯謝病請免相， 兩謝病亦遙相作章法 陳平專爲一丞相。孝文帝二年，丞相陳平卒，謚爲獻侯。子共侯買代侯，二年卒。子簡侯恢代侯，二十三年卒。子何代侯，三十三年，何坐略人妻，棄市，國除。始陳平曰： 借平自言，回護得妙 「我多陰謀，是道家之所禁。吾世即廢，亦已矣，終不能復起，以吾多陰禍也。」 語氣連綿得有韻 然其後曾孫陳掌以衞氏親貴戚， 二「然」字曲曲盡意 願得續封陳氏，然終不得。

太史公曰：「陳丞相平少時，本好黃帝、老子之術。方其割肉俎上之時，其意固已遠矣。 史公每於小處著神 傾側擾攘楚魏之間，卒歸高帝。常出奇計， 伏智謀 救紛糾之難，振國家之患。及呂后時，事多故矣，然平竟自脫， 有許多欣羨，亦有許多不滿 定宗廟，以榮名終，稱賢相，豈不善始善終哉！非知謀，孰能當此者乎？ 合斷一筆如鐵

史記菁華錄卷二終

史記菁華錄卷三

絳侯周勃世家

清　姚祖恩編著

文帝既立，以勃爲右丞相，賜金五千斤，食邑萬戶。此二語陳平傳無之，蓋賓主定體居月餘，人或說勃曰：「君既誅諸呂，立代王，即文帝威震天下，而君受厚賞，處尊位，以寵，久之，即禍及身矣。」即從右丞相數句空下，文情一片，平傳則謂其自愧不如陳平，乃歸印。此等或虛或實，各有妙處，不必泥也勃懼，亦自危，乃謝請歸相印。上許之。歲餘，丞相平卒，上復以勃爲丞相。十餘月，前之辭位謂何？而復居之不疑，勃之禍胎於是矣上曰：「前日吾詔列侯就國，或未能行，丞相吾所重，其率先之。」心實忌之，飾詞以罷其相位也乃免相就國。歲餘，每河東守尉行縣至絳，絳侯勃自畏恐誅，常被甲，令家人持兵以見之。不學無術，可憫；且使上果欲誅之，雖披甲持兵何益？適以自招讒謗耳其後人有上書告勃欲反，下廷尉。廷尉下其事長安，逮捕勃治之。朝廷下之廷尉，廷尉又下之長安捕送也勃恐，不知置辭。吏稍侵辱之。細寫入妙勃以千金與獄吏，獄吏乃書牘背示之，曰：「以公主爲證。」千古錢神有靈，猾吏執法，一一描畫公主者，孝文帝女也，倒注法，史記多有勃太子勝之尚之，故獄吏教引爲證。略住，又起一事，夾敍法，又是追敍法勃之益封受賜，盡以予薄昭。及繫急，薄昭爲言薄太后，亦一獄吏行徑。昭以貴戚將軍而若此，宜其卒以賄敗也太后亦以爲無反事。文帝朝，太后以

高祖功臣中，推勃最樸至，故帝亦以厚重少文稱之，然智短術淺。誅諸呂、立代王之後，位極人臣而無所建白，既不能爲留侯赤松之高，又不能效曲逆彌縫之密，而徒捉捉畏懼，衷甲防誅，向非文帝之寬仁，椒房之戚誼，葅醢之災將及矣。急流勇退，君子所以貴知錢也。史公畫勃之拙，厚處梱梱欲活，可謂寫生。

又遙接「以公主爲證」一段，夾

聯經出版事業公司校印

敍薄昭、太后二段於中，汎然無痕，真正神筆。

細柳勞軍，千古美談。余謂亞夫之巧於自著其能以邀主眷耳；行軍之要，固不在此也。何者？當時遣三將軍出屯備胡，既非臨陳之時，則執兵介胄，傳呼關門，一何過偓。况軍屯首重偵探，豈有天子勞軍已歷兩寨而亞夫尚不知之理？乃至先驅既至，猶閉壁門，都尉申辭，令天子亦遵軍

冒絮提文帝，（冠也，提與抵通，擲而擊之也）曰：「絳侯綰皇帝璽，將兵於北軍，不以此時反，今居一小縣，顧欲反邪！」（惟太后數語乃公道話耳）文帝既見絳侯獄辭，乃謝曰：「吏事方驗而出之。」於是使使持節赦絳侯，復爵邑。絳侯既出，曰：「吾嘗將百萬軍，然安知獄吏之貴乎！」（應「侵辱」一段，餘音裊裊，妙絕）

文帝之後六年，匈奴大入邊。乃以宗正劉禮為將軍，軍霸上；（史公敍法有極不省處，看此三段可見）祝茲侯徐厲為將軍，軍棘門；以河內守亞夫為將軍，軍細柳：（條侯周亞夫，勃少子也，故附勃傳）以備胡。上自勞軍。至霸上及棘門軍，直馳入，將以下騎送迎。（此又極省，只用兩句反映下一大段，色色都照人）已而之細柳軍，軍士吏被甲，銳兵刃，彀弓弩，持滿。（作臨陣之態，豈非著意粧點，見才於人主乎）天子先驅至，不得入。（若先驅得入，則不能令天子親見軍容矣，其理可知）先驅曰：「天子且至！」軍門都尉曰：「將軍令曰（極意作態）：『軍中聞將軍令，不聞天子之詔。』」居無何，上至，又不得入。（妙）於是上乃使使持節詔將軍。（此亦天子之詔也，天子未至則不受，至則受之，為其整肅之已見也。倨甚）曰：「吾欲入勞軍。」亞夫乃傳言開壁門。壁門士吏謂從屬車騎曰：「將軍約：軍中不得驅馳。」（乃至以約束吏者約束天子，倨甚）於是天子乃按轡徐行。（聖天子）至營，將軍亞夫持兵揖曰（倨甚）：「介胄之士不拜，請以軍禮見。」天子為動，改容式車，使人稱謝：「皇帝敬勞將軍。」成禮而去。（細寫文帝，益見亞夫之整）既出軍門，羣臣皆驚。（描一筆，不可少）文帝曰：「嗟乎，此眞將軍矣！（斷語妙）曩者霸上、棘門軍，若兒戲耳，其將固可襲而虜也。

令，不亦甚乎！然其持重之體，迥異他軍，則錐處囊中，脫穎而出，亞夫之謀亦工矣。顧非文帝之賢，安能相賞於形迹之外哉？

條侯於細柳勞軍一案，贊中所謂持威重也；固靳封爵一案，贊中所謂執堅忍也。合之，總是一個不學。幸遇文帝之寬，則為能臣；不幸遇景帝之忮刻，即為大僇。嗚呼，大臣安可以不學乎？後世之寇準、夏言均是正人，卒以是賈禍，可以鑒矣。

至於亞夫，可得而犯耶！」觀高帝晨稱漢使，直馳入韓信、張耳，即臥內奪其兵符一事，亞夫實加人一等 稱善者久之。餘音未絕 月餘，三軍皆罷。乃拜亞夫爲中尉。孝文且崩時，誡太子曰：「即有緩急，周亞夫眞可任將兵。」，聖天子留心邊務，紀錄人才如此 文帝崩，拜亞夫爲車騎將軍。

竇太后曰：「皇后兄王信可侯也。」，自此一句起案，連綿五百餘字，一線穿成，其中忽合忽離，忽隱忽顯，極文章之妙 景帝讓曰：「始南皮、章武侯先帝不侯，及臣即位乃侯之。信未得封也。」心實欲之，托詞於竇氏，妙甚。南皮、章武二侯，俱竇太后之弟 竇太后曰：「人生各以時行耳。自竇長君在時，竟不得侯，縷縷述來，宛似家人口角 死後乃封其子，彭祖顧得侯。吾甚恨之。說得動人，加一句韻極 帝趣侯信也！」景帝曰：「請得與丞相議之。」漸漸引下，此是景帝初讓之根 丞相議之，亞夫曰：「高皇帝約『非劉氏不得王，非有功不得侯。不如約，天下共擊之。』今信雖皇后兄，無功，侯之非約也。」在亞夫固爲守正，然不得謂非文帝時一番剛倨之用有以馴致之，故吾謂細柳一節，亞夫以此見長，亦以此胎禍 景帝默然而止。漸來如畫

其後匈奴王徐盧等五人降，景帝欲侯之以勸後。此段忽離開，其實仍爲前事陪筆也 丞相亞夫曰：「彼背其主降陛下，陛下侯之，則何以責人臣不守節者乎？」，匈奴降王得侯者甚多，此亞夫過執難通處 景帝曰：「丞相議不可用。」一步緊一步，此「不可用」一語，不知是爲今日？爲前日？截然闢開，不論是非，妙絕傳神 乃悉封徐盧等爲列侯。亞夫因謝病。景帝中三年，以病免相。

頃之，景帝居禁中，召條侯，以病免相，則封建之權已不關亞夫矣；乃又特召而責之，見帝之必不肯忘情於亞夫也 賜食。獨置大胾，無切肉，又不置櫡。論頭奇 條侯心不平，描出 顧謂尚席主宴之官 取櫡。景帝視而笑曰：「此非不足君所乎？」以嬉笑爲怒罵，危

為條侯計者，宜於不用。其議，輒封匈奴降王之後，亟風御史請侯王信而自贊成之所，此於朝廷初無損，且竇氏已侯，必不能禁王氏之終不侯也。乃至召食而譴，而猶然辭色快快，尚縱驕子置買尚方禁物，又與工人競錙銖之利，愆出納之期，以至身死國亡，為天下僇。夫崇伯取災於悻直，宣尼致痛於鄙夫，如條侯者，亦何足為君子所惜哉！

哉！言人欲有所為而不慊於意，猶人之欲食而不足於具也，明指阻后弟之封 條侯免冠謝。上起，條侯因趨出。景帝以目送之，曰：「此快快者，悻直難馴貌 非少主臣也！」言非子孫所能制馭也。一步緊一步，而殺之意決矣 居無何，條侯子為父買工官尚方甲楯五百被可以葬者。取庸苦之，不予錢。庸知其盜買縣官器，工官，造作之府。尚方甲楯，猶後人所云內府器物也。庸，工也。上庸字以工費言，工人來取價，留難不即予也；下庸字即指工人 怒而上變告子，事連汙條侯。上云「可以葬者」，下云「連汙條侯」，先為條侯出罪；見其不過因子事染議，總以明景帝之尋釁以成於殺也 書既聞上，上下吏。吏簿責條侯，條侯不對。景帝罵之曰：「吾不用也。」召詣廷尉。一步緊一步。蓋條侯大臣，恐帝復用，故吏不敢窮究其罪，帝特言此，明示吏以必殺之機也 廷尉責曰：「君侯欲反耶？」亞夫曰：「臣所買器，乃葬器也，何謂反耶？」吏曰：「君侯縱不反地上，即欲反地下耳。」深文周內，卻又如戲，妙甚 吏侵之益急。皆自帝「不用」一語來 初，吏捕條侯，條侯欲自殺，此數語只為篇首相者謂當餓死補出 夫人止之，以故不得死，遂入廷尉。因不食五日，嘔血而死。國除。強項人，至此可嘆 絕一歲，景帝乃更封絳侯勃他子堅為平曲侯，此下仍入勃傳 續絳侯後。十九年卒，謚為共侯。子建德代侯，十三年，為太子太傅。坐酎金不善，元鼎五年，有罪，國除。二句未定，宜云：元鼎五年，坐酎金不善，國除。「有罪」二字衍 條侯果餓死。接法 死後，景帝乃封王信為蓋侯。以此語結條侯傳，妙，明明死在王信也

太史公曰：絳侯周勃始為布衣時，鄙樸人也，勃終身不出此語 才能不過凡庸。及從高祖定天下，在將相位，諸呂欲作亂，勃匡國家難，復之平正。雖伊尹、周公，何以加哉！

此事獨用極贊，亦公道語亞夫之用兵，持威重，執堅刃，六字斷定前後榮辱穰苴曷有加焉！是已而不學，眞病守節不遜，貶中帶褒終以窮困。悲夫！

聯經出版事業公司校印

從來高世之行，必徵信於古人書籍，而古昔遺文，散逸不少，故又必得古聖人稱許而後可斷其必傳。通篇只是此意到底，惟「天道無親」以下六行，乃因一「怨」字而別發其胸中感慨，卒以禍福之輕而名譽之重引歸傳世正旨。其文如草蛇灰線，處處照應，乃知其奇而不詭，於正也。

軼詩即采薇之歌也。詩既軼，則亦將堙沒不傳矣，終賴孔子嘗稱之，所以獨得不朽，此特插孔子於前之故也。而其文勢卻以孔子兩稱其不怨，及睹軼詩則又深似

伯夷列傳

夫學者載籍極博，猶考信於六藝。詩書雖缺，然虞夏之文可知也。 詩書六藝皆孔子手定之文，此處已暗伏孔子矣 堯將遜位，讓於虞舜，舜禹之間，岳牧咸薦， 此虞夏之文信而可知之實，所以特引此事，專為一個「讓」字，為伯夷之讓國作案也 乃試之於位，典職數十年，功用既興，然後授政。示天下重器，王者大統，傳天下若斯之難也。

而說者曰：「堯讓天下於許由，許由不受，恥之，逃隱。 再引一號讓天下之人，是不見於虞夏之書者，而其人則亦虞夏間人，故不應獨缺也 及夏之時，有卞隨、務光者。」此何以稱焉？ 似虛而難信 太史公曰： 引其父之言 余登箕山，其上蓋有許由冢云。 既有冢，又似實而可信 孔子序列古之仁聖賢人， 方明點孔子作主腦 如吳太伯、伯夷之倫詳矣。 言伯夷，又陪一太伯，文章離合入妙 余以所聞由、光義至高，其文辭不少概見，何哉？ 以如許之人不應見遺於虞夏之文，終作一疑案略結

孔子曰：「伯夷、叔齊，不念舊惡，怨是用希。」 本意謂人之怨伯夷者希，此處只作伯夷自己怨恨之情解 「求仁得仁，又何怨乎？」余悲伯夷之意，睹軼詩可異焉。其傳曰：伯夷、叔齊，孤竹君之二子也。 他傳皆史公自己撰述，獨此只引舊傳之文，所以謂傳中變體 父欲立叔齊，及父卒，叔齊讓伯夷。伯夷曰：「父命也。」遂逃去。叔齊亦不肯立而逃之。國人立其中子。於是伯夷、叔齊聞西伯昌善養老，盍往歸焉。及至，西伯卒，武王載木主，號為文王，東伐紂。伯夷、叔齊叩馬而諫曰：「父死不葬，爰及干戈，可謂孝乎？ 古者天子七月而葬，諸侯五月而葬，三代之通義也。武王伐紂之時，距文王之卒十三年矣，

有怨者，故曰「可異」。惟其立意在彼，而文勢在此，所以令人目迷，得其脈，則瞭如指掌矣。

不知其非，正指天下宗周；言舉世戴之而莫知其非，是怨盡一世之人也。

前半將許由、卞隨、務光伴伯夷，惜三人之不得載於詩書，幾欲泯沒，而重為伯夷幸也。後半將顏淵伴伯夷，義顏淵之獨見稱於孔子，其賢益顯，而更為伯夷幸也。文雖萬折千回，而大勢截然不亂，眛目者妄詫其奇，而不識其脈，則亦何奇之有。

倖富貴而與草木同腐，甘貧賤而與日月爭光，各從其志而已。以

而諫者猶云父死不葬，此理殆不可曉 以臣弒君，可謂仁乎？」左右欲兵之。太公曰：「此義人也。」扶而去之。武王已平殷亂，天下宗周，而伯夷、叔齊恥之，義不食周粟，隱於首陽山，「讓」字、「恥」字、「逃」字、「隱」字，俱是首段埋伏，一一應出，古人文律之細如此，而後世猶以離奇目之，何也 采薇而食之。及餓且死，作歌。其辭曰：「登彼西山兮，采其薇矣。以暴易暴兮，不知其非矣。神農、虞、夏，忽焉沒兮，我安適歸矣？于嗟徂兮，命之衰矣！」曰「易暴」，則固亦以紂為暴也；曰「虞夏而不及」，商亦非其所歸也。然則周粟既不可食，而舊朝亦不足思，以死為歸，更無別法，其怨深矣 遂餓死於首陽山。 由此觀之，怨邪？非邪？遙接孔子一段 或曰：「天道無親，常與善人。」此下乃言其不得不怨之故，別是一義 若伯夷、叔齊，可謂善人者非邪？語不說完，妙 積仁絜行如此而餓死！且七十子之徒，仲尼獨薦顏淵為好學。尋一陪客，即伏後半之線索 然回也屢空，糟糠不厭，而卒蚤夭。天之報施善人，其何如哉？其窮類伯夷也，試想「而餓死」句，下即接「天之報施善人」句，本是一串，橫插入顏淵一案，又加「仲尼獨薦」四字，便令收處有根，何等慘淡經營 盜蹠日殺不辜，肝人之肉，暴戾恣睢，聚黨數千人，橫行天下，竟以壽終。是遵何德哉？此其尤大彰明較著者也。宕過一筆，不覺暢發胸中之憤，此實借酒盃澆磈礧，非傳伯夷之本意矣。須分別思之 若至近世，操行不軌，專犯忌諱，而終身逸樂，富厚累世不絕。或擇地而蹈之，時然後出言，行不由徑，非公正不發憤，明指救李陵一事 而遇禍災者，不可勝數也。余甚惑焉，儻所謂天道，是邪？非邪？借題發意，止此以天道起，以天道結，自成章法 子曰：「道不同，不相為謀。」亦各從其志也。故曰：「富貴如可求，雖執鞭之士，吾亦為之；如不可求，從吾所好。」「歲寒，然後知松柏之

下只發此意，所引經書當以意會，不得將宋儒訓詁強合之。

上段兩下相較而擇所重，此段則單就所重一邊言之，將「名」字說到底。

後凋。」舉世混濁，清士乃見。豈以其重若彼，其輕若此哉？（所重者名聲，所輕者富貴）「君子疾沒世而名不稱焉。」賈子曰：「貪夫徇財，烈士徇名，夸者死權，衆庶馮生。」「同明相照，同類相求。」（言德同則樂相稱引）「雲從龍，風從虎，聖人作而萬物覩。」（言聖人起於世，而人皆得附之以自見，與經之本義不同）伯夷、叔齊雖賢，得夫子而名益彰。顏淵雖篤學，附驥尾而行益顯。巖穴之士，趨舍有時，若此類名堙滅而不稱，悲夫！（即由、光等推之，爲萬世一歎）閭巷之人，欲砥行立名者，非附青雲之士，惡能施於後世哉？

此段莫認作貶詆仲尼，乃真是千古知己良朋愛而切劘之雅。自聖人言之，則溫良恭儉讓也；自老子言之，則驕氣與多欲，態色與淫志也。若謂唐突聖人，何翅說夢。

伯夷、屈原二傳及此傳皆史公變體。伯夷傳嵌舊傳於中而前後作議論，屈平傳夾敘夾議，雙管互下；此傳則於「莫知所終」以下傳文既畢，別綴異聞。忽明忽晦，忽實忽虛，寫來

老莊申韓列傳

老子者，楚苦縣厲鄉曲仁里人也，（既註其縣，又詳其鄉里，先寫得鑿鑿，爲後文一片迷離作反激也）姓李氏，名耳，字伯陽，諡曰聃，周守藏室之史也。（此爲問禮作引）孔子適周，將問禮於老子。老子曰：「子所言者，其人與骨皆已朽矣，（實是絕頂開示）獨其言在耳。（爲則古稱先者腦後一針）且君子得其時則駕，（駕車而行也，與下蓬累而行相對，今人多誤解）不得其時則蓬累而行。吾聞之，良賈深藏若虛，君子盛德，容貌若愚。（若虛若愚，正是蓬累作用。蓋孔子之來，儀文都雅，故以是砭之）去子之驕氣與多欲，態色與淫志，是皆無益於子之身。吾所以告子，若是而已。」（去其無益者，則本體明而天眞得矣。何容別加一語）孔子去，謂弟子曰：「鳥，吾知其能飛；魚，吾知其能游；獸，吾知其能走。走者可以爲罔，游者可以爲綸，飛者可以爲矰。至於龍，吾不能知其乘風雲而上天。（得此一番贊歎，遂令千古而下，不復聞訾議老子之言，吾嘗恨釋迦不得共孔子一堂酬對，因生無限異同，豈非快事）吾今日見老子，其猶龍邪！」（相視而笑，莫逆於心，惟孔知老，弟子未必知也）老子修道德，其學以自隱無名爲務。（不露首尾，作用具此）居周久之，見周之衰，迺遂去。（不知何處去，筆意漸玄）至關，關令尹喜曰：「子將隱矣，彊爲我著書。」（可謂多事，看「彊爲我」三字妙）於是老子迺著書上下篇，（著書本爲尹喜，若老子何必有書）言道德之意（「意」字深）五千餘言而去，莫知其所終。（一筆收過，卻另起無數風雲，此史公極意傳神之筆）或曰：老萊子亦楚人也，著書十五篇，言道家之用，與孔子同時云。（意謂老萊或即李耳）蓋老子百有六十餘歲，或言二百餘歲，以其修

全似畫龍之法，風雲晦冥之中，乍露鱗爪，而其中莫非龍也。殆亦因孔子猶龍之喻，撰成此首異文，史公之神行。

道而養壽也。修養之名實造端於此　自孔子死之後百二十九年，而史記周太史儋見秦獻公錯落離奇曰：「始秦與周合而離，離五百歲而復合，合七十歲而霸王者出焉。」入此四句無謂而文勢得以小展，刻苦算得出來或曰儋即老子，或曰非也，世莫知其然否。針鋒簇簇，不可端倪　老子，隱君子也。總斷一句，高極。東坡論黃石公本此　老子之子名宗，宗為魏將，封於段干。宗子注，注子宮，宮玄孫假，假仕於漢孝文帝。而假之子解為膠西王卬太傅，因家於齊焉。此段歷敘世次，與起處詳書鄉里官謚相應，皆以整贍束離奇之家　世之學老子者則絀儒學，儒學亦絀老子。「道不同，不相為謀」，豈謂是邪？語無軒輊，意自淡遠　李耳無為自化，清靜自正。結得奇，即所謂道德之意也

太史公曰：老子所貴道，虛無因應，變化於無為，此即一轉文體定評故著書辭，稱微妙難識。推為第一莊子散道德放論，要亦歸之自然。次於老子一等　申子卑卑，申韓總作一等施之於名實。韓子引繩墨，切事情，明是非，其極慘礉少恩。皆原於道德之意，千古卓識，是合傳本旨，何曾肯放過老子也　而老子深遠矣。

玩篇末歷敘世次，則孝文朝之李假，上距伯陽纔七世，固與史公同朝比肩者也，子孫世系名位秩然，絕非舍衛、恆河荒遠難徵之比。然則青牛度谷，有託而逃，不過蒿目周衰，潔身避世，謂之隱君子，真不易之定論矣。篇中一詳鄉里，一記胤嗣，去跡來蹤，瞭如指掌，而偏要於著書隱去之後，憑空駕出許多傳聞異詞來，幻忽錯

綜，令人捉摸不定。蓋文章狡獪，貴稱其人，所謂春蠶作繭，隨遇成形。太史之書，所以無奇不備，若不得其命意之所存，幾何不等於癡人說夢也。

司馬穰苴列傳

司馬穰苴者，田完之苗裔也。（伏篇末案）齊景公時，晉伐阿、甄，而燕侵河上，齊師敗績。景公患之。（詳記連兵，爲苴責莊賈數言張本）晏嬰乃薦田穰苴，曰（晏嬰此舉甚高，不見本傳，此史家互見法）：「穰苴雖田氏庶孽，（玩此語，知當時支庶不獲進身者多）然其人文能附衆，武能威敵，（無一字浪譽）願君試之。」景公召穰苴，與語兵事，大說之，以爲將軍，（驟貴）將兵扞燕晉之師。（重任）穰苴曰：「臣素卑賤，君擢之閭伍之中，（謂閭閻之下，卒伍之儔）加之大夫之上，士卒未附，百姓不信，人微權輕，願得君之寵臣，國之所尊，以監軍，乃可。」（孫武殺寵妃，穰苴誅莊賈，總是一副辣手，皆以羈旅疏賤之故，不得已而出此，當原其心以論之）於是景公許之，使莊賈往。穰苴既辭，與莊賈約曰：「旦日日中會於軍門。」（頓出殺機，夫苴則何藉於莊賈之監哉？請以殺之而已。古云：「願得將軍之頭，可以集事。」正此類也）穰苴先馳至軍，立表下漏待賈。賈素驕貴，（素驕貴，是苴特請監軍本意）以爲將己之軍而已爲監，不甚急；親戚左右送之，留飲。（驕貴本色）日中而賈不至。穰苴則仆表決漏，（殺機遂決）入，行軍勒兵，申明約束。約束既定，（於仆表決漏之下補此三句，見其爲時甚久）夕時，莊賈乃至。穰苴曰：「何後期爲？」賈謝曰：「不佞大夫親戚送之，故留。」（驕貴口聲）穰苴曰：「將，受命之日則忘其家，臨軍約束則忘其親，援枹鼓之急則忘其身。（一番議論，能使三軍之士忠憤激發，即賈亦百喙難辭，故行法而能令人心服，若孫武於吳王二妃，徒以兒戲殺人，要不可同日語矣）今敵國深侵，邦內騷動，士卒暴露於境，君寢不安席，食不甘味，

史公作文，必胸有成竹，故每於敘斷之語管攝全傳，如「文能附衆，武能威敵」八字，實穰苴一傳提綱，非孟浪語。

按：監軍之名始見於此，名爲監軍，而實受將之節制，乃一時權宜之計耳。後世至以刑餘統之，雖大帥元勳，無不掣肘僨事，一何其昧於建置之初心也。

表以測日景，漏以驗時刻。出色，畫「日中」二字，殺機可怖。

意與項羽責宋義之辭髣髴，然前是私憾而曲加之

罪，此却說得忼慨動人，所謂文能附衆者，良不誣矣。

只此是請監軍意。

看此段，益見殺賈之志久有成心，縱不後期，亦必求他過以誅之，總欲借以立威而已。

穰苴之用兵，頗有雍容之度，非專尚威武者也。但以起於庶孽，奮迹戎行，倘即極意拊循，終為其下所易，故不得已借一驕貴之夫，殺之以為彈壓之本。追其後一戰功成，而世家之忮害旋作，愈知其前之苦心，直與淮陰背水異用而同工者矣。

百姓之命皆懸於君，何謂相送乎！」召軍正問曰：「軍法期而後至者云何？」寫得嚴毅有體，凡此等處俱不厭其詳 對曰：「當斬。」莊賈懼，使人馳報景公，請救。既往，未及返，詳寫周匝 於是遂斬莊賈以徇三軍。三軍之士皆振慄。久之，景公遣使者持節赦賈，馳入軍中。此只是文章餘波相屬之意，妙，已非正義，須分輕重看 穰苴曰：「將在軍，君令有所不受。」問軍正曰：「軍中不馳，今使者馳，云何？」正曰：「當斬。」使者大懼。穰苴曰：「君之使，不可殺之。」乃斬其僕，車之左駙，馬之左驂，以徇三軍。軍法雖嚴，何嘗不可通融？當面轉換得妙。夫莊賈何嘗不受命於君哉 遣使者還報，然後行。士卒次舍，井竈飲食，問疾醫藥，身自拊循之。有前一段之威烈，不可無此一段之慈仁 悉取將軍之資糧享士卒，身與士卒平分糧食。最比其羸弱者，纍纍寫成一串，史公得意筆都如此 三日而後勒兵。病者皆求行，爭奮出為之赴戰。與前「三軍之士皆振慄」作兩扇收束 晉師聞之，為罷去。先聲奪人，妙 燕師聞之，渡水而解。於是追擊之，遂取所亡封內故境而引兵歸。寫得淋漓滿志，此皆未必實然之語，而文如此始暢 未至國，釋兵旅，解約束，誓盟而後入邑。與立表下漏處遙應，真經濟學問人 景公與諸大夫郊迎，勞師成禮，然後反歸寢。渲染 既見穰苴，尊為大司馬。田氏日以益尊於齊。傳穰苴已完，輕輕一筆遞下，乃知起處勤敘田氏之妙，史公文字未有一筆落空者也 已而大夫鮑氏、高、國之屬害之，譖於景公。景公退穰苴，苴發疾而死。孤軍之難振如此，益見監軍一案，非此幾敗乃公事矣 田乞、田豹之徒由此怨高、國等。其后及田常殺簡公，盡滅高子、國子之族。此何足紀？聊為穰苴吐氣耳。史公往往心愛其人，則臨文不無過當處 至常曾孫和，因自立為齊威王，用兵行威，

穰苴既爲大司馬，則自可稱爲司馬穰苴，此文以兵法之名連及，乃一虛實互見之妙，正不必泥。

大放穰苴之法，而諸侯朝齊。又得一振，而穰苴傳方收得不寂寞齊威王使大夫追論古者司馬兵法而附穰苴於其中，因號曰司馬穰苴兵法。前並不爲司馬二字作解，至此補出，奇妙絕人

太史公曰：余讀司馬兵法，閎廓深遠，雖三代征伐，未能竟其義，如其文也，亦少褒矣。貶語蘊藉若夫穰苴，區區爲小國行師，何暇及司馬兵法之揖讓乎？其意明以揖讓之義爲少褒，則穰苴何暇及處，正是善用其法處也，是贊穰苴，非抑之也世既多司馬兵法，以故不論，著穰苴之列傳焉。

千古但知王半山「天變不足畏，人言不足恤，祖宗不足法」之語，為萬世罪人，不知開山之祖乃衛鞅，已盡發其底蘊也。半山處弱勢而所任用者非其人，故禍深而其行不遠；衛鞅據強國而一裒於獨斷，故頗有效於國。而徒以自禍其身，著其立意，則合若符節者也。

以上廷辯之言針鋒簇豎，文勢亦極可觀。

當時諸國爭衡、游談縱橫之際，

商君列傳

孝公既用衛鞅，鞅欲變法，恐天下議己。（可知惟欲抵攔人言）衛鞅曰：「疑行無名，疑事無功。（此先絕其猶豫之見）且夫有高人之行者，固見非於世；（此言人言不足恤）有獨知之慮者，必見敖於民。（敖字借作謷謷之義）愚者闇於成事，知者見於未萌。（此言不必集思廣益）民不可與慮始，而可與樂成。（二句頗當於理）論至德者不和於俗，成大功者不謀於衆。（此言要在獨斷獨行）是以聖人苟可以彊國，不法其故；苟可以利民，不循其禮。」（此四語明明自露破綻而孝公甘心焉，溺於強國利民之說也）孝公曰：「善。」甘龍曰：「不然。聖人不易民而教，知者不變法而治。因民而教，不勞而成功；緣法而治者，吏習而民安之。」（其論雖止，然亦足以長呰窳苟且之習，宜不足以服鞅）衛鞅曰：「龍之所言，世俗之言也。常人安於故俗，學者溺於所聞。以此兩者居官守法可也，非所與論於法之外也。（聖人神而化之，使民宜之，亦但神化於法之中耳，豈有離法而求治者乎）三代不同禮而王，五伯不同法而霸。知者作法，愚者制焉；賢者更禮，不肖者拘焉。」（獨不謂損益，可知因者居其全，變者居其一二乎）杜摯曰：「利不百，不變法；功不十，不易器。法古無過，循禮無邪。」（此亦在功利上起見，如以利則何所不至，宜其亦不足以折鞅）衛鞅曰：「治世不一道，便國不法古。（看其辯亦幾窮矣，支吾甚贅）故湯武不循古而王，夏殷不易禮而亡。反古者不可非，而循禮者不足多。」（此數語則口給禦人，而奸邪亦因之畢露矣，奈何甘、杜二子遂無以詰之）孝公曰：「善。」以衛鞅為左庶長，卒定變法之令。令民為什伍，

所最忌者，以國情輸敵也。秦自立告姦連坐之法，咸陽以內，重足一迹，其勢益厚，職此之由。舊解，以淫奔之說爲姦，謬甚。

先輩言商君之法，秦之所以興，亦秦之所以亡；身之所以榮，亦身之所以僇。諒哉！夫秦之民，固邠、岐、豐、鎬之舊民也，即使地氣高涼，性饒勁悍，然尊君親上，孝友樂易之風，亦漸摩甚深，卒難搖奪。至商君以酷烈之氣滌蕩無餘，十年之間喪其故我，終秦之世不可復回，其禍可勝道哉！

而相收司連坐。其連坐之法見下三句 不告姦者腰斬，告姦者與斬敵首同賞，匿姦者與降敵同罰。比例斬敵、降敵，則爲奸細之人甚明 民有二男以上不分異者，倍其賦。此益戶富國之本 有軍功者，各以率與律同 受上爵；爲私鬭者，各以輕重被刑。此強兵之要 大小僇力本業，耕織此段申言富國之條目 致粟帛多者，復其身。免其一身力役 事末利及怠而貧者，舉以爲收孥。沒入官爲奴婢 宗室非有軍功，論不得爲屬籍。此段申言強兵之條目，以宗室言之，其下可知 明尊卑爵秩等級，各以差次；名田宅臣妾衣服以家次。有功者顯榮，無功者雖富無所芬華。即軍功 令既具，未布，恐民之不信己，對針上「恐天下議己」 乃立三丈之木於國都市南門，募民有能徙置北門者，予十金。雖在賞處寫，亦有酷烈之氣 民怪之，莫敢徙。復曰：「能徙者，予五十金。」有一人徙之，輒予五十金，以明不欺。卒下令。令行於民朞年，秦民之國都言初令之不便者以千數。於是太子犯法。既云民不便令，不即寫民，卻接太子犯法，鞅總拿定「法行自近」之意以起手 衞鞅曰：「法之不行，自上犯之。」將法太子。太子，君嗣也，不可施刑，刑其傅公子虔，黥其師公孫賈。明日，秦人皆趨令。持之者期年，決之者一日，妙 行之十年，秦民大說，可與樂成之效 道不拾遺，山無盜賊，家給人足。民勇於公戰，怯於私鬭，鄉邑大治。秦民初言令不便者，轉筆，遙接「言令之不便者以千數」句 有來言令便者，并言令便者亦遷之，方盡獨斷之勇 衞鞅曰：「此皆亂化之民也。」盡遷之於邊城。其後民莫敢議令。

商君變法一事，乃三代以下一大關鍵。由斯以後，先王之流風餘韻遂蕩然一無可考；其罪固不可勝誅。然設身處地，以一羈旅之臣，岸然排父兄百官之議，任衆怨，兼衆勞，以卒成其破荒特創之功，非絕世之異才，不能為也。故吾以為古今言變法者數人：衛鞅，才子也；介甫，學究也；趙武靈王，雄主也；魏孝文帝，明辟也。其所見不同，而有定力則一。惟學究之害最深，以其執古方以殺人，而不知通其理也。

聯經出版事業公司校印

戰國時曳裾侯門者誰非貧士，而獨以盜璧疑張儀，且於貧字之下坐以无行，儀必有以取之矣。跡其一生所為，貪昧苟賤，有市人奴隸之所不屑為者，而儀無不為之，則侍飲盜璧猶常事耳。儀傳本不足錄，愛起段詞理致佳，摘為小品，誠不愧雁宕一峯、峨眉片月也。

蘇秦說六國為從約長，身相趙王，持浮說以誑富貴。彼固謂從親之後不憂秦伐耳，若惴惴焉慮秦兵一出而從約即解，思得一人陰握秦柄以倖旦

張儀列傳

張儀者，魏人也。始嘗與蘇秦俱事鬼谷先生學術，蘇秦自以不及張儀。（一生履歷，兩人俱自估得定）張儀已學而游說諸侯。嘗從楚相飲，已而楚相亡璧，門下意張儀，（插此一段小小點綴，全為舌存起脈，並與范睢受辱處不同）曰：「儀貧無行，必此盜相君之璧。」（小人誣賴不足道，然儀必有以致之）共執張儀，掠笞數百，不服，醳之。其妻曰：「嘻！子毋讀書游說，安得此辱乎？」（致辱在此，致榮亦在此，婦人只見目前）張儀謂其妻曰：「視吾舌尚在不？」（極自負語，但不可明言，然勝於明言多矣）其妻笑曰：「舌在也。」儀曰：「足矣。」

蘇秦已說趙王，而得相約從親，然恐秦之攻諸侯，敗約後負，念莫可使用於秦者，（蘇秦能用張儀，即秦之勝儀矣；而自謂不及者，固就大結局處言之，非他人所曉）乃使人微感張儀曰：「子始與蘇秦善，今秦已當路，子何不往游，以求通子之願？」（兩辯士必無共事之理，儀之此來，畢竟為楚相一辱，急不擇音之故）張儀於是之趙，上謁求見蘇秦。蘇秦乃誡門下人不為通，又使不得去者數日。已而見之，坐之堂下，賜僕妾之食。（摶弄張儀，只是推墮於淵，升之於膝，使其感出意外，以示智術能籠絡之而已）因而數讓之曰：「以子之材能，乃自令困辱至此。（語未嘗不揚之，故妙）吾寧不能言而富貴子，子不足收也。」謝去之。張儀之來也，自以為故人，求益，反見辱，怒，（寫張儀入蘇秦玄中，意本直致而又能儁宕，故奇）念諸侯莫可事，獨秦能苦趙，乃遂入秦。

蘇秦已而告其舍人曰：「張儀，天下賢士，吾殆弗如也。今吾幸先用，而能用秦柄

夕無事，已得保其榮寵者，乃其隱微獨苦之情，而不可令六王窺破者也。故其激儀之詞，恐其樂小利而不遂，語意渾融，惟儀心會，苟明明以敗從為言，則趙王亦安用此空名無實之從親而昇之相印哉？故吾謂舍人辭去數語，為非當日之情事也。

者，獨張儀可耳。（略逗，說明不得，妙）然貧，無因以進。吾恐其樂小利而不遂，故召辱之，以激其意。子為我陰奉之。」（說得大方，是明告舍人語，恰是陰告張儀語，儀能解其意，舍人不解也）乃言趙王，發金幣車馬，使人微隨張儀，與同宿舍，稍稍近就之，奉以車馬金錢，所欲用，為取給而弗告。（術甚淺，只是貧窘中易感耳，思之可嘆）張儀遂得以見秦惠王。惠王以為客卿，與謀伐諸侯。蘇秦之舍人乃辭去。（湊機，妙）張儀曰：「賴子得顯，方且報德，何故去也？」舍人曰：「臣非知君，知君乃蘇君。蘇君憂秦伐趙，敗從約，以為非君莫能得秦柄，故感怒君，（此數語恐當日未必明明說出，若說出，一毫無味矣。史公未檢之筆也，不可不曉）使臣陰奉給君資，盡蘇君之計謀。今君已用，（只此已足）請歸報。」張儀曰：「嗟乎，此吾在術中而不悟，吾不及蘇君明矣！（蘇秦只要討他這一句）吾又新用，安能謀趙乎？（是正答，卻非眞言）為吾謝蘇君，蘇君之時，儀何敢言。（此八字方是針鋒准對語）且蘇君在，儀寧渠能乎！」（此又自明不及之意）張儀既相秦，為文檄告楚相曰：「始吾從若飲，我不盜而璧，若笞我。若善守汝國，我顧且盜而城！」（短簡古雋，絕妙古文，後人安能措手）

蘇、張同門學術，而蘇秦早自以為不及張儀，迨其後，儀以相秦善終，秦以術窮車裂，雖其人品本無低昂，而迹其成敗之由，秦之不及儀也，明矣！雖然，鬼谷之術，吾不知其何術，度不過揣測人情，縱橫游說而已。今觀國策所載蘇秦說六國之辭，機局變化，議論精悍，絕無印板氣格，所不欲明言者，連雞不能俱棲之一著耳。張

聯經出版事業公司校印

儀說六國事秦，則一味恫疑虛喝，欺昧喪心，文筆漶漫，亦無好致。然則秦之術何必不勝儀？正由露穎太早，既不能為用秦之易，則不得不為用六國之難，自知傀儡場中，刻木牽絲，原無實用，聊借一朝轟烈，吐引錐刺股之氣耳。蘇、張皆小人之尤，而張更狙詐無賴，故附辨之，即史公「毋令獨蒙惡聲」之旨也。

以孟荀為一傳之綱，重儒術也，其下乃將騶子、淳于之屬連牽串入，文勢既極變化，而主腦或恐不明，故特作一冒在傳前，而專以孟子之言為主，正是絕大好間架。

漢初人能為此語者，仲舒、賈誼之外，蓋絕響矣。史公卓識，亦何可及哉？

騶衍之書大抵奇恣洸洋，不可方物者也。史公於他人數言櫽括，獨於衍之作，疊疊不休，固由於

孟子荀卿列傳

太史公曰：余讀孟子書，至梁惠王問「何以利吾國」，未嘗不廢書而歎也。曰：嗟乎，利誠亂之始也！以大旨揭出在前，是一篇占地步處 夫子罕言利者，常防其原也。故曰「放於利而行多怨」。自天子至於庶人，好利之弊，何以異哉？櫽括孟子中「王曰：『何以利吾國？』」一節文字

孟軻，鄒人也。受業子思之門人。史公好奇橫而後儒雅，故於儒者事蹟、儒雅之言，輒略而不詳，意雖尊崇，而文難出色也 道既通，游事齊宣王，宣王不能用。適梁，梁惠王不果所言，則見以為迂遠而闊於事情。齊梁語變，孟子傳只此已畢

當是之時，推原一段，借客形主，已是傳外論斷矣 秦用商君，富國彊兵；楚魏用吳起，戰勝弱敵；齊威王、宣王用孫子、田忌之徒，而諸侯東面朝齊。天下方務於合從連衡，以攻伐為賢，此是齊梁不用孟子之註腳耳，非作實事敘也 而孟軻乃述唐、虞、三代之德，是以所如者不合。退而與萬章之徒，序詩書，述仲尼之意，孟子所稱引要不出此 作孟子七篇。其後有騶子之屬。總挈，合傳之奇，莫奇於此 齊有三騶子。另提 其前騶忌，以鼓琴干威王，因及國政，一個極略 封為成侯，受相印，先孟子。妙在借用孟子作定盤星 其次騶衍，後孟子。騶衍睹有國者益淫侈，不能尚德，一個極詳 若大雅整之於身，施及黎庶矣。此二句是騶衍著書本意 乃深觀陰陽消息此二句是騶衍著書根柢 而作怪迂之變，終始、大聖之篇十餘萬言。此三句是騶衍著書條目，終始、大聖，則篇名也 其語閎大不經，必先驗小物，推而大之，至於無

好奇之心，亦以文字易於浩博，可以踞一篇之勝耳，然亦非史家之常法矣。

東坡之論禪學也，謂辯欲窮窘則推而墮之汪洋大海之中，令人不復知邊際所在，則駭以為神奇，騶子之學大率類此。漢武帝時，文成、五利之屬，敢為大言處之不疑，其胚胎固已具於此矣。史公明知其荒渺不經而偏詳寫之，殆徘徊歎咏，深有感於時事，而借題發洩，非偶然也。

垠。（其作用則不出乎此，下又逐段徵引以實之）先序今以上至黃帝，學者所共術，（殆謂學者所共守之術）大竝世盛衰，（大概隨世以爲盛衰也）因載其禨祥度制，（即禍福）推而遠之，至天地未生，窈冥不可考而原也。（已上一段是豎覽千秋）先列中國名山大川，通谷禽獸，水土所殖，物類所珍，因而推之，及海外人之所不能睹。（已上一段是橫覽八極）稱引天地剖判以來，五德轉移，（此承上「敍今上黃帝」段）治各有宜，而符應若茲。（如封禪書公孫卿之說漢土德而黃龍見，即符應也）以爲儒者所謂中國者，於天下乃八十一分居其一分耳。（此承上「列中國名山大川」一段，文有詳略而明，是兩扇格）中國名曰赤縣神州，赤縣神州內自有九州，禹之序九州是也，（荒唐之說，津津道之，正以可資談鋒耳）不得爲州數。（文筆簡勁）中國外如赤縣神州者九，乃所謂九州也。（九夷八蠻固已職方所掌，安所得九之數而整齊之乎）於是有裨海環之，（然則裨海外之八州，公又安從而知之）人民禽獸莫能相通者，如一區中者，乃爲一州。如此者九，乃有大瀛海環其外（浩博洸洋，得未曾有）天地之際焉。其術皆此類也。（總結上四段）然要其歸，（應「大雅整身，施及黎庶」一段）必止乎仁義節儉，君臣上下，六親之施，始也濫耳。（以一「濫」字斷盡之）王公大人，初見其術，（此即驚怖之浩遠）懼然顧化，（懼同瞿）其後不能行之。（即仁義節儉之旨）是以騶子重於齊。適梁，梁惠王郊迎，執賓主之禮。（俱從「瞿然顧化」中得來）適趙，平原君側行襒席。（逐句變體，錯綜之甚）如燕，昭王擁彗先驅，請列弟子之座而受業，築碣石宮，身親往師之。作主運。其游諸侯，見尊禮如此，豈與仲尼菜色陳蔡，孟軻困於齊梁同乎哉！（回顧孟子，忽援仲尼作伴，尊孟子極矣）故武王以仁義伐紂而王，伯夷餓不食周粟；衞靈公問陳，而孔子不答；（又引伊尹、孔子伴孟子，夭矯極矣）梁惠王謀欲攻趙，孟

意與陳代枉尺直尋之旨略同，為騶子立地步，亦高。

此處第一束。

一傳合敘十餘人，而孟荀以外，所獨詳者騶衍、淳于髡也。衍則有先作合而後引之以大道之美，髡則有諫說之慕晏嬰，及終身不仕之高，故以四子為經而諸子組織其中。讀史者，當先識其造意之處而後觀其翦裁之方，則不至目迷五色矣。

軻稱太王去邠。（引古不必盡合，自妙）此豈有意阿世俗苟合而已哉！（此句極爲孟子占身分，便一筆掃落諸子）持方枘欲內圜鑿，其能入乎？（感慨之中微帶諷意，以引入下段）或曰，伊尹負鼎而勉湯以王，百里奚飯牛車下而繆公用霸，（特引此義，仍合到騶衍作用，筆端幻忽極矣）作先合，然後引之大道。（再應「瞿然顧化」及「仁義節儉」之意）騶衍其言雖不軌，儻亦有牛鼎之意乎？（語意新妙，不說煞，更妙）自騶衍與齊之稷下先生，（稷下，齊人遊士所集，今紀其尤著者如髡等耳，以此爲下半提綱）如淳于髡、愼到、環淵、接子、田駢、騶奭之徒，各著書言治亂之事，以干世主，豈可勝道哉？（筆端有眼，與孟子不阿世苟合不同）

淳于髡，齊人也。博聞彊記，學無所主。其諫說，慕晏嬰之爲人也，（超出諸子一等，爲占身分而虛得妙）然而承意觀色爲務。（先提綱）客有見髡於梁惠王，惠王屏左右獨坐，而再見之，終無言也。惠王怪之，以讓客曰：「子之稱淳于先生，管、晏不及，（一作嬰，連屬名姓，亦一法）及見寡人，寡人未有得也。豈寡人不足爲言邪？何故哉？」客以謂髡。（敍法簡當）髡曰：「固也。吾前見王，王志在驅逐；後復見王，王志在音聲：吾是以默然。」（此承意觀色之實用，亦自奇絕，然必調探而先知之耳，恐未必有此他心通法也）客具以報王，王大駭，曰：「嗟乎，淳于先生誠聖人也！（歆動得奇，合拍得易）前淳于先生之來，人有獻善馬者，寡人未及視，會先生至。後先生之來，人有獻謳者，未及試，亦會先生來。（二段倒敘在惠王口中，便有許多幻忽，若先說在前，而後以志在驅逐二語道破之，便同嚼蠟矣。此可悟作記敍法）寡人雖屏人，然私心在彼，有之。」（宛然如脫於口）後淳于髡見，壹語連三日三夜無倦。（故作擒縱，與前無言作渲染）惠王欲以卿相位待

詳一段，簡一段；敘一段，斷一段：此種夾互法，史公以外，未見其兩。易曰：「物相雜謂之文」，非天下之至文，何足以語此。

此處第二束。

於荀子文中品目諸子，猶起處之引田忌、孫子輩作襯墊也。史公文絕去排偶之迹，而意象整齊不苟如此。

錯綜蓬勃，筆意橫絕。

之，髡因謝去。（髡亦諸子中之佼佼者，故敘之加詳）於是送以安車駕駟，束帛加璧，黃金百鎰。終身不仕。（髡之行藏別具滑稽傳，此則就文設色耳，不必太拘）慎到，趙人。田駢、接子，齊人。環淵，楚人。皆學黃老道德之術，因發明序其指意。（合敘三人，專就著書處總斷一筆，以簡筆間之）故慎到著十二論，環淵著上下篇，而田駢、接子皆有所論焉。騶奭者，齊諸騶子，亦頗采騶衍之術以紀文。（前並提三騶子，二騶之後，又別間許多議論，而以奭綴於諸子之末。奇絕之文，總要識其穿破聯絡所在）于是齊王嘉之，自淳于髡以下，皆命曰列大夫，為開第康莊之衢，高門大屋，（與騶衍見尊禮遙應）尊寵之。覽天下諸侯賓客，言齊能致天下賢士也。（齊之尊士，名而已矣，特著一個「言」字，褒貶灼然）

荀卿，趙人。（題曰「孟荀」，以孟起，以荀收，亦金聲玉振之義，非漫然為之也）年五十，始來游學於齊。騶衍之術迂大而閎辯；奭也文具難施；淳于髡久與處，時有得善言。（品諸子俱有別致）故齊人頌曰：「談天衍，（洸洋）雕龍奭，（藻麗）炙轂過髡。」（過，平聲，與鍋近。車轂下盛脂之器，炙之而其流不盡，言其辯展轉不窮也）田駢之屬皆已死。齊襄王時，而荀卿最為老師。齊尚修列大夫之缺，而荀卿三為祭酒焉。（就諸子較量一番，歸重於荀，大義了了）齊人或讒荀卿，荀卿乃適楚，而春申君以為蘭陵令。春申君死而荀卿廢，因家蘭陵。（敘荀卿獨甚潦倒，同於孟子之困抑，而異於諸子之榮光，此孟荀合題意也）李斯嘗為弟子，已而相秦。（此語偶及，非本傳所重）荀卿嫉濁世之政，亡國亂君相屬，（明明與篇首富國強兵等語作反射）不遂大道而營於巫祝，信禨祥，（明明與騶衍怪迂反射）鄙儒小拘，如莊周等又滑稽亂俗，（明明與髡、奭諸子之術反射）於是推儒墨道德之行事興壞，序列著數萬言而卒。（此則特舉以與孟子篇作兩頭激應，爲一傳間架本末因葬蘭陵。此下又以當時游士之著名者附見一二，不爲正文而趙亦有公孫龍，爲堅白同異之辯，劇子之言；魏有李悝，盡地力之教；楚有尸子、長盧；阿之吁子焉。自孟子至於吁子，世多有其書，故不論其傳云。

蓋墨翟，宋之大夫，善守禦，爲節用。或曰竝孔子時，或曰在其後。墨翟疑與諸子不同時，故又別附之

聯經出版事業公司校印

戰國策載薛公田文語數篇，真得縱橫之精者，乃知孟嘗之機鋒銛利，自幼已然，觀此二段可知。

人當蕭寂之時，偏多道眼，一入繁華之會，頓適迷途。今觀文之說父，以為厚積餘藏，遺所不知何人，可謂明矣，然當三窟計成；封殖無厭，聽雍門之歌而涕泗橫流者，又何其戚也。夫患常生於多欲，而感每切於窮時，文之相齊，蓋亦忘公家之事而便其身圖者也。違心之談，徒欲假以奸嫡位耳，豈足道哉。

孟嘗君列傳

初，田嬰有子四十餘人，其賤妾有子名文，文以五月五日生。嬰告其母曰：「勿舉也。」（以賤妾所生不欲舉之子而獨得繼統，談何容易）其母竊舉生之。及長，其母因兄弟而見其子文於田嬰。田嬰怒其母曰：「吾令若去此子，而敢生之，何也？」文頓首，因曰：「君所以不舉五月子者，何故？」（前二段皆寫孟嘗卓識過人，能自振拔之實）嬰曰：「五月子者，長與戶齊，將不利其父母。」（一腔俗諦，自以齊戶為憂，不覺以跨竈為幸）文曰：「人生受命於天乎？將受命於戶邪？」嬰嘿然。文曰：「必受命於天，君何憂焉。必受命於戶，則可高其戶耳，誰能至者！」（真滑稽之雄）嬰曰：「子休矣。」

久之，文承間問其父嬰曰：「子之子為何？」（欲求出頭，更忍不住）曰：「為孫。」「孫之孫為何？」（好機鋒）曰：「為玄孫。」「玄孫之孫為何？」曰：「不能知也。」（言至此不覺索然）文曰：「君用事相齊，至今三王矣，齊不加廣，（只帶說以定門面，意不在此）而君私家富累萬金，門下不見一賢者。（立意好客，已見於此）文聞將門必有將，相門必有相。（自負語，亦以抹倒四十餘兄弟）今君後宮蹈綺縠，而士不得裋褐，僕妾餘粱肉而士不厭糟穅，今君又尚厚積餘藏，欲以遺所不知何人，（妙語解人頤）而忘公家之事日損，（帶應）文竊怪之。」於是嬰迺禮文，使主家待賓客。賓客日進，名聲聞於諸侯。（孟嘗君若不得賓客之力，安能越次為太子？故知其權略過人）諸侯皆使人請薛公田嬰以文為太子，嬰許之。嬰卒，諡為靖郭君。而文果代立於薛，是爲孟嘗君。孟嘗君在薛，招致諸侯賓客及亡人有罪者，皆歸孟嘗君。孟嘗君舍業厚遇之，（孟嘗君門下賓客最雜，即代嘗三窟之馮煖，猶不過狙詐狡獪之尤，況其他乎？故史公寫法亦迥異）以故傾天下之士。食客數千人，無貴賤一與文等。孟嘗君待客坐語，（實寫二事以徵結客之略）而屏風後常有侍史，主記君所與客語，問親戚居處。客去，孟嘗君已使使存問，獻遺其親戚。孟嘗君曾待客夜食，有一人蔽火光。客怒，以飯不等，輟食辭去。孟嘗君起，自持其飯比之。客慚，自剄。（以上二事皆所以待庸流耳）士以此多歸孟嘗君。（此中定無佳物）孟嘗君客無所擇，皆善遇之。（重寫一遍，飽滿之極）人人各自以爲孟嘗君親己。（寫得出）

爲相而結客，固將以網羅天下之英才而爲國樹人也。即不然，亦必綠池應教，文章枚馬之儔；東閣從遊，參佐邢溫之選：於以鼓吹風雅，翊贊絲綸，不無小補云爾。田文起庶孽之中，假聲援之助，挾持浮說，固非本懷；迺至號召奸人，侈張幸舍，家作逋逃之藪，身為盜賊之魁。語有之：披其枝者傷其心，根之撥者實將落。齊之不亡，亦幸矣！豈特雞鳴狗盜，近出門牆，為士林之恥，而裹足不前也哉！夫藥籠之品，應不棄乎溲勃之材；夾袋之名，或曲隱夫疵瑕之士；雞鳴狗盜處之末座，政亦何嫌？但文之立心已非，設科無擇，忘公室而便身圖，遂致甘為奸魁而不惜耳。故原其本而論之。

文章有一事分見，彼此各盡其奇，而彼此亦不必相顧者，此必以分寫為體，則若一傳牽合，則各不得盡其妙矣。如邯鄲之圍，信陵君傳則極寫侯嬴、朱亥節俠之奇；於魯仲連傳則極寫辛垣衍帝秦之辨；於此傳，又極寫毛遂之薦，定從之策。自而究之秦兵之退，與諸侯未嘗交鋒，若僅以其事而不惟其文，書則於趙世家大書「諸侯謀合從救趙，秦兵引還」一語足矣。史記之文文也，不必以其事也，作史家不可以不知也。

平原君列傳

秦之圍邯鄲，趙使平原君求救，合從於楚，約與食客門下有勇力文武備具者二十人偕。平原君曰：「使文能取勝，則善矣。文不能取勝，則歃血於華屋之下，必得定從而還。（欲以曹沫刼制之法行之）士不外索，取於食客門下足矣。」（自負門下多才，此語雄甚）得十九人，餘無可取者，無以滿二十人。（數千人中僅選得十九人，乃十九人仍如無一人，則平原之門下可知矣）門下有毛遂者，前，自贊於平原君曰：「遂聞君將合從於楚，約與食客門下二十人偕，不外索。今少一人，願君即以遂備員而行矣。」（自有深沉縝密之氣）平原君曰：「先生處勝之門下幾年於此矣？」（駁毛遂，正所以自駁耳）毛遂曰：「三年於此矣。」（此言可以迸淚）平原君曰：「夫賢士之處世也，辟若錐之處囊中，其末立見。（若以論尋常之士，如十九人之流，固亦可矣論亦可人，不愧佳公子口吻）今先生處勝之門下三年於此矣，左右未有所稱誦，勝未有所聞，是先生無所有也。先生不能，先生留。」（連下三先生字，聲音笑貌，紙上活現）毛遂曰：「臣乃今日請處囊中耳。（其語快甚，英風逼發，更不能忍）使遂蚤得處囊中，乃穎脫而出，非特其末見而已。」（中有無數屈抑之嘆在）平原君竟與毛遂偕。十九人相與目笑之而未發也。（無以難之之故，亦猶備員之見耳。◎即此一笑，其人淺陋已著）毛遂比至楚，與十九人論議，十九人皆服。平原君與楚合從，言其利害，日出而言之，日中不決。（但為趙起見，固難決）十九人謂毛遂曰：「先生上。」（是皆服之後語，非姑以調之也。此時何時，猶可戲謔乎）毛遂按劍歷階而

楚王叱遂，何至遂以命懸己手辱之？妙在兩提「吾君在前」句，便見叱舍人便是辱平原，則主辱臣死之義，亦胡能更忍？古人立言周匝有體，絕不專恃一朝之氣也。

時邯鄲之圍方急，秦明告諸侯有敢救趙者，已拔趙，必移兵先擊之，以故諸侯觀望不前。不知今日以此孤趙，他日復以此孤他國，則有任其蠶食而盡焉耳。無柰諸侯畏葸性成，惟顧目前，故不說到發塚燒尸，極傷心無地處，必不能激發。毛遂一氣趕

上，謂平原君曰（但責平原君，妙）：「從之利害，兩言而決耳。（先出題目）今日出而言從，日中不決，何也？」楚王謂平原君曰：「客何爲者也？」平原君曰：「是勝之舍人也。」楚王叱曰：「胡不下！吾乃與而君言，汝何爲者也！」毛遂按劍而前曰（兩按劍字寫得奕奕，與前「文不能取勝」意相應。）（此時本不恃武，然必以此先折服之，所以揚其氣也，不然便開口不得）：「王之所以叱遂者，以楚國之衆也。今十步之內，王不得恃楚國之衆也，王之命懸於遂手。吾君在前，叱者何也？且遂聞湯以七十里之地王天下，（方折入正議）文王以百里之壤而臣諸侯，（略開作勢）豈其士卒衆多哉？誠能據其勢而奮其威。今楚地方五千里，（喘咬住楚，最善立言）持戟百萬，此伯王之資也。以楚之彊，天下弗能當。白起，小豎子耳，率數萬之衆，興師以與楚戰，一戰而舉鄢郢，再戰而燒夷陵，三戰而辱王之先人。（令人慚憤汗浹，其從之也，自不待其辭之畢矣）此百世之怨，而趙之所羞，（只此插一「趙」字，妙）而王弗知惡焉。合從者爲楚，非爲趙也。（此所謂「兩言而決」也）吾君在前，叱者何也？（再找一句，餘氣勃勃）」楚王曰：「唯唯，誠若先生之言，謹奉社稷而以從。」毛遂曰：「從定乎？」（再扣一句，有聲勢）楚王曰：「定矣。」毛遂謂楚王之左右曰：「取雞狗馬之血來。」毛遂奉銅槃而跪進之楚王，曰：「王當歃血而定從，次者吾君，次者遂。」（「次者遂」三字妙，穎脫而出矣）遂定從於殿上。（殿上與堂下對看）毛遂左手持槃血而右手招十九人曰：「公相與歃此血於堂下。公等錄錄，所謂因人成事者也。」（報目笑之恥，然亦不必；戰國之士固難責備也）平原君已定從而歸，歸至於趙，曰：「勝不敢復相士。

出一戰、再戰、三戰等句，使楚王更無地縫可入，正與魯連烹醢梁王之語同一作用，當時之風氣巽懦，亦可知矣。

平原語，處處肖其爲人 勝相士多者千人，寡者百數，只爲其盛士之囊太踈闊耳 自以爲不失天下之士，今乃於毛先生而失之也。以信陵列傳觀之，恐所失不止一毛先生 毛先生一至楚，而使趙重於九鼎大呂。毛先生以三寸之舌，彊於百萬之師。勝不敢復相士。」嘖嘖連翩，文有畫意 遂以爲上客。

他傳多本國策原本舊文而刪潤成篇，惟此別無粉本，故信陵君是史公意中極愛慕之人。此傳亦生平最用意之筆也。

秦圍大梁一事，在安釐即位之初，既不得不書，書之而無以為公子地，則不如不書也。妙在輕着一語，云王及公子患之，而下即陡接「仁而愛士」一段，移後之「不復敢加兵十餘年者」統結一筆，而華陽下軍之敗，便無些子關礙矣。若出後人，必要掩過此事，則何以為良史之書哉？

侯生一節，史公用二十分精神、

信陵君列傳

魏公子無忌者，魏昭王少子，而魏安釐王異母弟也。昭王薨，安釐王即位，封公子為信陵君。（先點出信陵所以然者，通篇着眼在公子二字，故其號只於起處帶過也）是時范睢亡魏相秦，以怨魏齊故，秦兵圍大梁，破魏華陽下軍，走芒卯。魏王及公子患之。（此句有移雲接月妙手）公子為人仁而下士，（四字綱中之綱）士無賢不肖，皆謙而禮交之，（此句立一篇之綱，而又即為「仁而下士」之目）不敢以其富貴驕士。士以此方數千里爭往歸之，致食客三千人。當是時，（兩「是時」離合入妙，索解人不得）諸侯以公子賢，多客，不敢加兵謀魏十餘年。（此句直兜到邯鄲救趙、公子留趙之時，絕大筆力）

公子與魏王博，而北境傳舉烽，（傳，驛也，下傳同；非傳聞之謂）言：「趙寇至，且入界。」魏王釋博，欲召大臣謀。公子止王曰：「趙王田獵耳，非為寇也。」（寫得神情躍躍）復博如故。王恐，心不在博。（如畫，一筆反映出「如故」二字之安閑來）居頃，復從北方來傳言曰：「趙王獵耳，（只減一字）非為寇也。」魏王大驚，曰：「公子何以知之？」公子曰：「臣之客（特先虛寫一客為通篇起線，而公子淳樸亦因此盡見，好手筆）有能探得趙王陰事者，趙王所為，客輒以報臣，臣以此知之。」是後魏王畏公子之賢能，不敢任公子以國政。（伏根，有深意）

魏有隱士曰侯嬴，（特提法）年七十，家貧，為大梁夷門監者。（老且貧，其官又卑，一筆色色提到）公子聞之，往請，欲厚遺之。不肯受，曰：「臣修身絜行數十年，終不以監門困故而受公子財。」（只此一行是特寫侯生人品，以後凡寫侯生處，皆是二十分筆力對付得來，史記中如此文，亦不多得也。

侯生千古大俠，迴非朱家、郭解一流人所及。想其遁跡夷門，桑榆日薄，而一腔熱血未遇真知己者酬之，其意中固久將四公子本領車輪打算，而知其無如信陵賢矣。然至白首從人而或仍歸豪舉，則前此自愛之謂何故？必再四試之，而知其人信可依也。然尚不遽告以真心之言，直至大事臨機而後一場轟烈，為天地間不可少之人。唐人夷門詩有云：「非但忼慨劉獻奇謀，意氣兼將身命酧；向風劉頸送公子，七十老人何所求？」可謂善論古者矣。

（出力寫公子矣）公子於是乃置酒，（別起一案）大會賓客。（二句提清）坐定，（先安頓他客，有法）公子從車騎，虛左，自迎夷門侯生。（古人尚左，此指車中之位言）侯生攝敝衣冠，（生色）直上載公子上坐，不讓，（謂坐公子之上也，倒句法）欲以觀公子。公子執轡愈恭。（第一節）侯生又謂公子曰：「臣有客在市屠中，願枉車騎過之。」（此等伏法，眞是神施鬼攝，自是史公妙文耳，非必其事實然也）公子引車入市，侯生下見其客朱亥，俾倪（同傲慢之狀）故久立，與其客語，微察公子。公子顏色愈和。（第二節，語益深）當是時，魏將相宗室賓客滿堂，待公子舉酒。市人皆觀公子執轡。從騎皆竊罵侯生。（方寫市中公子、侯生，忽從家內插一筆，從騎插一筆，市人插一筆，神妙之筆）（當面飛來，又憑空抹倒）侯生視公子色終不變，（第三節，語又變）乃謝客就車。至家，公子引侯生坐上坐，徧贊賓客，賓客皆驚。（贊者，通其名於賓客也，如贊嘆之贊）酒酣，公子起，為壽侯生前。侯生因謂公子曰（着此一篇話，令今日不寂寞耳，絕非所重，故意借此掩卻自己一片深心。智勇深沈如此）：「今日嬴之為公子亦足矣。嬴乃夷門抱關者也，而公子親枉車騎，（又借侯生自言，將前段零零碎碎鎔做一串，妙甚）自迎嬴於衆人廣坐之中，不宜有所過，今公子故過之。然嬴欲就公子之名，（淺甚，即所謂「為公子亦足矣」之實也）故久立公子車騎市中，過客以觀公子，（十五字作一句）公子愈恭。市人皆以嬴為小人，而以公子為長者能下士也。」（所謂就公子之名也，淺甚）於是罷酒，侯生遂為上客。（此時公子究未識得侯生）侯生謂公子曰：「臣所過屠朱亥，此子賢者，（此事只以餘波蕩漾及之，文章律法不苟）世莫能知，故隱屠間耳。」公子往數請之，朱亥故不復謝，公子怪之。（試想此二句亦可作得一篇，然詳在彼即略在此，可悟古文之訣矣）

魏安釐王二十年，秦昭王已破趙長平軍，（倒補一筆，見其兵勢之重，）

趙惠文王與魏安釐王，二國之主也，而為平原信陵之兄。以當日事勢言之，固以二公子為政，然國家安危大計，則豈有不仰重於王者？看史公從二王卻到二公子，漸漸引下，無一毫痕迹，真敘事神品。

以賓客赴秦軍俱死，下策也，在公子雖以救趙為仁，比之從井救人，可謂分毫不異矣。公子之賢，何遂出此？故知「數請魏王」、「乃賓客辯士說王萬端」二語最重。蓋侯生費如許計畫，並以身命相殉，其實不過使公子代晉鄙為將耳；至後之所以破秦而存趙者，非生所能教也。公子

他人則直云圍邯鄲矣 又進兵圍邯鄲。公子姊為趙惠文王弟平原君夫人，數遺魏王及公子書，請救於魏。公子姊，則亦安釐王之姊若娣也。特歸重公子，有法 魏王使將軍晉鄙將十萬衆救趙。先從惠王帶出公子。○專敘惠王一段 秦王使使者告魏王曰：「吾攻趙，旦暮且下，而諸侯敢救者，而字娟峭 已拔趙，必移兵先擊之。」魏王恐，使人止晉鄙，留軍壁鄴，方起案 名為救趙，實持兩端以觀望。妙寫魏王心事 平原君使者已卸下惠文王矣，妙手 冠蓋相屬於魏，讓魏公子曰：已卸下安釐王矣，妙手「勝所以自附為婚姻者，以公子之高義，為能急人之困。帶婚姻句來，不提魏王，專責公子，妙手 今邯鄲旦暮降秦，而魏救不至，安在公子能急人之困也！文字有聲韻，讀之如適見其告語之狀，惟史公有之 且公子縱輕勝，弃之降秦，獨不憐公子姊邪？」只以親情責公子，方不礙魏王 公子患之，數請魏王，及賓客辯士說王萬端。魏王畏秦，終不聽公子。此數語極重，故敘之不一而足，通身標的只在此 公子自度終不能得之於王，計不獨生而令趙亡，必至此而後出於赴秦軍之策，方不孟浪 乃請賓客，約車騎百餘乘，欲以客往赴秦軍，與趙俱死。要看「請」字、「欲以」字，蓋尚欲假是以感魏王耳 行過夷門，見侯生，具告所以欲死秦軍狀。辭決而行。要看「具告所以」字，亦以請計畫於生耳 侯生曰：「公子勉之矣，老臣不能從。」明謂是孟浪之行 公子行數里，心不快，激魏王而不悟，訪賢士而無辭，數里躊躇，兩端並鬱，非專指侯生而不快也 曰：「吾所以待侯生者備矣！天下莫不聞。今吾且死，而侯生曾無一言半辭送我，我豈有所失哉？」復引車還問侯生。只問生所以外我之故，而請計在其中 侯生笑曰：「臣固知公子之還也。」侯生何不早為之計，而必使其去而復還？此中英雄相視之妙，索解不得，當與黃石之期子房參看，非偶然之騰挪也 曰：「公子喜士，名聞天下。今有難，無他

之才，足以抑秦存趙，而魏王必不肯聽之者；此番掃國內之兵，寧以屬之晉鄙不肯屬之公子，正前此北境舉烽，探得趙王陰事一着，深犯其所忌，故名為畏秦，實畏公子，此萬端之說所以必不能移也。使非萬難之會，亦何待侯生出死力哉？

天下有心人，當其窮賤閒廢之時，無事不留心採察。侯生作用極似唐之虬髯客、古押衙一流人，謂之大俠，不虛也。看其兩個「閒」字中，包卻許多機事，回思久立車騎市中時，直似小兒作劇，瞞卻生人眼耳。

端，而欲赴秦軍，譬若以肉投餒虎，何功之有哉！尚安事客？（罵殺同赴秦軍之客）然公子遇臣厚，公子往而臣不送，（略顧本身，其意不重）以是知公子恨之復返也。」（此恨字非怨恨之恨，謂心有所不足也。史記嘗有此字）公子再拜，因問。（方是問計）侯生乃屏人間語，曰（方是深言）：「嬴聞晉鄙之兵符常在王臥內，而如姬最幸，出入王臥內，力能竊之。嬴聞如姬父為人所殺，如姬資之三年，自王以下欲求報其父仇，莫能得。如姬為公子泣，公子使客斬其仇頭，敬進如姬。如姬之欲為公子死，無所辭，顧未有路耳。（知如姬之力能竊，又知如姬之必肯竊，着着算定，方幹得事）公子誠一開口請如姬，如姬必許諾，則得虎符，奪晉鄙軍，北救趙而西卻秦，此五霸之伐也。」（此數語只輕帶，妙，留為公子地也）公子從其計，（亦只略敍，文勢不容不如此）請如姬。如姬果盜晉鄙兵符與公子。公子行，（此「公子行」三字與後「公子遂行」句相應，須知只是一日內事，蓋盜符危事，非可稍濡也）侯生曰：「將在外，主令有所不受，以便國家。公子即合符，而晉鄙不授公子兵而復請之，事必危矣。臣客屠者朱亥可與俱，（看其先着久已布定，眞乃異樣出色事）此人力士。晉鄙聽，大善；不聽，可使擊之。」於是公子泣。（寫公子寫得樸忠可愛，蓋有侯生之英鷙，正須公子之樸忠相映成奇）侯生曰：「公子畏死邪？何泣也？」公子曰：「晉鄙嚄唶（嚄唶音厄窄，多言也）宿將，往恐不聽，必當殺之，是以泣耳，豈畏死哉？」（看此數語，公子亦曾料到，只讓侯生占一先着，便不及遠矣）於是公子請朱亥。朱亥笑曰：「臣迺市井鼓刀屠者，而公子親數存之，所以不報謝者，以為小禮無所用。（朱亥口角粗糙，又另是一種身分，各極其妙）今公子有急，此乃臣效命之秋也。」遂與公子俱。公子過謝

兵符合驗，國家重事，有符而逆料其不聽，侯生於何處想出此段變局？蓋晉鄙嚄唶持重，其深知魏王之疑忌公子者，在公子或默知之，而侯生未必知也。生之意，不過如國手布局，更不留一毫空隙耳，故必云「聽則大善，不聽則擊之」，寫出謀事審機，毫髮畢具。

或謂侯生為公子畫策代將，亦可以無死。不知公子以侯生為上客，通國莫不知，竊符矯命之謀，當莫不謂其受成於生也，公子去而侯生留魏，魏王能忘情於生乎？然侯生苟畏死，則自當從公子俱至趙，今但以老為詞而甘心自剄者，一

侯生。侯生曰：「臣宜從，老不能。請數公子行日，以至晉鄙軍之日，北鄉自剄，以送公子。」 讀至此，令人不寒而慄，非此不足以見大俠 公子遂行。 方結過一重公案 至鄴，矯魏王令代晉鄙。晉鄙合符，疑之，舉手視公子曰 描寫聲情都肖：「今吾擁十萬之衆，屯於境上，國之重任，今單車來代之，何如哉？」 其語未畢 欲無聽。 又描二句 朱亥袖四十斤鐵椎，椎殺晉鄙。 此事亦至捷，少需即敗，須合「欲無聽」三字作一句讀之 公子遂將晉鄙軍。勒兵下令軍中曰 此非侯生所及教也，極寫公子處，爲篇末兵法作案：「父子俱在軍中，父歸；兄弟俱在軍中，兄歸；獨子無兄弟，歸養。」得選兵八萬人， 總是安其心、作其氣，兵不在多，心安氣盛，無不克也 進兵擊秦軍。秦軍解去，遂救邯鄲，存趙。 正面卻不用大寫，好 趙王及平原君自迎公子於界，平原君負韊 音闌 矢，爲公子先引。 凡一段文字，必豫於隔段隱隱伏線，如此段極寫趙王、平原之敬禮公子，已爲矜驕伏線矣，下略加提引，而其事瞭然 趙王再拜曰：「自古賢人，未有及公子者也。」當此之時，平原君不敢自比於人。 借平原作襯，妙筆 公子與侯生決，至軍，侯生果北鄉自剄。 此段了卻魏國餘事 魏王怒公子之盜其兵符，矯殺晉鄙，公子亦自知也。已卻秦存趙， 只數筆耳，情事曲盡，無處留一點滲漏，若能詳而不能簡，非大手筆也 使將將其軍歸魏，而公子獨與客留趙。趙孝成王德公子之矯奪晉鄙兵而存趙，乃與平原君計，以五城封公子。 檃括自迎於界一段，再一提引，而其事盡出 公子聞之，意驕矜而有自功之色。 不必實然，先作此筆，則後之自責愈見其妙 客有說公子曰 此客所言大有儒者氣象，亦不傳其名，何也：「物有不可忘，或有不可不忘。夫人有德於公子，公子不可忘也；公子有德於人，願公子忘之也。且矯魏王令，奪晉鄙兵以救趙，於趙則有

以堅公子之志，一以報晉鄙之無罪而殺其軀也。否則，七十老翁既報知己，又欲槁項牖下，前之英氣安在哉？

侯生之後，毛薛之前，何可無此客？甚矣，信陵之受益於客者，不一而足也！

當時四公子及文信侯之徒，爭相誇耀食客各數千人，然惟信陵間得真士，而又俱不在門下食客中辱出。如侯生、毛、薛，皆未嘗幸舍相從，煦濡乞活者也，固知當時所謂食客者，大都皆窮賤無聊、含垢忍恥之徒。而秦漢之交，如商山茹芝之老、圯上受書之人，不過如毛公、薛公其人。而亂離之際，老死無聞，黃鵠高

功矣，於魏則未爲忠臣也。（能言人肺腑間事）公子乃自驕而功之，竊爲公子不取也。」於是公子立自責，似若無所容者。（極寫公子）趙王埽除自迎，執主人之禮，引公子就西階。公子側行辭讓，從東階上。（極摹公子謙讓，與上驕矜激射成采）自言辠過，以負於魏，無功於趙。（口角喁喁如繪）趙王侍酒至暮，口不忍獻五城，以公子退讓也。（借趙王口不忍獻地，極寫公子之讓，乃背面鋪粉法）公子竟留趙。趙王以鄗（音皓）爲公子湯沐邑，魏亦復以信陵奉公子。（結過一重，周匝詳敘）公子留趙。（復一句起案，不可少）公子聞趙有處士毛公藏於博徒，薛公藏於賣漿家，（二藏字妙在從公子意中寫出，若平原則直云「博徒、賣漿者」耳）公子欲見兩人，兩人自匿不肯見公子。（便高絕流輩）公子聞所在，乃閒步往，從此兩人游，甚歡。（兩個「公子聞」寫出深心卓識）平原君聞之，謂其夫人曰：（平原君出醜處，寫來絕倒）「始吾聞夫人弟公子天下無雙，今吾聞之，乃妄從博徒賣漿者游，公子妄人耳。」夫人以告公子。公子乃謝夫人去，（敍得妙）曰：「始吾聞平原君賢，（亦用「始吾聞」還他，有妙致）故負魏王以救趙，以稱平原君。（歸重語，不妄下）平原君之游，徒豪舉耳，（二字斷盡，信陵眞具眼）不求士也。無忌自在大梁時，常聞此兩人賢，（又擱一筆，深心益著）至趙，恐不得見。以無忌從之游，尚恐其不我欲也，今平原君乃以爲羞，其不足從游。」（語斬截而辭不待畢，傳神之妙如此）乃裝爲去。夫人具以語平原君。平原君乃免冠謝，固留公子。（只是固留信陵，終未知毛薛有用）平原君門下聞之，半去平原君歸公子，（此等客，正所謂豪舉之資，去留固不足惜，但太令平原無色耳）天下士復往歸公子，公子傾平原君客。（好結筆）公子留趙，十年不歸。秦聞公子在趙，日夜出兵東伐魏。魏王患之，使

飛，冥鴻何慕風塵之外，可勝道哉？

「始吾聞」、「今吾聞」兩兩寫來，不知何所聞而許以天下無雙？若今之聞則陋甚矣，則前之聞亦苟焉耳！

「語未及卒」以下數句，入神之筆，一面筆寫公子納諫之勇，一面公子已至魏矣，省卻與趙王、平原作別許多累筆也。

傳歷及乎窒皇之外數句可以爭奇。

魏公子所處之地，不飛不躍，非田非天，乃天下疑忌之叢也。況負一世之高名，抱非常之將略，乃僅以一朝破敵，善刀而藏，其心則甚

使往請公子。公子恐其怒之，乃誡門下：「有敢爲魏王使通者，死。」（亦故作過激語以襯下文，不必實然）賓客皆背魏之趙，莫敢勸公子歸。毛公、薛公兩人往見公子曰（二公所見者正大，此等客自不肯輕易食人門下）：「公子所以重於趙，名聞諸侯者，徒以有魏也。今秦攻魏，魏急而公子不恤，使秦破大梁而夷先王之宗廟，公子當何面目立天下乎？」（說得傷心，所謂曉人當如是）語未及卒，（極寫，與誡門下處激射成采）公子立變色，告車趣駕歸救魏。魏王見公子，相與泣，（亦與奪兵符自作叫應）而以上將軍印授公子，公子遂將。

魏安釐王三十年，（紀年處皆當着眼）公子使使遍告諸侯。諸侯聞公子將，各遣將將兵救魏。（時實不可少公子耳，不然，縱無秦間，安釐王豈能忘情於公子）公子率五國之兵破秦軍於河外，走蒙驁。遂乘勝逐秦軍至函谷關，抑秦兵，秦兵不敢出。（實寫公子功烈，全傳中只此一行）當是時，公子威振天下，（結句神王）諸侯之客進兵法，公子皆名之，故世俗稱魏公子兵法。（贅一筆，既收用兵之善，兼綰好士之效，終非剩語）

秦王患之，乃行金萬斤於魏，求晉鄙客，令毀公子於魏王，（借得便，是史公雕龍繡虎能事，必求其人以實之，則鑿矣）曰：「公子亡在外十年矣！今爲魏將，諸侯將皆屬，（意重於此）諸侯徒聞魏公子，不聞魏王。（亦是實語）公子亦欲因此時定南面而王，（輕陪一句）諸侯畏公子之威，方欲共立之。」（歸重一句）秦數使反間，僞賀公子得立爲魏王未也。（加倍法，文章更有厚味）魏王日聞其毀，不能不信，（亦寫得好）後果使人代公子將。公子自知再以毀廢，（此「再」字，蓋寫未救趙時，不敢任以國政一重疑忌在前）乃謝病不朝，與賓客爲長夜飲，飲醇酒，多近婦女。日夜爲樂飲者四歲，竟病酒而卒。（英雄末路，亦自大可人意，比之托赤松子遊者，更覺悲壯酣逸）

其歲，魏安釐王亦

苦，而其遇固未為不幸也。況魏自建國以來，受侮強鄰，固非一日，今得公子而使乃祖願比死者雪恥之痛得以少酬，且使大梁夷門芳流千古，豈非天下之至快耶？史公盡力揄揚，極一彈再鼓之勝，乃知執鞭欣慕，何止晏嬰？此老之神交至矣。

薨。秦聞公子死，使蒙驁攻魏，拔二十城，初置東郡。其後秦稍蠶食魏，十八歲而虜魏王，屠大梁。獨以魏亡係公子傳末，亦他傳所絕無　高祖始微少時，數聞公子賢。篇終着高祖一段，頓令全傳生色　及即天子位，每過大梁，常祠公子。餘音嫋嫋，不絕如縷，讀之令千載下猶有餘慕，奇文移情，一至於此　高祖十二年，從擊黥布還，為公子置守冢五家，世世歲以四時奉祠公子。

太史公曰：「吾過大梁之墟，求問其所謂夷門。夷門者，城之東門也。深愛其人，獨神往夷門枉駕一節，傾倒至矣　天下諸公子亦有喜士者矣，即公子之所謂豪舉也　然信陵君之接巖穴隱者，不恥下交，有以也。名冠諸侯，不虛耳。高祖每過之而令民奉祠不絕也。」短音促節，咀味無窮

不知文者，嘗謂無奇功偉烈，便不足垂之青簡，照耀千秋。豈知文章予奪，都不關實事。此傳以存趙起，抑秦終；然竊符救趙，本未交兵，即逐秦至關，亦只數言帶敘，其餘摹情寫景，按之無一端實事，乃千載讀之，無不神情飛舞，推為絕世偉人。文章有神，夫豈細故哉！

聯經出版事業公司校印

范雎之於魏、於秦，所以僅而獲免者數矣。原諸人之意，亦莫不知雎之賢也，徒以一念媢嫉以惡之之私，遂貽身後許多怨仇之氣而不可復解。如篇首言雎在魏，欲事魏王，而須賈、魏齊無能爲之先容者，乃居人籬下，逐隊隨行；而鄭國之君，顧聞名而致餽，言外便隱隱托出二人蔽賢罪案矣。

及其後，鄭安平知之，王稽知

范雎蔡澤列傳

范雎者，魏人也，字叔。游說諸侯，欲事魏王，家貧無以自資，乃先事魏中大夫須賈。此時不知雎之賢而衆人遇之，賈已負雎矣 須賈爲魏昭王使於齊，范雎從。留數月，未得報。齊襄王聞雎辯口，乃使人賜雎金十斤及牛酒，正使未得報而從者乃獲無端之賜，此實嫌疑之極，且襄王何自聞之耶 雎辭謝不敢受。須賈知之，大怒，以爲雎持魏國陰事告齊，故得此饋。亦疑得近理 令雎受其牛酒，還其金。既歸，心怒雎，以告魏相。魏相，魏之諸公子，曰魏齊。長句法 魏齊大怒，使舍人笞擊雎，折脇摺齒。雎佯死，即卷以簀，置廁中。不過爲他人作榜樣，其目中亦全不認得范雎 賓客飲者醉，更溺雎，故僇辱以懲後，令無妄言者。雎從簀中謂守者曰：「公能出我，我必厚謝公。」守者乃請出棄簀中死人。魏齊醉，曰：「可矣。」描寫有景 范雎得出。後魏齊悔，此一悔，似亦知其不久居人下者 復召求之。魏人鄭安平聞之，乃遂操字法佳 范雎亡，伏匿，更名姓曰張祿。伏案明淨 當此時，秦昭王使謁者王稽於魏。鄭安平詐爲卒，侍王稽。安平亦有心人，王稽亦然，乃後俱瓦裂塗地，無可復觀，何也 王稽問：「魏有賢人可與俱西遊者乎？」鄭安平曰：「臣里中有張祿先生，欲見君，言天下事。含糊得妙，此語必范雎教之 其人有仇，不敢晝見。」王稽曰：「夜與俱來。」鄭安平夜與張祿見王稽。語未究，王稽知范雎賢，皆反襯魏齊等之愚妬，非浪筆也 謂曰：「先生待我於

聯經出版事業公司校印

之；而穰侯以宰輔之尊，偏訑訑拒人而不肯容一外來之客，於是又一重敵賢公案也。厭後睢旣得志，辱須賈、僇魏齊、逐穰侯，害人者適以自害。後之君子，苟有見於其人終不能抑之使居人下也，無寧早為接手，以自托益知人受人之明，毋使效彼三人，心勞日拙而卒以自禍也。

此段文寫聲情畢現，纖悉具備，然讀者皆以須賈為范睢所賣，吾獨以為范睢則實為須賈所賣耳。當睢委身於賈之時，絕不聞少為之地，乃以無端忌，假手魏齊，酷刑荼毒，睢之不死，直一鬆之間耳。此處隘路

三亭之南。」與私約而去。王稽辭魏去，過載范睢入秦。至湖關，望見車騎從西來。特插此段，伏入秦首逐穰侯之根 范睢曰：「彼來者爲誰？」王稽曰：「秦相穰侯東行縣邑。」范睢曰：「吾聞穰侯專秦權，惡內諸侯客，睢固機警，然亦傷弓之鳥，分外細慎 此恐辱我，我寧且匿車中。」知此而冒焉入秦，其胸中智計亦絕危苦矣 有頃，穰侯果至，勞王稽，因立車而語曰 氣色如畫：「關東有何變？」曰：「無有。」又謂王稽曰：「謁君得無與諸侯客子俱來乎？無益，徒亂人國耳。」疑車中有人，言爲心聲，躍然可想 王稽曰：「不敢。」即別去。匆匆得妙 范睢曰：「吾聞穰侯智士也，又警 其見事遲，鄉者疑車中有人，忘索之。」於是范睢下車走，曰：「此必悔之。」夾語夾敘，眞是化工之筆，匆匆如見 行十餘里，果使騎還索車中，無客，乃已。心勢日拙，然非范睢，安能免耶？敵手下子，只爭一先耳 王稽遂與范睢入咸陽。

范睢既相秦，秦號曰張祿，而魏不知，以爲范睢已死久矣。凡起一段文字，其提掇筋節處，須是極有手法 魏聞秦且東伐韓、魏，魏使須賈於秦。范睢聞之，爲微行，敝衣閒步之邸，見須賈。范叔畢竟多情之人，不然，此來別無所益於己，正爲須賈耳 須賈見之而驚曰：「范叔固無恙乎！」范睢曰：「然。」須賈笑曰 須賈極有奸智，只一笑字，已猜到八分矣：「范叔有說於秦邪？」曰：「不也。睢前日得過於魏相，故亡逃至此，安敢說乎！」不曰「安能」而曰「安敢」，在魏則不敢，在秦何所忌乎？此其事，賈得而知之矣 須賈曰：「今叔何事？」范睢曰：「臣爲人庸賃。」須賈意哀之，僞也，范叔自入其玄中矣 留與坐飲食，曰：「范叔一寒如此哉！」乃

相逢，賈已決無生理，乃徒以當時一日之雅，披褐過存，此時睢有何求？不過欲假此觀賈之情意是非，為賈開一線之生機也。及貫微察行藏，綈袍藉手，而遂以進退維谷之身，儼然得附於故人之誼，因而大車駟馬，取之若寄，試睢之意既明，而請罪之辭夙搆，斯時睢實為賈所弄，而何暇弄賈？雖復堂前馬食少洩寃慾，而較彼魏齊，已不啻天宮鬼國之別。嗟乎！一綈袍何足重輕？而竟以解不釋之仇、無窮之恨，睢則何負於賈？賈實有負於睢耳。

取其一綈袍以賜之。賜得妙。若賚以財物，反覺平常，亦未必受須賈因問曰：「秦相張君，公知之乎？賜綈之後，便與深言吾聞幸於王，天下之事皆決於相君。今吾事之去留在張君。孺子豈有客習於相君者哉？」苟信其庸賃之說，何必再問爾許事范睢曰：「主人翁習知之。睢自愷直，更忍不住，看他便一氣說出惟睢亦得謁，睢請為君見於張君。」須賈曰：「吾馬病，車軸折，非大車駟馬，吾固不出。」明明試之。賈為國事而來，顧暇驕蹇耶范睢曰：「願為君借大車駟馬於主人翁。」意中事，總之更忍不住范睢歸，取大車駟馬，為須賈御之，入秦相府。府中望見，有識者皆避匿。須賈怪之。偽也至相舍門，謂須賈曰：「待我，我為君先入通於相君。」此豈庸賃者所能？睢欺須賈，賈亦落得偽為不知須賈待門下，持車良久，問門下曰：「范叔不出，何也？」門下曰：「無范叔。」須賈曰：「鄉者與我載而入者。」門下曰：「乃吾相張君也。」須賈大驚，偽也自知見賣，乃肉袒膝行，因門下人謝罪。此着當賜綈時已早辦下，並非意外事於是范睢盛帷帳，侍者甚眾，見之。須賈頓首言死罪，曰：「賈不意君能自致於青雲之上，賈不敢復讀天下之書，不敢復與天下之事。但自言無識，不能薦拔，絕不提起魏齊一事。賊哉，賈也賈有湯鑊之罪，此死之罪請自屏於胡貉之地，此生之罪惟君死生之！」范睢曰：「汝罪有幾？」曰：「擢賈之髮以續賈之罪，尚未足。」只是混說，妙范睢曰：「汝罪有三耳。三罪只是一罪，此排場法昔者楚昭王時，而申包胥為楚卻吳軍，楚王封之以荊五千戶，包胥辭不受，為邱墓之寄於荊也。引申包胥之事以明己無外心，其言藹惻從容，可以想其人品心地今睢之先人邱墓亦在魏，公前

范睢人品、心術皆高，其有功於秦亦甚大，某於評點國策中，每亟予之。

四公子結客，而其本傳在平原君殊無足觀，蓋莫孅於信陵君也。然唐人詠史，有「買絲繡出平原君」，又「未知肝膽向誰是，令人却憶平原君」，獨歆慕平原君不啻口出者，何也？蓋學者讀太史公書，固有彼此互見之妙：信陵傳極勝，平原

以睢爲有外心於齊而惡睢於魏齊，公之罪一也。當魏齊辱我於厠中，公不止，罪二也。更醉而溺我，公其何忍乎？罪三矣。然公之所以得無死者，（亦復忼慨悲愴，不止答還一語）以綈袍戀戀，有故人之意，故釋公。」乃謝罷。（縱之使出）入言之昭王，罷歸須賈。（斥之返國）須賈辭於范睢，范睢大供具，（恰好與魏齊筵上彷彿，而賈之便宜多矣）盡請諸侯使，與坐堂上，食飲甚設。而坐須賈於堂下，（雖辱之，亦文甚）置莝豆其前，令兩黥徒夾而馬食之。（字法妙）數曰：「爲我告魏王，急持魏齊頭來！（但仇其相，不仇其王，以邱墓之存焉故也）不然者，我且屠大梁。」須賈歸，以告魏齊。魏齊恐，亡走趙，匿平原君所。

秦昭王聞魏齊在平原君所，欲爲范睢必報其仇，乃詳爲好書（秦人習氣）遺平原君曰：「寡人聞君之高義，願與君爲布衣之友，君幸過寡人，寡人願與君爲十日之飲。」（略撮書中大意耳，然亦纏綿可人）平原君畏秦，且以爲然，（本大不以爲然，以畏之故，而聊自解耳）而入秦見昭王。昭王與平原君飲數日，（亦自不倍其書）昭王謂平原君曰：「昔周文王得呂尚以爲太公，齊桓公得管夷吾以爲仲父，（古人出口定爾深厚，雖狙詐如秦，猶且如此）今范君亦寡人之叔父也，（言所以必報仇之故）范君之仇，在君之家，願使人歸取其頭來；不然，吾不出君於關。」平原君曰：「貴而爲友者，爲賤也；富而爲交者，爲貧也。（平原君所以致食客三千人趨之若騖者，正賴此一念耳）夫魏齊者，勝之友也，在，固不出也，（好肝膽）今又不在臣所。」昭王乃遺趙王書曰（言外便見終無如平原君何）：「王之弟在秦，范君之仇魏齊在平原君之家。王使人

傳頗卑，而其附見於范睢傳中者，平原之肝膽，可以矢天地而泣鬼神；信陵之依違，幾以一語而喪厥生平之雅尚。然則立於千載以下，而欲於誦詩讀書之際尚論古人，又安可不參觀而博覽之也？唐人詠平原而不及信陵，有以也夫。

疾持其頭來；不然，吾舉兵而伐趙，（此嚇趙王正旨）又不出王之弟於關。」（只帶說，妙，言終無如平原君何）趙孝成王乃發卒圍平原君家，急，魏齊夜亡出，見趙相虞卿。（觀魏齊患難所投，亦可見平日非無知人之鑒，乃失之於范睢，惜哉）虞卿度趙王終不可說，乃解其相印，與魏齊亡，間行，念諸侯莫可以急抵者，（此念可憐）乃復走大梁，欲因信陵君以走楚。（秦勢之重，幾於天地爲羅，逝將焉適矣）信陵君聞之，畏秦，猶豫未肯見，（不覺出醜）曰：「虞卿何如人也？」（只此一問，雪淡神情如見）時侯嬴在旁曰：「人固未易知，知人亦未易也。（反言以激之）夫虞卿躡屩擔簦，一見趙王，賜白璧一雙，黃金百鎰；再見，拜爲上卿；三見，卒受相印，封萬戶侯。當此之時，天下爭知之。（得意時，天下爭知之；失意時，遂以何如人爲疑。對射不堪）夫魏齊窮困過虞卿，虞卿不敢重爵祿之尊，解相印，捐萬戶侯而間行。急士之窮而歸公子，（此亦至易知者）公子曰『何如人』。人固不易知，知人亦未易也！」（侯生此語，尖利抗爽極矣）信陵君大慙，駕如野迎之。（終周旋信陵）魏齊聞信陵君之初難見之，怒而自剄。（以負氣死，亦尚有品）趙王聞之，卒取其頭予秦。秦昭王乃出平原君歸趙。

聯經出版事業公司校印

史記菁華錄卷三終

相如傳只完璧、會澠池二事，其末綴以柔廉頗者，直為合傳地也。故文亦以和氏璧直敘起，更不細列相如他事，此自一家體製也。今人立一小傳，輒牽扯支蔓不已，及細視之，無一事着精神，又蓋史學之不講也，久矣。

史記菁華錄卷四

廉頗藺相如列傳

清 姚祖恩編著

藺相如者，趙人也，爲趙宦者令繆賢舍人。伏廉頗「相如故賤人」之語 趙惠文王時，得楚和氏璧。直起案 秦昭王聞之，使人遺趙王書，願以十五城請易璧。十五城豈無地名，欺謾如鏡 趙王與大將軍廉頗諸大臣謀：插廉頗，好 欲予秦，秦城恐不可得，徒見欺；欲勿予，即患秦兵之來。計未定，以五句約略當日謀議之端，不寫入某甲口中，最得神理 求人可使報秦者，未得。是又一議也，不與上文連 宦者令繆賢曰：「臣舍人藺相如可使。」王問：「何以知之？」對曰：「臣嘗有罪，竊計欲亡走燕，臣舍人相如止臣，此爲原敘法，若入拙手，必先實敘一事在前，累筆滯機，相去遠矣 曰：『君何以知燕王？』語曲折甚多，敘得明了 臣語曰：『臣嘗從大王與燕王會境上，燕王私握臣手，曰：『願結友。』以此知之，故欲往。』一句一境，一境一轉 相如謂臣曰：『夫趙彊而燕弱，而君幸於趙王，此段見其智謀之遠 故燕王欲結於君。今君乃亡趙走燕，燕畏趙，其勢必不敢留君，而束君歸趙矣。君不如肉袒伏斧質請罪，則幸得脫矣。』此段見其勇決之情 臣從其計，大王亦幸赦臣。臣竊以爲其人勇士，有智謀，此寺人其眼如此，相如之屈身也亦宜 宜可使。」於是王召見，問藺相如曰：「秦王以十五城請易寡人之璧，

聯經出版事業公司校印

孟氏之言曰：諸侯之寶三，而寶珠玉者，殃必及身。趙與秦皆大國也，使以一璧之故而興兵搆怨，雖雄未知，縱使趙王抱璧以殉，亦何與社稷至計？相如而果為趙謀，宜正謝秦曰：「和氏璧，玩好之賞，匹夫之好也；君乃捐土地以易無用之具，當不其然。寡君勿敢從命。」度秦亦無以強也。今乃既予之而復詐歸之，亦策士之權宜，非老成之碩畫矣。

秦王既齋戒具禮，其勢固不得不予趙城。渠之

可予不？」相如曰：「秦强而趙弱，不可不許。」先定欲予、欲勿予之議 王曰：「取吾璧，不予我城，奈何？」相如曰：「秦以城求璧而趙不許，曲在趙。趙予璧而秦不予趙城，曲在秦。均之二策，寧許以負秦曲。」諸大臣但計利害，相如提出曲直來，此便得養勇根本，兩言而決，眞爲善謀 王曰：「誰可使者？」此召相如正意，卻問在後，好 相如曰：「王必無人，臣願奉璧往使。城入趙而璧留秦；城不入，臣請完璧歸趙。」料得破、把得定、行得徹、說得快，大奇，大奇 趙王於是遂遣相如奉璧西入秦。秦王坐章臺見相如，相如奉璧奏秦王。秦王大喜，傳以示美人及左右，左右皆呼萬歲。鬧熱半日，色不在相如可知 相如視秦王無意償趙城，相如卻目光炯然，並洞見秦王肺腑 乃前曰：「璧有瑕，請指示王。」請指示，急智，妙 王授璧，相如因持璧卻立，倚柱，怒髮上衝冠，先須以氣奪之 謂秦王曰：「大王欲得璧，使人發書至趙王，趙王悉召羣臣議，皆曰：『秦貪，負其彊，以空言求璧，再借勢直決其詐以悉破之 償城恐不可得。』議不欲予秦璧。臣以爲布衣之交尚不相欺，況大國乎！後以樸忠動之 且以一璧之故，逆彊秦之驩，不可。於是趙王乃齋戒五日，使臣奉璧，拜送書於庭。先伏此筆，蓋相如之意只欲完璧歸趙也 何者？嚴大國之威以修敬也。終乃極言敬順以悅之 今臣至，大王見臣列觀，禮節甚倨；得璧，傳之美人，以戲弄臣。要他齋戒意，亦先說在前 臣觀大王無意償趙王城邑，方說到本意 故臣復取璧。大王必欲急臣，臣頭今與璧俱碎於柱矣！」並說明倚柱之故 相如持其璧睨柱，欲以擊柱。光景甚妙 秦王恐其破璧，乃辭謝固請，召有司按圖，指從此以往十五都予趙。畫得逼現，然十五城交割，自不應草草如此 相

意，不過以為寄馬而已，今日予之，他日復命一將軍出咸陽，固可還其故物也。且相如前既云「寧許秦，以負秦曲」，今秦齋宿，而趙已懷璧私逝，玩弄大國於股掌之上，曲仍在趙，不在秦也。總之，相如奉使之日，已將完璧歸趙徹底算盡，故百般騰挪，總以必信其言為主。然則，相如者，誠堅忍強果之士，而其於謀國之方，先儒或謂為天幸，良不誣也。

人臣謀國，只是「致身」二字看得明白，即智勇皆從此生，而天下無難處之事矣。玩相如「完璧歸趙」一語，當奉使時，已自分璧完而身碎，璧歸趙而身不與之俱。

如度秦王特以詐詳為予趙城，實不可得，（此「度」字仍從秦王傳示美人及左右一片泄泄光景想來）乃謂秦王曰：「和氏璧，天下所共傳寶也，趙王恐，不敢不獻。（言至此，相如主意久定，秦必無得璧之理矣）趙王送璧時，齋戒五日，今大王亦宜齋戒五日，設九賓於廷，臣乃敢上璧。」秦王度之，終不可彊奪，（此度字全在頃刻間辭氣容貌之間攝伏之故。倚柱睨柱之時，多少英氣）遂許齋五日，舍相如廣成傳。相如度秦王雖齋，決負約不償城，（此「度」字則相如徒欲以自信其言於趙王，事雖奇特，而當日情事恐不盡然）乃使其從者衣褐，懷其璧，從徑道亡，歸璧於趙。

秦王齋五日後，乃設九賓於庭，引趙使者藺相如。（加「趙使者」三字是臚傳語，即設九賓禮之一節也）相如至，謂秦王曰：「秦自繆公以來（開口第一句最得勢得情）二十餘君，未嘗有堅明約束者也。臣誠恐見欺於王而負趙，故令人持璧歸，間至趙矣。且秦強而趙弱，（以已事為成案，妙）大王遣一介之使至趙，趙立奉璧來。今以秦之強而先割十五都予趙，趙豈敢留璧而得罪於大王乎？（語中情理。蓋前之所以必得其人而使者，只欲伸此語耳）臣知欺大王之罪當誅，臣請就湯鑊，（先抽開一身之計，方見斬截）惟大王與羣臣熟計議之。」（但令其計議割地事）秦王與羣臣相視而嘻。（寫得絕倒。想此時真是哭不得、笑不得，只一「嘻」字，傳神極矣。或以怒解之，誤也）左右或欲引相如去，秦王因曰：「今殺相如，終不能得璧也，而絕秦趙之驩。（轉機亦捷）不如因而厚遇之，使歸趙，趙王豈以一璧之故欺秦耶！」（只帶說，所謂強顏以自解）卒廷見相如，畢禮而歸之。（即借九賓大禮以禮相如，故加「廷見畢禮」四字）

相如既歸，趙王以為賢大夫，使，不辱於諸侯，（結過一重）拜相如為上大夫。秦亦不以城予趙，趙亦終不予秦璧。（憑空蹴起，隨手抹倒，正為相如脫穎耳）

歸矣。此時隻身庭見，若有絲毫冀倖之情，即一字說不出。看其侃侃數言，有倫有脊，故知其明於致身之義者也。

秦王轉機甚捷，早已不復從壁起，見左右欲引相如，蓋猶視乎藪澤也。

此合傳也，廉藺之後又附趙、李諸人；然以廉頗起，以廉頗結，廉固三人之綱矣。廉、趙、李皆武臣，惟相如為上卿，乃相如二事皆爭勝於口舌之間，而於相如傳中特將立太子以絕秦望一議屬之廉頗，則廉將軍之為社稷臣，加於相如一等，明矣。史公好奇而有奇識，詳藺以著其奇，右廉以見其識，

秦王使使者告趙王，欲與王爲好會於西河外澠池。自是詐諼，若無相如，事未可知 趙王畏秦，欲毋行。廉頗、藺相如計曰：串二人，有法 「王不行，示趙弱且怯也。」弱以國言，怯以人言 趙王遂行，相如從。廉頗送至境，二人或分或合，傳中巧妙處 與王訣曰：「王行，度道里會遇之禮畢，還，不過三十日。此大臣作略也。獨敍在廉將軍口中，則廉亦豈一武夫已乎 三十日不還，則請立太子爲王，以絕秦望。」王許之。先壯相如之氣 遂與秦王會澠池。秦王飲酒酣，曰：「寡人竊聞趙王好音，請奏瑟。」秦人作用，好笑 趙王鼓瑟。秦御史前書曰：「某年月日，秦王與趙王會飲，令趙王鼓瑟。」不過欲當場書一「令」字，爲勝趙一籌計，不覺遂同婢妾詬誶伎倆 藺相如前曰：「趙王竊聞秦王善爲秦聲，請奉盆缻秦王，以相娛樂。」寫成一笑，明明奚落夷人不解瑟耳。詞氣又緩 秦王怒，不許。於是相如前進缻，因跪請秦王。其勢實壯 秦王不肯擊缻。何難一擊？擊之，則勝着又虛矣。絕倒 相如曰：「五步之內，相如請得以頸血濺大王矣！」反言刦刺之事也，度亦一時猝辨語，但其勢實壯，眞不可當 左右欲刃相如，相如張目叱之，左右皆靡。不可無此一筆，不然，則情事不周匝 於是秦王不懌，爲一擊缻。苦甚，比之從容鼓瑟者愈出醜 相如顧召趙御史書曰：「某年月日，秦王爲趙王擊缻。」不復成體面矣 秦之羣臣曰：「請以趙十五城爲秦王壽。」以「爲」字對「令」字，正復相當 藺相如亦曰：「請以秦之咸陽爲趙王壽。」咸陽，秦都也。都城可請，則秦不國矣。妙語 秦王竟酒，終不能加勝於趙。須知此語從秦王意中寫出來 趙亦盛設兵以待秦，秦不敢動。無此一着，便成兒戲 既罷歸國，以相如功大，拜爲上卿，位在廉頗之右。鬪出柔廉頗一段

千秋良史之才，豈偶然乎！

為將者之品有大將，有戰將，廉頗識略高深，能持重而不利於剽疾，有大將之才而或不足於戰將之用。趙奢自是戰將，至其納許歷之言而又能表章出之，亦有大將之度者矣。

凡事特患不見破耳。趙奢「將勇者勝」一言，已看定閼與之戰只在養氣。然而矢石所交，風雲變色，譁呼所及，屋瓦皆飛；己即不搖，能保此千萬人之耳目心志不潰然而散乎？堅壁二句，疾趨兩日，其心中眼中不復有絲毫利害之戚，是真有得於「持其志而無暴其氣」之旨者也。戰為聖人之所慎，豈細故

秦伐韓，軍於閼與。從趙地進兵伐韓 王召廉頗而問曰：插廉頗，有意「可救不？」對曰：「道遠險狹，難救。」持重好。頗大將，非戰將也 又召樂乘而問焉，樂乘對如廉頗言。引二人，以頗為主，側筆有法 又召問趙奢，奢對曰：「其道遠險狹，亦同此語，妙 譬之猶兩鼠鬬於穴中，將勇者勝。」提出本領，只是養氣一法 王乃令趙奢將，救之。兵去邯鄲三十里，而令軍中曰：「有以軍事諫者，死。」中有定見，只要靜鎮，惟恐氣壹則動志也。此有大見識 秦軍軍武安西，秦軍鼓譟勒兵，武安屋瓦盡振。特寫一事以見其靜鎮之實，此渲染法 軍中候有一人言急救武安，趙奢立斬之。為許歷事作反襯 堅壁留二十八日不行，復益增壘。所謂靜如處女 秦閒來入，趙奢善食而遣之。只此已足，妙在更不敘以他語 閒以報秦將，秦將大喜曰：一番大喜，氣已浮動不可制矣「夫去國三十里而軍不行，乃增壘，閼與非趙地也。」大言，妙 趙奢既已遣秦閒，緊接「善食」句，捷甚 乃卷甲而趨之，二日一夜至，所謂動若兔脫 令善射者去閼與五十里而軍。此句後無所應，必邀其歸路而擊之，所以獲全勝也 軍壘成，秦人聞之，悉甲而至。此句頓住，下別插許歷二段語，此夾敘體 軍士許歷請以軍事諫，趙奢曰：「內之。」活動得妙 許歷曰：「秦人不意趙師至此，其來氣盛，惟此人能窺破趙奢養氣作用，一語便道着，奇士 將軍必厚集其陣以待之。衡突 不然，必敗。」趙奢曰：「請受令。」恭遜得妙 許歷曰：「請就鈇質之誅。」趙奢曰：「胥後令胥，待也。含糊得妙 邯鄲。」邯鄲二字似直當作「將戰」二字 許歷復請諫，曰：「先據北山上者勝，不動，得地利以鼓勇氣，建瓴之勢，易為功也 後至者敗。」趙奢許諾，即發萬人趨之。秦兵後至，爭山不得上，此句直接前「悉甲而至」句 趙奢縱兵擊之，大破秦軍。只是以氣勝之，無他謬巧 秦軍解而走，遂解閼與之圍而歸。結案

哉！馬服君於是乎不可及矣。

許歷一段，敍得狡獪，只是窺得趙奢作用。許歷之言即奢之言也，如謂奢見不及此，則此行無歷，奢遂不能集事耶？必無之理矣。

趙惠文王賜奢號爲馬服君，以許歷爲國尉。趙奢於是與廉頗、藺相如同位。總結如椽之筆

太史公曰：知死必勇，能知必死而直蹈之，則勇氣自振；凡人不能勇者，只是冀倖不死耳。然倖生者，顧未必生；而自分必死者，終或不果死也。此贊但發明此義 非死者難也，處死者難。方藺相如引璧睨柱，及叱秦王左右，勢不過誅，然士或怯懦而不敢發。相如一奮其氣，威信敵國，退而讓頗，名重太山，其處智勇，可謂兼之矣。四人合傳，贊止相如，史公好奇之過也

廉頗、藺相如、趙奢、李牧合傳，同時同國，各見其奇，與他傳牽連而書者不同。故傳中多作羅紋體，而敍廉頗事則加勤，敍相如事則獨贍，一以爲諸子之綱維，一以見恢奇之絕軌也。以余觀之，則皆朝不及夕，一切苟且以圖存之計焉耳。蓋相如以一璧之故，一擊缶之微，樽俎折衝，以犢觸虎，其得免也，亦云倖矣。及其歸也，不聞昌言碩畫以為善後之圖，則忼慨趣湯、五步濺血，此技可長恃乎？李牧、趙奢，一將之用有餘，猛虎在山，藜藿不採，秦人或稍憚焉，而朝廷大計則非其所知。惟廉將軍沈毅深遠，而一生無大奇節，史公著筆頗輕，及乎晚節被讒，一不得當，而猶有思用趙人之語。夫鍾儀旣縶，猶鼓南音；范叔西遊，無忘邱墓；廉將軍於此，遐哉弗可及已！而惜乎趙之不終其用也。史公嗜奇，所取者在藺不在廉，故文之工贍者，亦在此不在彼，而余之選錄，則專以其人也。因廉傳不採，故附論之於此，以著四子之優劣云。

上官大夫雖妒屈原，而憲令之造旣出王使，則即奪之，當無以冒其能也。總之，小人之一念動於惡，恣肆妄誕，必至破壞他人能事而已，雖己後亦不能自曉也。

離騷開口便呼皇考伯庸，後又指九天以為正，是呼天、呼父母之實咨也，再轉出「蓋自怨生」句來。然則號泣於旻天、於父母，孟子以為怨慕，不與此文相表裏乎？舉千秋血性文章而歸之於忠孝，此傳實離騷之弁序，不僅左徒之行狀而已也。

屈原賈生列傳

屈原者，名平，楚之同姓也。全傳眼目為楚懷王左徒。博聞彊志，總綱明於治亂，嫺於辭令。入則與王圖議國事，以出號令；跟「明於治亂」句出則接遇賓客，應對諸侯。跟「嫺於辭令」句王甚任之。

上官大夫與之同列，爭寵而心害其能。勢逼而爭，然其能不及，則又難與爭也。一句合二意懷王使屈原造為憲令，屈平屬草藁未定。上官大夫靳尚見而欲奪之，小人無狀至此屈平不與，亦染習氣因讒之曰：「王使屈平為令，眾莫不知，切中庸主之忌每一令出，平伐其功，曰：以為『非我莫能為也。』」此三句乃注明所以眾莫不知之故王怒而疏屈平。只是疏而不任，未奪其位屈平疾王聽之不聰也，就王聽讒言讒諂之蔽明也，就上官行讒於王言邪曲之害公也，就上官害己之能言方正之不容也，就己之見疏言故憂愁幽思而作離騷。逗住離騷者，猶離憂也。頓開局勢夫天者，人之始也；父母者，人之本也。人窮則反本，故勞苦倦極，未嘗不呼天也；疾痛慘怛，未嘗不呼父母也。離騷如此洋洋巨篇，只以「呼天呼父母」五字罩之，忠孝之志，所以千古為昭。史公眼光爍破天下如此屈平正道直行，竭忠盡智以事其君，讒人間之，可謂窮矣。信而見疑，忠而被謗，能無怨乎？屈平之作離騷，蓋自怨生也。以上言騷之所由作，以下言騷之體製國風好色而不淫，小雅怨誹而不亂。若離騷者，可謂兼之矣！上稱帝嚳，下道齊桓，中述湯、武，以刺世事。明道德之廣崇，治亂之條貫，靡不畢見。三句從「明於治亂」來其文約，其辭微，其志潔，其行廉，其稱文小而其指極大，舉類邇而見義遠。六句從「嫺於辭令」來，以下申言其文之潔芳悱惻，而極贊其蓄志之超

聯經出版事業公司校印

既以楚之存亡係於原傳，則楚事不得不敘，然不得喧客奪主也，看其敘事匆匆得妙。

此上通為一大段，只「屈平既絀」、「屈平既疏」二句始終關照，是主句，餘皆襯起本傳，非正文也。

其志潔，故其稱物芳。其行廉，故死而不容自疏。濯淖汙泥之中，蟬脫於濁穢，以浮游塵埃之外，不獲世之滋垢，皭然泥而不滓者也。推此志也，（拈「志」字，精瑩俊邁）雖與日月爭光可也。

屈平既絀，（遙接「王怒而疏之」案）其後秦欲伐齊，齊與楚從親，惠王患之。乃令張儀詳去秦，厚幣委質事楚，曰：「秦甚憎齊，齊與楚從親，楚誠能絕齊，秦願獻商於之地六百里。」（如餌小兒，可悲可恨）楚懷王貪而信張儀，遂絕齊，使使如秦受地。張儀詐之曰：「儀與王約六里，不聞六百里。」（如謔販傭，更可悲可恨）楚使怒去，歸告懷王，懷王怒，大興師伐秦。秦發兵擊之，大破楚師於丹陽，斬首八萬，虜楚將屈匄，遂取楚之漢中地。（所失反不止六百里）懷王乃悉發國中兵，以深入擊秦，戰於藍田。魏聞之，襲楚至鄧。楚兵懼，自秦歸。而齊竟怒不救楚，楚大困。明年，秦割漢中地與楚以和。（知楚未可卒滅，秦之玩弄諸侯極矣，尤可悲可恨）楚王曰：「不願得地，願得張儀而甘心焉。」張儀聞，乃曰：「以一儀而當漢中地，臣請往如楚。」（如角力拳勇之夫，一交手後，看破伎倆，全不以為意矣）如楚，又因厚幣用事者臣靳尚，而設詭辯於懷王之寵姬鄭袖。懷王竟聽鄭袖，復釋去張儀。是時屈平既疏，（引歸正傳）不復在位，使於齊，（七字作一句讀，使齊即不在位，非貶斥也，只是疏遠之意）顧反，諫懷王曰：「何不殺張儀？」懷王悔，追張儀不及。（何故又悔，總是昏極）

其後，諸侯共擊楚，大破之，殺其將唐眜。（極匆匆，又未嘗不明晝）時秦昭王與楚婚，（陡然復起一頭）欲與懷王會。懷王欲行，屈平曰：「秦，虎狼之國，不可信，不如無行。」懷王稚子

此上又一段，是懷王入秦不反公案。前段屈平語在後，此段屈平語在前，作文中變化法。

善讀書者，取其意而遺其詞，今史公每插一段論斷，取離騷讀之，即處處有吻合之妙，予故曰：此離騷之弁序也。

楚懷雖狂惑之主，然其始，本能寵任屈平，則亦不可謂之不知人也。惟其一念之欲自見其才，而掩人之善，以為己有，遂致為宵小所窺，而巧以中之。然屈大夫於此，殆亦不無文人習氣，矜惜己美而不肯假借，容亦有之。此正不解夫隨流揚波、鋪糟啜醨。

子蘭勸王行：「奈何絕秦歡！」（屈平之言亦不必極痛切，稚子之言亦不必甚鋒鋩，而行間字裏，無人不瞥然親見屈平之冷落無聊者，所以妙也）懷王卒行。入武關，秦伏兵絕其後，因留懷王以求割地。（秦之不直不必言，懷王之受辱，亦豈足惜）懷王怒，不聽。亡走趙，趙不內。復之秦，竟死於秦而歸葬。長子頃襄王立，以其弟子蘭為令尹。（只須據事直書，而楚人昏惑已極）

楚人既咎子蘭以勸懷王入秦而不反也。屈平既嫉之，（兩句合寫，妙，方見屈平之怨，直舉國之公憤）雖放流，睠顧楚國，繫心懷王，不忘欲反，冀幸君之一悟，俗之一改也。（仍入離騷，文理匝密，情味悠揚）其存君興國而欲反覆之，一篇之中，三致志焉。（千古善讀書人語）然終無可奈何，故不可以反，卒以此見懷王之終不悟也。（特插入一段議論，語勢纏綿，酷肖騷矣）人君無愚知賢不肖，莫不欲求忠以自為，舉賢以自佐，然亡國破家相隨屬，而聖君治國累世而不見者，其所謂忠者不忠，而所謂賢者不賢也。（只此段是史公自發感慨，不得概將前文例之）懷王以不知忠臣之分，（千古痼疾，一筆點破）故內惑於鄭袖，外欺於張儀，疏屈平而信上官大夫、令尹子蘭。兵挫（古本作剉）地削，亡其六郡，身客死於秦，為天下笑。此不知人之禍也。易曰：「井泄不食，為我心惻，可以汲。王明，並受其福。」王之不明，豈足福哉！（引一筆即疏宕）

令尹子蘭聞之大怒，（遙接「屈平既嫉之」段，此句是篇中第一奇筆）卒使上官大夫短屈原於頃襄王，頃襄王怒而遷之。（始斥而放之）乃作懷沙之賦。懷石遂自投汨羅以死。屈原既死之後，楚有宋玉、唐勒、景差之徒者，皆好辭而以賦見稱；然皆祖屈原之從容辭令，終莫敢直諫。（一段終屈原）其後楚日以削，數十年竟為秦所滅，（一段并終楚，與篇首「楚之同姓也」句關合）

之理者也。雖然，以屈子之賢，夫豈不知？正以狷潔之性，必不能少貶耳，故自撰漁父辭、懷沙賦，以明本志。史公獨摘此二文以終本傳，真讀書論世之巨眼也。

自屈原沉汨羅後百有餘年，漢有賈生爲長沙王太傅，過湘水，投書以弔屈原。（此傳過文，獨有味外味）

太史公曰：余讀離騷、天問、招魂、哀郢，悲其志。（本傳前半拈出「志」字，意正如此）適長沙，觀屈原所自沉淵，未嘗不垂涕，想見其爲人。及見賈生弔之，又怪屈原以彼其材，游諸侯，何國不容，而自令若是。（從長沙賦中看出，即「歷九州而相君」等句）讀服鳥賦，同死生，輕去就，又爽然自失矣。（即以賈破賈，知弔屈原賦亦有爲之言也）

屈靈均，千古潔人也。觀其離騷、九歌、九章撰著，美人、香草，觸手芬菲，何處不滋蘭九畹而樹蕙百畮哉！史遷之知靈均，只在於至潔中見其一片血性，而其狷介無憀之況，俱於言外見之。本作離騷序言，而即移為左徒傳贊耳。當與莊叟天下篇及史記自序篇參覽，斯得其旨。

刺客列傳

荆卿列於刺客傳，為燕太子丹也，不得不以燕為主。然其游歷諸國，遍交賢豪，各有奇特，可紀處又不忍割棄不寫。看其從齊、衛插入「而之燕」三字，以定其名，隨後逆敘遊衛、游榆次、游邯鄲三段，因以「既至燕」一語遙接。方寫燕市淋漓興致，又隨添所游諸侯二句，復以「其之燕」三字收還。針路之密，極盡經營，固不得以史公籍國策為藍本，而專摘其刺秦王一段也。今特錄前後史公敘傳本文，凡國策所有者不復著云。

荆軻者，衛人也。其先乃齊人，徙於衛，衛人謂之慶卿。而之燕，燕人謂之荆卿。備敘履歷，固見鄭重，然兩名兼載，正欲插「而之燕」三字耳 荆卿好讀書擊劍，占身分語 以術說衛元君，劍術耶？縱橫之術耶？一荆卿豈足係衛之存亡，史公痛惜其無成，故偏作爾許身分 衛元君不用。其後秦伐衛，置東郡，徙衛元君之支屬於野王。荆軻嘗游過榆次，此二段皆極寫荆軻摧剛為柔，又似重之，又似惜之，其妙乃在筆墨之外 與蓋聶論劍，蓋聶怒而目之。荆軻出，人或言復召荆卿。蓋聶曰：「曩者吾與論劍，有不稱者，吾目之，試往，是宜去，不敢留。」蓋聶蓋劍客之才者。此段原為篇末擊劍不中而伏，而後乃獨引魯句踐之言，正見二段同意也 使使往之主人，荆卿則已駕而去榆次矣。使者還報，蓋聶曰：「固去也，吾曩者目攝之！」寫英雄心目凜凜，字法妙 荆軻游於邯鄲，魯句踐與荆軻博，爭道，魯句踐怒而叱之，荆軻嘿而逃去，遂不復會。士不遇知己，徒死無益。兩番逃去，直與淮陰俛出跨下同意

荆軻既至燕，愛燕之狗屠及善擊筑者高漸離。此時方獲同調 荆軻嗜酒，日與狗屠及高漸離飲於燕市，一段酣暢淋漓之極 酒酣以往，字法沉釀可味 高漸離擊筑，荆軻和而歌於市中，相樂也，已而相泣，旁若無人者。一生忼慨發洩殆盡，不但樂時暢遂也 荆軻雖游於酒人乎，四字雅絕 然其為人沉深好書，復應好書，加以沉深身分，高絕 其所游諸侯，盡與其賢豪長者相結。拓一筆 其之燕，即收轉 燕之處士田光先生高擡田光，正是極予荆卿 亦善待之，知其非庸人也。

聯經出版事業公司校印

荊卿之有高漸離，猶聶政之有姊嫈也。大丈夫為知己者死，一腔熱血本不求表暴於天下，而無如荊卿之於太子丹，疎莽猜嫌，實算不得知己，七尺之軀，浪付豎子，故殊為可惜。高生當時若不得一番奇烈，荊之減價良不少也。酒酣歌泣，託以千秋，豈徒然哉。

高漸離變名姓為人庸保，有深志匿作於宋子。地名久之，作苦，聞其家堂上客擊筑，傍徨不能去。忍不住露穎，尋常語令人墮淚，故奇每出言曰：「彼有善不善。」妙語苦心從者以告其主，曰：「彼庸乃知音，竊言是非。」家丈人召使前擊筑，一坐稱善，賜酒。以上為一節，未重擊筑而高漸離念久隱畏約無窮時，高生當日向誰道之，而史公偏能代道其肺腑中語，妙甚乃退，出其裝匣中筑與其善衣，更容貌而前。舉坐客皆驚，下與抗禮。以為上客。使擊筑而歌，以上為一節，方正寫擊筑客無不流涕而去者。燕市流離，久不隕此涕矣宋子傳客之，聞於秦始皇。秦始皇召見，人有識者，乃曰：「高漸離也。」秦皇帝惜其善擊筑，重赦之，祖龍頗亦不俗乃矐其目。使擊筑，未嘗不稱善。以上為一節，是得見始皇之由稍益近之，漸寫得情高漸離乃以鉛置筑中，復進得近，舉筑扑秦皇帝，不中，於是遂誅高漸離，即扑殺此僚，高生豈不為虀粉耶？舍生之節，大為荊卿增重終身不復近諸侯之人。

國策荊軻刺秦王一篇，文章固妙絕千古，然其寫荊軻處，可議實多。聶政尚不肯輕受嚴仲子百金之餽；而軻則早恣享燕太子車騎美女之奉，一也。聶政恐多人語泄，獨行仗劍至韓，而軻則既必待吾客與俱，又且白衣祖餞、擊筑悲歌，豈不慮事機敗露？二也。聶政抉面屠腸，自滅形迹；軻乃箕踞笑罵，明道出欲生刼報太子丹之語，三也。至以虎狼之秦而欲希風曹沫，約契不渝，其愚狂無識更不足道矣。史公想愛其文之奇，又不可妄為點竄，故特於前後自出手眼，寫得荊卿沈深儒雅，迴絕恆流，并高漸離隱約精靈，雙峙千古，遂使其疏莽無成處，俱藏却許多疑案，令人不忍多訾矣。此其筆力迷離，獨有超解，軻得此庶幾不枉此一死也。今人誦國策，多置史傳始末，又安見古人之深意哉！

蒯徹以相人之術諷淮陰侯，不聽，佯狂為巫，嘗著書二十篇。此段從彼採入，故自成一首機軸。

如此人，方可謂之排難解紛。

史記文密而實奇横，國策文幻而實平整，筆徑自然，要關天分。此段最似國策，若其為范陽令及武信君謀，片語之間，免卻千里兵戈慘禍，文在魯連之上，品居王蠋之前，非戰國傾危者所能及也。

張耳陳餘列傳

范陽人蒯通說范陽令曰本名徹，以武帝諱，易通：「竊聞公之將死，故弔。雖然，賀公得通而生。」蒯通明於事機，與戰國傾危之士絕異，矢口弔賀並至，善於聳動使然；雖為作周旋語，然亦非強飾 范陽令曰：「何以弔之？」對曰：「秦法重，明其前之得罪於咸陽父老子弟，法實 足下為范陽令十年矣，殺人之父，孤人之子，斷人之足，黥人之首，不可勝數。寫得滿眼寃頭債主，不由人不動心 然而慈父孝子莫敢傳刃公之腹中者，畏秦法耳。今天下大亂，秦法不施，極其明劃，無一語欺范陽令 然則慈父孝子且傳刃公之腹中以成其名，必傳刃而後得為慈孝，故云成其名 此臣之所以弔公也。今諸侯畔秦矣，轉機遒清 武信君兵且至，即趙王武臣 而君堅守范陽，少年皆爭殺君，下武信君。徒然取死，實無益於忠節 君急遣臣見武信君，可轉禍為福，在今矣。」妙在投身相為，若空空令之降，濟得甚事 范陽令乃使蒯通見武信君，曰：「足下必將戰勝然後略地，攻得然後下城，臣竊以為過矣。起法與前同 誠聽臣之計，可不攻而降城，不戰而略地，傳檄而千里定，可乎？」文勢葱蘢郁秀，然與史記疎宕自別 武信君曰：「何謂也？」蒯通曰：「今范陽令宜整頓其士卒以守戰者也，更不支蔓，單刀直入 怯而畏死，貪而重富貴，故欲先天下降，非罵范陽令，正見滔滔皆是，此其所以不待戰而千里可定也 畏君以為秦所置吏，誅殺如前十城也。然今范陽少年亦方殺其令，自以城距君。實然。劉項起事，何嘗不爾 君何不齎臣侯印，拜范陽令，范陽令則以城下君，少年亦不敢殺其令。說來如指上螺紋，細細可辨

養卒之論事勢，明透已極，蓋深知武臣之不足事，而見張、陳之必非人下者也。此段語，張、陳固不欲人道破，然即謂此時名為求王，實欲燕殺之，則殊未必然。蓋此時果欲燕之殺武臣，便當鼓行而前，決一死戰，則趙王必危；乃殺十餘使而未敢興兵，正其投鼠忌器之私衷耳。但養卒歸王而不聞特

令范陽令乘朱輪華轂，使驅馳燕、趙郊。燕、趙郊見之，皆曰『此范陽令，先下者也』，即喜矣，燕、趙城可毋戰而降也。（此三句即前「怯而畏死」二句）此臣之所謂傳檄而千里定者也。」（極葱蘢郁秀之致，寫來妙絕，與其懸鼎鑊以狗，何如懸華袞而招）武信君從其計，因使蒯通賜范陽令侯印。趙地聞之，不戰以城下者三十餘城。（從此遂復立趙國）

趙王間出，為燕軍所得。（武臣方與餘、耳略定燕界）燕將囚之，欲與分趙地半，乃歸王。（要知求之愈急，雖盡與趙地，猶未必歸也）使者往，燕輒殺之（不可嚮邇，妙）以求地。張耳、陳餘患之。（以兩賢所患而養卒易言之，接手入神）有厮養卒謝其舍中曰：「吾為公說燕，與趙王載歸。」（通盤算到之語）舍中皆笑曰：「使者往十餘輩，輒死，若何以能得王？」乃走燕壁。（寫得妙，若與笑者辨折一語，便不見奇，「走」字妙）燕將見之。問燕將曰：「知臣何欲？」（若待燕將先問便不奇，「問燕將」甚妙）燕將曰：「若欲得趙王耳。」曰：「君知張耳、陳餘何如人也？」（先布此著，妙）燕將曰：「賢人也。」曰：「知其志何欲？」（然後敲緊）曰：「欲得其王耳。」趙養卒乃笑曰：（一「笑」字從容之極，此是謝舍中時成竹也）「君未知此兩人所欲也。夫武臣、張耳、陳餘（三人總提，便不是真正君臣）杖馬箠下趙數十城，此亦各欲南面而王，豈欲為卿相終已邪？（豈誑燕將哉，但求王時想不到此耳）夫臣與主豈可同日而道哉，（此等宕筆，史記天生妙筆）顧其勢初定，未敢參（字法）分而王，且以少長先立武臣為王，以持趙心。（目光如炬而口齒伶俐之極）今趙地已服，此兩人亦欲分趙而王，時未可耳。（勢以國言，時以人言）今君乃囚趙王。此兩人名為求趙王，實欲燕殺之，此兩人分趙自立。（此三語則未必果）

聯經出版事業公司校印

賞，則未必不以其道，破隱情而忌之也，即謂欲殺趙王，亦未為逆詐已甚。

張敖固無反謀，然而人臣之義，將則必誅。貫高謀叛，激於禮貌之微，罪固當死；敖為人臣而隱忍保奸，借使其事竟成，敖得不儼然南面乎？為敖者，力能誅高，則誅之；不能，則告之高祖，方是純白心事。為人臣者，所以不可不知春秋之義也。

高祖賜婁敬姓劉，而云：「婁者，劉也。」于柏人心動，則云：「柏人者，迫於人也。」粗糙杜撰，可哂亦可愛。小處傳神，三毫欲活矣。

然。然燕果殺之，則分趙自立，誠何待論 夫以一趙尚易燕，況以兩賢王（一也）左提右挈，（二也）而責殺王之罪，（三也）滅燕易矣。」燕將以為然，乃歸趙王，養卒為御而歸。（應「載歸」，趣極）

漢七年，高祖從平城過趙，（自將伐匈奴，解圍歸）趙王（耳子敖，高祖壻）朝夕祖韝蔽，（祖而割牲。韝蔽，所以約袖而捧盤匜也）自上食，禮甚卑，有子壻禮。高祖箕倨詈，甚慢易之。（隆準公善罵，常以此失功臣意，實是亭長惡習，不足為佳）趙相貫高、趙午等，年六十餘，故張耳客也。（始與高祖等夷可知）生平為氣，（寫得勃然）乃怒曰：「吾王孱王也！」（先自怒，後說王，有情景）說王曰：「夫天下豪桀並起，能者先立。（玩此二語，益見平昔等夷，不肯相服）今王事高祖甚恭，而高祖無禮，（高祖字皆誤，姑仍之）請為王殺之！」（不濟）張敖齧其指出血，曰：「君何言之誤！（張敖固好人，然誤處不小）且先人亡國，賴高祖得復國，德流子孫，秋毫皆高祖力也。（語甚鄭重）願君無復出口。」（稚甚，誤甚）貫高、趙午等十餘人皆相謂曰（此何事而同事者多於十人，蓄謀者餘於一歲，豈有不敗之理）：「乃吾等非也。吾王長者，不倍德。且吾等義不辱，今怨高祖辱我王，故欲殺之，何乃汙王為乎？（語氣極忼慨）令事成歸王，事敗獨身坐耳。」（眞有定力）

漢八年，上從東垣還，過趙，（又過一年）貫高等乃壁人柏人，要之置。（此語極古奧，遂多謬解；蓋伏刺客於柏人縣之要路館驛以待之。置，驛舍也）上過欲宿，心動，問曰：「縣名為何？」曰：「柏人。」「柏人者，迫於人也！」（趣甚，警甚）不宿而去。（有天命）

漢九年，貫高怨家知其謀，乃上變告之。於是上皆并逮捕趙王、貫高等。十餘人皆爭自剄，（無此襯不出貫高）貫高獨怒罵曰：「誰令公為之？（如聞其聲）今王實無謀，而并捕王，公等皆死，誰白王不反者！」

貫高固叛人，然身爲張耳故容，其視高祖等夷耳。天下初定，逐鹿未忘，老驥雄心不能忍辱，與他人作逆者殊科。况其立節張敖，亦是跖犬吠堯常理，不當槩以叛目之。

漢法至重，韓信、彭越開國元功，皆以莫須有之獄，並至參夷。貫高親謀弒逆，其客亦均爲黨援，乃以能立然諾之故，嗟賞寬赦，富貴蟬聯，高祖固有過人之度，而張敖所以保全者，亦不無陰持其重之

（提出題目）乃檻車膠致，（膠，固也，乃防謹嚴密之意）與王詣長安。治張敖之罪。上乃詔趙羣臣賓客有敢從王皆族。貫高與客孟舒等十餘人，（疑此句「與」字當作「之」字，蓋貫高首爲怨家所告，亦當逮治，何待髡鉗從王？孟舒等自是貫高之客耳）皆自髡鉗，爲王家奴，從來。貫高至，對獄，曰：「獨吾屬爲之，王實不知。」（久要不忘，是眞俠士）吏治榜笞數千，刺剟，身無可擊者，（總言酷刑）終不復言。呂后數言張王以魯元公主故，不宜有此。（呂后不能同，而因能同之，益見貫高義烈動人）（忽插此段，文章所以得疏宕也）上怒曰：「使張敖據天下，豈少而女乎！」不聽。廷尉以貫高事辭聞，上曰：「壯士！誰知者，以私問之。」（眞主啓口，培植名節不少）中大夫泄公曰：「臣之邑子，素知之。此固趙國立名義，不侵爲然諾者也。」（泄公亦難得。方治反獄時，親友惟恐波及，誰肯爲之游揚者？亦可見端友之從其類也）上使泄公持節問之箯輿前。（寫得慘苦激昂，令人淚落）仰視曰：「泄公邪？」泄公勞苦如平生驩，與語，（所謂以私問也。以下俱是友朋私語）問張王果有計謀不。高曰：「人情寧不各愛其父母妻子乎？（可泣鬼神，可感金石，不得以其叛人而少之）今吾三族皆以論死，豈以王易吾親哉！（透甚）顧爲王實不反，獨吾等爲之。」具道本指所以爲者，王不知狀。（一語所該甚多，古健絕倫）於是泄公入，具以報，上乃赦趙王。上賢貫高爲人（難得高祖）能立然諾，（品題，無溢美）使泄公具告之，曰：（鄭重，妙。蓋下八個字乃檃括大旨，其言甚多）「張王已出。」因赦貫高。貫高喜曰：「吾王審出乎？」（生動）泄公曰：「然。」泄公曰（特加一「泄公曰」以致其鄭重之意，妙絕）：「上多足下，故赦足下。」貫高曰：「所以不死，一身無餘者，白張王不反也。今王已出，（特照定前「十餘人爭自剄」句）吾責已塞，死不恨矣。且人臣有篡殺之名，何面

勢。篇中始載呂胥之數言，終指外元之故，亦言之微旨，非漫然后事也。

張敖知貫高謀，不早發覺，得免死，幸矣！乃猶爵以列侯，非法也，故特以「尚胥元故」冠之。

目復事上哉！縱上不殺我，我不愧於心乎？」無此不成忼慨乃仰絶肮，遂死。當此之時，名聞天下。史公極得意語

張敖已出，以尚魯元故，封爲宣平侯。於是上賢張王諸客，以鉗奴從張王入關，無不爲諸侯相、郡守者。高祖鼓舞一世處，甚奇及孝惠、高后、文帝、孝景時，張王客子孫皆得爲二千石。人歷四朝，則其子孫之所以不失富貴者，不關張王事矣，乃猶冠以「張王客」，史公好奇如此

太史公曰：張耳、陳餘，世傳所稱賢者；其賓客廝役，莫非天下俊傑，一語直貫全傳始末所居國無不取卿相者。以客之故然張耳、陳餘始居約時，無利則好相然信以死，豈顧問哉。及據國爭權，利至則爭卒相滅亡，何鄉者相慕用之誠，後相倍之戾也！「誠」字、「戾」字天地懸隔，對看得妙豈非以利哉？名譽雖高，賓客雖盛，收得完足所由殆與太伯、延陵季子異矣。蓄意深遠

張、陳初起之時，秦慕購之：耳以千金，餘以五百。及其後，餘死泜水之南，耳王常山之北，一不能保其首領，一且利及苗裔。然則鄉評月旦，久判低昂，而敵國徵求，因分貴賤。餘之見殺，殆不必耳能殺之，盡人而能殺之也。考鉅鹿之圍，張敖以子赴父之難，亦且按甲徘徊，似未可以不救深責陳餘。張耳於陳餘解綬之際，引佩不辭，致成大隙，耳亦稍負餘矣。雖然，信陵之兵符未竊，原欲赴邯鄲俱亡；魏其之觸網無辭，義不令仲孺獨死，此中耿耿，餘或者未之前聞。向使趙果爐於

章邯，不知餘何以處此？末特附一不侵然諾之貫高，未必不為彼刎頸交，痛下一劄也。

淮陰侯乃史公所痛惜者。觀其起處詳寫貧時落魄景況，遂與孟子「將降大任」一節一樣搖曳，其意中固以漢初第一人目之。◎淮陰雖為列侯，未嘗之國，勒居私第，奉朝請而已。蓋因其為淮陰人，故以邑名表之，益見謀叛之為寃獄。

或謂以淮陰之才，豈無良禽擇木之智。當項梁未起時，六國紛紛復立，信既可依涉、廣輩以免饑寒，即沛公入關約法三章，秦

淮陰侯列傳

淮陰侯韓信者，淮陰人也。始為布衣時，貧無行，不得推擇為吏，又不能治生商賈，此一行虛寫，却將下數實事櫽括於此 常從人寄食飲，人多厭之者。漢初將相中第一人，其落魄無憀亦居第一。細寫將來，涕笑交集 常數從其下鄉南昌亭長寄食，數月，亭長妻患之，可與戛羹嫂同傳 乃晨炊蓐食。蓐食者，亟食耳，不知作牀蓐，謬解 食時，信往，不為具食。信亦知其意，怒，竟絕去。蓋久知之，至是則不得不怒耳。可憐 信釣於城下，豈是謀食耶 諸母漂，有一母見信饑，此一「見」字深甚，非一字可了也 飯信，竟漂 終漂之事 數十日。信喜，謂漂母曰：「吾必有以重報母。」前怒今喜，其可憐一也；前絕去今圖報，其無憀一也 母怒曰 以一怒激揚其委頓之氣，勝於援桴而鼓之，大非凡品：「大丈夫不能自食，吾哀王孫而進食，豈望報乎！」前一段極寫無憀，此一段深明沉毅，意各有在，不可一例看去 淮陰屠中少年有侮信者，曰：「若雖長大，好帶刀劍，中情怯耳。」惡訕往往然 衆辱之，加衆辱之，方成其為侮 曰：「信能死，刺我；不能死，出我袴下。」彼直以拚命為勇 於是信孰視之，一片沉毅在「孰視」二字，非復向日為一饑飽輕喜輕怒故態矣。須參，須參 俛出袴下，蒲伏。一市人皆笑信，以為怯。及項梁渡淮，信杖劍從之，居戲麾全下，無所知名。既已出頭，却復連連跌蹶如此 項梁敗，又屬項羽，羽以為郎中。數以策干項羽，早伏登壇日之語 羽不用。漢王之入蜀，信亡楚歸漢，亦計無復之，未必先有擇木之意 未得知名，為連敖。坐法當斬，臨末又遭一大蹶，成就之艱如此 其輩十三人皆已斬，次至信，寫成險絕 信乃仰視，適見滕公，曰：「上不欲

民額手之時，亦可棄羽事漢矣。而信皆不出此，至廡下無成，連敖坐法，機緣稍格，便已無身，得毋其自謀者固拙乎？余以為信之工於謀天下而拙於謀身者，在成功身退之後，而不在未遇之前。蓋未遇之前，落魄無憀，動而獲咎，是有天焉，非人之所可為也。至於後車囚廢，私第閒居，不為赤松游，亦可效平陽飲耳；乃猶羞伍絳、灌，誇將多多卒，至長樂鐘前受誅兒女，一身瓦裂，三族誅夷，謂非自謀之至拙者乎？嗟乎，蓋亦有天焉！信亦無如之何矣。

就天下乎？何爲斬壯士！」（淮陰傳開首第一語）滕公奇其言，壯其貌，（滕公，夏侯嬰；其知信又在蕭何前）釋而不斬。與語，大說之。言於上，上拜以爲治粟都尉，上未之奇也。（一頓住，爲下一段領頭）信數與蕭何語，何奇之。（先伏一筆）至南鄭，諸將行道亡者數十人，（以入蜀無東歸望，故亡去）信度何等已數言上，（「等」字該滕公在內）上不我用，即亡。何聞信亡，不及以聞，（作意妙）自追之。人有言上曰：「丞相何亡。」上大怒，如失左右手。（二語不接，寫得妙。蓋如失左右手，是愛惜之極，並非怒也）居一二日，何來謁上，上且怒且喜，（傳神）罵何曰：「若亡，何也？」何曰：「臣不敢亡也，（作意）臣追亡者。」上曰：「若所追者誰？」何曰：「韓信也。」上復罵曰：「諸將亡者以十數，（活畫出視信無奇來）公無所追；追信，詐也。」（詐之一字則誠有之）何曰：「諸將易得耳。至如信者，國士無雙。（蕭語簡當可味，下即轉與漢王商國事，妙筆）王必欲長王漢中，無所事信；必欲爭天下，非信無所與計事者。（著「計事」二字，已非一將之用矣）顧王策安所決耳。」王曰：「吾亦欲東耳，安能鬱鬱久居此乎？」（隆準公神情態色，躍然可見）何曰：「王計必欲東，能用信，信即留；不能用，信終亡耳。」（看此數語，則何之追信，實有預謀，可知）王曰：「吾爲公（「吾爲公」妙，是不知信語，又是責成保任語）以爲將。」何曰：「雖爲將，信必不留。」王曰：「以爲大將。」（亦爽甚）何曰：「幸甚。」於是王欲召信拜之。何曰：「王素慢無禮，今拜大將如呼小兒耳，此乃信所以去也。（又提亡去爲言，前謀益可見）王必欲拜之，擇良日，齋戒，設壇場，具禮，乃可耳。」（何自有大臣識略，非刀筆吏所及）王許之。諸將皆喜，（此文外形容語，不必果然）人人各自以爲得大將。至拜大將，

井陘之戰，至危之刦着也。先下一個「欲」字，及間視不用左車之策，又下「乃敢」二字，此皆文中絕大關目。蓋韓信天授智勇，老於行間，必不肯犯險嘗試，以冀倖於萬一。若左車之策果用，信必不來送死。左車雖智，終讓韓侯一着，而信能折節師事之，此信之所以愈不可及也。

左車之策果用，必不使敵人得知，所以為信知者，餘方以大言恫喝，創虛聲以折之之故耳。

乃韓信也，一軍皆驚。

信與張耳以兵數萬，（點兵數，要著）欲東下井陘擊趙。（點戰地，要著）趙王、成安君陳餘聞漢且襲之也，（並提出二人爲起訖眼目）聚兵井陘口，（聚而不肯分，已拙）號稱二十萬。（陳餘以兵多不肯用奇計，故必先點出兩邊兵數）廣武君李左車說成安君曰：「聞漢將韓信涉西河，（明謂餘非信、耳敵手，非漫數前功也）虜魏王，禽夏說，新喋血閼與，今乃輔以張耳，議欲下趙，此乘勝而去國遠鬬，其鋒不可當。（只此一句，韓信作用俱見）臣聞千里餽糧，士有饑色，樵蘇後爨，師不宿飽。（造語整秀不凡，此四句言遠征常理，下復以井陘道險作一層，深明兵法而指畫極了了）今井陘之道，車不得方軌，騎不得成列，行數百里，其勢糧食必在其後。願足下假臣奇兵三萬人，從間路絕其輜重；（此一路抄出其後）足下深溝高壘，堅營勿與戰。（此一軍堅壘其前）彼前不得鬬，退不得還，（分承明畫之極）吾奇兵絕其後，使野無所掠，（又有錮之之法）不至十日，而兩將之頭可致於戲下。（此殆謂彼軍必內叛也，作用神密，未可明言耳）願君留意臣之計。否，必爲二子所禽矣。」（再點此句應「鋒不可當」數語）成安君，儒者也，常稱義兵不用詐謀奇計，（迂緩得妙。要之，此直大言欺人，意中只是恃其兵多，且以逸待勞耳）曰：「吾聞兵法：十則圍之，倍則戰。今韓信兵號數萬，其實不過數千。（兵豈在多，迂論可笑）能千里而襲我，亦以罷極。（不知惟其遠來，故士必致死，蓋退一步即無生望也）今如此避而不擊，（大言得妙）後有大者，何以加之！則諸侯謂吾怯，而輕來伐我。」（不顧目前却算後日，迂狀可掬）不聽廣武君策，（一句凡三寫，連綿而下，所以深惜之也。當著眼）廣武君策不用。韓信使人間視，知其不用，還報，則大喜，乃敢引兵遂下。（正極寫廣武君處，大喜乃敢，則信之來實懂懂矣）未至

出井陘以決一日之雌雄，必無一戰不克，而需再舉之理，成安君固非韓信敵手，而兵之懈與奮亦誠有天淵相去者。蓋趙兵空壁逐利，前有倖功之樂，後無致死之憂，則見利而進；知難而退而已；漢兵則不然，力戰則救其生，一退則俱無噍類。所以一曰「大戰良久」，再曰「復疾戰」，三曰「皆殊死戰」，彼懈我奮，一以當千，又何十則圍，而倍則戰之有？此左車所以早有成禽之慮也。

井陘口三十里，止舍。夜半傳發，細寫號令，絕大筆力選輕騎二千人，人持一赤幟，第一令卻先算結末一著，奇幻之至從間道萆山而望趙軍，誡曰：「趙見我走，必空壁逐我，若疾入趙壁，拔趙幟，立漢赤幟。」寫得如聚米排沙，一一淸出令其裨將傳飱，曰：「今日破趙會食！」第三令幷在戰後，益奇。然傳飱出戰，亦疾速都起矣諸將皆莫信，詳應曰：「諾。」謂軍吏曰：「趙已先據便地爲壁，此必引其空壁來逐之故，欲以客而據主之壘，兵不得不奇且彼未見吾大將旗鼓，未肯擊前行，恐吾至阻險而還。」見難而退，行師之常，成安所及知者也，故不見大將旗鼓必不空壁來逐，疑信、耳不在行間故也信乃使萬人先行，出，背水陣。趙軍望見而大笑。笑得儒氣平旦，與「夜半」應信建大將之旗鼓，鼓行出井陘口，致師之法趙開壁擊之，大戰良久。分作三段看，凡三寫大戰。蓋此日之事至危，成敗之機間不容髮，無非以見背水一軍之死而致生之妙也於是信、張耳詳弃鼓旗，走水上軍。水上軍開入之，復疾戰。趙果空壁爭漢鼓旗，必至之理逐韓信、張耳。韓信、張耳已入水上軍，軍皆殊死戰，不可敗。蓋亦戰苦雲深，非常鏖戰矣信所出奇兵二千騎，敍得明淨，左、國所無共候趙空壁逐利，則馳入趙壁，皆拔趙旗，立漢赤幟二千。煞出「二千」字，有力趙軍已不勝，寫得從容，此所以不能勝人也不能得信等，遂還歸壁。壁皆漢赤幟而大驚，一句寫目中之亂以爲漢已得趙王將矣，一句寫意中之亂兵遂亂，遁走，趙將雖斬之，不能禁也。於是漢兵夾擊，大破虜趙軍，收得如疾風捲籜斬成安君泜水上，禽趙王歇。信乃令軍中毋殺廣武君，信於此，眞有國士之風有能生得者，購千金。於是有縛廣武君而致戲下者，信乃解其縛，東鄉坐，西鄉對，師事之。此一句急寫，於効首虜之前極寫韓信諸將效首虜，休，

岳忠武論兵曰：「運用之妙，存乎一心。」夫心之精微，口不能言也，況於書乎！漢王嘗以十萬之兵，夾濉水陣，為楚所蹙；濉水為之不流，此與「置之死地」者何異，而敗衄至此。使泥韓信之言，其不至顛蹙輿尸，載胥及溺者幾何矣。此總難為死守訓詁者言也。

蒯通之論，蓋長於論人事而暗於決天時，智於見目前而愚於日後者也。張子房一見沛公，即云沛公殆天授，彼則可謂豪傑矣。若信智勇有餘，而實無君人之度，且使果如通言，三分天下，兩利俱存，則天下何時而定於一乎？目前之肝膽塗地，或得暫休，

畢賀。因問信曰：「兵法：右倍山陵，（倍與背同）前左水澤。（左與阻同）今者將軍令臣等反背水陣，曰：『破趙會食。』臣等不服。然竟以勝，此何術也？」（此即前所謂「趙已據便地為壁」者也，信以便地先為趙據，故出奇以劫之，諸將終未解此）信曰：「此在兵法，顧諸君不察耳。（當面指破，為章句泥儒說法，正與成安君所引兵法對看）兵法不曰『陷之死地而後生，置之亡地而後存』？且信非得素拊循士大夫也，（此轉自有深意）此所謂『驅市人而戰之』，其勢非置之死地，使人人自為戰；今予之生地，皆走，寗尚可得而用之乎！」（韓信用之固妙，然而泥其說以取敗者亦多矣，不可不知）諸將皆服，曰：「善。非臣所及也。」

齊人蒯通知天下權在韓信，欲為奇策而感動之，（蒯通大有遠識，此段大文字，絕非苟且僥倖之圖）以相人說韓信曰：「僕嘗受相人之術。」（借端入港，並非眞會相人）韓信曰：「先生相人何如？」（先問其術之所主）對曰：「貴賤在於骨法，憂喜在於容色，（以二句作陪，方不覺）成敗在於決斷。（主意在此）以此參之，萬不失一。」（「參之」甚深）韓信曰：「善。先生相寡人何如？」對曰：「願少間。」（以說話代敘事）信曰：「左右去矣。」通曰：「相君之面，不過封侯，又危不安。（奇語巧舌，千古無兩）相君之背，貴乃不可言。」（背，反也；勸其反漢，為此隱語）韓信曰：「何謂也？」（怪其非相人常法）蒯通曰：「天下初發難也，（以下絕不復提相法）俊雄豪桀連號一呼，（連一作建）天下之士雲合霧集，魚鱗襍遝，熛至風起。當此之時，憂在亡秦而已。（此段即「秦失其鹿，天下共逐」之語而小變之，見信與劉何必便有君臣之定分也。妙）今楚漢分爭，使天下無罪之人肝膽塗地，父子暴骸骨於中野，不可勝數。（此段即下所云「天下之禍」也，禍慘如此，欲信起而定之，原非僅為富貴起見，更妙）楚人起彭城，轉鬬

異時之暴骨枕骸意無甯息。漢之為漢，固未可知；而韓之為韓，恐亦難長恃也。然其危而不安之語則切矣。

韓信下齊之後，漢王方困於成皋，旦夕望救而信仍擁兵觀望，遣使請為假王以鎮之，漢王怒罵，良平、躡足而有甯能禁信自王之語，漢王之忌信至矣。此時主為漢王，臣為齊王，楚鋒方鋭而漢以兩王分居，臣主之分安在？信猶自謂不敢嚮利背義，恐亦難以欺天下之豪傑也。追騎虎之勢既成，而顧以推食解衣之私，謂為厚遇；虎狼入穽，投肉飼饑，事機可乘，揮戈恐後者也。而信終不悟，豈非天奪其鑒乎？故通

逐北，（方分二扇，此言楚人已困，不足以定天下之禍）至於滎陽，乘利席卷，威震天下。（勢似強）然兵困於京、索之間，迫西山而不能進者，三年於此矣。（楚所以困於京索之間者，信扼之也，便見制楚之權者在信）漢王將數十萬之衆，（此言漢王多敗，亦不足以定天下之禍）距鞏、雒，阻山河之險，一日數戰，（勢本弱）無尺寸之功，折北不救，敗滎陽，傷成皋，（漢所以傷敗不支者，信不救也，又見制漢之權者亦在信）遂走宛、葉之間，（葉古本作棄）此所謂智勇俱困者也。夫銳氣挫於險塞，而糧食竭於內府，（總承上二段，言楚漢俱困）百姓罷極怨望，容容無所倚。（此仍應到「使天下無罪之人」數句）以臣料之，其勢非天下之賢聖，固不能息天下之禍。（一句直衝到信，好筆力、好）

（局段）當今兩主之命縣於足下。足下爲漢則漢勝，與楚則楚勝。（束上數段，語勁而簡，一字增減不得）臣願披腹心，輸肝膽，效愚計，恐足下不能用也。（先作搖曳，亦知一時難決）誠能聽臣之計，莫若兩利而俱存之，參分天下，鼎足而居，其勢莫敢先動。（前後凡用無數波瀾，而主意只一口喝出於此，賈太傅治安策絕類此文）夫以足下之賢聖，有甲兵之衆，（此又三分鼎足後作用）據强齊，從燕、趙，出空虛之地而制其後，（有餘力）因民之欲，西鄉爲百姓請命，則天下風走而響應矣，孰敢不聽！（應歸「定天下之禍」句，較正題目）割大弱彊，以立諸侯，諸侯已立，天下服聽而歸德於齊。（此却與酈生建策立六國相似，若果行此，未免樹兵矣）案齊之故，（舊境）有膠、泗之地，（收膠東，泗上以益封）懷諸侯以德，（倒句法，言諸侯懷德）深拱揖讓，則天下之君王相率而朝於齊矣。（說到揖讓，仍照定息禍言之，亦未免言之太易，蓋歆動之極矣）蓋聞『天與弗取，反受其咎；時至不行，反受其殃。』（此本策士常談，然以語韓信則最確）願足下熟慮之。」韓信曰：（信之暗於）「漢王遇我甚厚：

之為信謀者，直所以救信於死也。引陳餘、文種以為言，寧猶曰從容圖利，而已哉。危哉信，警哉通矣！

此以下專就功高不賞言之，在韓信固為萬金良藥，若以概諸古今功臣則非也。人臣但患不善居功耳，豈曰功高必不利於身乎？洵如通言，則扶危定傾之際，為人臣者，必將留不盡之力以自為。如明末左寧南擁重兵而養寇

（事機，在漢王術中而不悟如此）載我以其車，衣我以其衣，食我以其食。吾聞之：乘人之車者，載人之患；衣人之衣者，懷人之憂；食人之食者，死人之事。（其言如古箴銘，樸至可味）吾豈可鄉利倍義乎？」（公之鄉利久矣，安能使隆準忘情乎）蒯生曰：「足下自以為善漢王，（寫得怪詫可掬，「自以為」三字妙甚，言自見為善，而他人殊未見為善也）欲建萬世之業，臣竊以為誤矣。始常山王、成安君為布衣時，相與為刎頸之交，（引張耳、陳餘一案，只破他「遇我甚厚」語）後爭張黶、陳澤之事，二人相怨。常山王背項王，（餘、耳之間隙始於餘不救耳，然耳實先負餘，觀蒯生述來，更自曲直了然）奉項嬰頭而竄逃，歸於漢王。漢王借兵而東下，殺成安君泜水之南，頭足異處，卒為天下笑。（不但笑餘，亦兼笑耳，只是笑其好之不終也）此二人相與，天下至驩也。然而卒相禽者，何也？患生於多欲，而人心難測也。（此亦通概言之，即通之說信背漢，何嘗不是人心難測？但不早為計，則我不負人者，人終負我，故必爭先一著耳）今足下欲行忠信以交於漢王，必不能固於二君之相與也，而事多大於張黶、陳澤。（妙語透極）故臣以為足下必漢王之不危己，亦誤矣。（應還誤字，格律甚緊）大夫種、范蠡存亡越，霸句踐，（種蠡一死一隱，文蓋大概言之，古文如此者甚多）立功成名而身死亡，野獸已盡而獵狗烹。（韻語，此數語找足功臣，特於交友外添出，有意）夫以交友言之，則不如張耳之與成安君也；（一層特愛）以忠信言之，則不過大夫種、范蠡之於句踐也。（一層盡忠）此二人者，足以觀矣。（二人統指張、陳、文、范）願足下深慮之。（「深慮」比前「熟慮」又切）且臣聞：勇略震主者身危，而功蓋天下者不賞。（韓信自負功多，故漢終不負我，不知信之危，正以其功多也。特枚舉其功言之，可謂說之極工者）臣請言大王功略：足下涉西河，虜魏王，禽夏說，引兵下井陘，誅成安君，徇趙，脅燕，定齊，南摧楚人之兵二

以自重，其罪有不可勝誅者。果善於居功，如諸葛武侯、郭汾陽，豈患功高而禍至哉！史公贊中，但以學道讓謙爲信所少，蓋有識之言也。

成敗之間，間不容髮，信果不欲倍漢，亦無所用其猶豫，猶豫者，心已動之詞也，縱不倍漢，已非純臣矣。惜哉！

十萬，東殺龍且，西鄉以報：總承十句 此所謂功無二於天下，而略不世出者也。此非贊其能事，正是窮其禍根 今足下戴震主之威，挾不賞之功，「戴」字、「挾」字、「持」字，正如身有贅疣，象有齒，犀有角，皆身之害也 歸楚，楚人不信；歸漢，漢人震恐。足下將持是安歸乎？說到此處，不由人不毛骨寒豎 夫勢在人臣之位，而有震主之威，名高天下，竊爲足下危之。」「危」字比「深慮」又切 韓信謝曰：「先生且休矣，吾將念之。」心已動矣而不能決，天奪之鑒 後數日，蒯通復說曰：「夫聽者，事之候也；計者，事之機也。不容蹉過之謂候，少縱即逝之謂機 聽過計失而能久安者，鮮矣。聽不失一二者，不可亂以言；計不失本末者，不可紛以辭。此二語寬一步。言除非聽之多失旨，而計之非萬全，或可紛亂於中而不決，今我所陳則本末燦然，一一無失者也 夫隨廝養之役者，失萬乘之權；守儋石之祿者，闕卿相之位。此段細微之事，以譬其駑馬戀棧之愚 故知者，決之斷也；疑者，事之害也。審豪氂之小計，遺天下之大數，申明「廝養」、「儋石」二句意 智誠知之，決信非不知，只是猶豫顧惜耳 弗敢行者，百事之禍也。此語是頂門一針 故曰：猛虎之猶豫，不若蜂蠆之致螫；騏驥之跼躅，不如駑馬之安步；孟賁之狐疑，不如庸夫之必至也；雖有舜禹之智，吟而不言，不如瘖聾之指麾也，三排之後忽引一長筆，妙絕文情 此言貴能行之。單繳「弗敢行者」句 夫功者，難成而易敗；時者，難得而易失也。時乎時，不再來！詞畢矣。獨提一「時」字歌吟而警之，態色聲情俱臻絕品 願足下詳察之。」韓信猶豫不忍倍漢，此是正意 又自以爲功多，漢終不奪我齊，此是不信徹言之意 遂謝蒯通。蒯通說不聽，已詳狂爲巫。

漢異姓王至被恩寵者，盧綰；至忠謹無過者，吳芮。其他所誅滅，雖未必盡當其罪，然亦實有以自取也。綰之恩遇又非芮所敢望，則苟其純白乃心，恭順守節，當亦未必遂有敗亡之禍。無如信、越之死，皆出牝難，逖聽寒心，聞風股慄，不得不為三窟自全之計，卒使布衣昆弟之歡，變而為走越亡胡之勢。綰誠孤恩，漢亦負義，此無他，呂雖有以毆之，而小人復以謀身之私智媮之也。為人臣者，尚鑒之哉！

韓王信盧綰列傳

盧綰者，豐人也，與高祖同里。盧綰親與高祖太上皇相愛，（一路寫親厚殊絕，筆墨複沓而各極變態，文之最穠至葱蘢者）及生男，高祖、盧綰同日生，里中持羊酒賀兩家。及高祖、盧綰壯，俱學書，又相愛也。（多一「也」字便饒恣態）里中嘉兩家親相愛，生子同日，壯又相愛，（偏能總束一番）復賀兩家羊酒。（倒前句，雖小處必變化）高祖為布衣時，有吏事辟匿，盧綰常隨出入上下。（「常隨出入上下」、「常侍中」、「常出入臥內」，一意而文亦三變）及高祖初起沛，盧綰以客從，入漢中為將軍，常侍中。從東擊項籍，以太尉常從，出入臥內，衣被飲食賞賜，羣臣莫敢望，雖蕭曹等，特以事見禮，（舉第一等功臣，以見優禮之絕等）至其親幸，莫及盧綰。綰封為長安侯。長安，故咸陽也。（獨此封註一句，蓋咸陽秦之故都，以之為封，盛大莫與京矣）漢五年冬，以破項籍。（先云五年冬，下乃云七月、八月等事，蓋漢以冬十月為歲首，然亦可以徵改朔而不改時也）迺使盧綰別將，與劉賈擊臨江王共尉，破之。七月還，從擊燕王臧荼，臧荼降。高祖已定天下，（原敍法）諸侯非劉氏而王者七人。欲王盧綰，為羣臣觖望。及虜臧荼，迺下詔諸將相列侯，擇羣臣有功者以為燕王。羣臣知上欲王盧綰，皆言曰：「太尉長安侯盧綰常從平定天下，（盧綰初無特建之功，何以得與信、越等並？妙。即「常從」二字槩括一生寵遇）功最多，可王燕。」詔許之。漢五年八月，迺立盧綰為燕王。諸侯王得幸莫如燕王。（又擱一筆）漢十一年秋，陳豨反代地，高祖如邯鄲擊豨兵，（豨王代，在燕之西南）燕王

從來邊鄙要害之地，不以王異姓，此人主自守邊之義也。燕王綰亦以親幸殊絕之故，托以獨當一面耳。然人臣無外交，而況與匈奴陰相往來，即使不反，亦非中國之體，況卒至於反耶！

綰亦擊其東北。當是時，陳豨使王黃求救匈奴。燕王綰亦使其臣張勝於匈奴，言豨等軍破。本所以絕其聲援張勝至胡，故燕王臧荼子衍出亡在胡，見張勝，曰：「公所以重於燕者，以習胡事也。只從張勝切己處說入，可見小人之情，原非為主也燕所以久存者，以諸侯數反，兵連不決也。無據之談今公為燕欲急滅豨等，已盡，次亦至燕，公等亦且為虜矣。又說到張勝切膚之危公何不令燕且緩陳豨而與胡和？事寬，得長王燕；即有漢急，可以安國。」此雖非人臣所當言，然為燕謀，固亦忠矣張勝以為然，迺私令匈奴助豨等擊燕。以避嫌疑，亦妙燕王綰疑張勝與胡反，上書請族張勝。勝還，具道所以為者。燕王寤，迺詐論他人，脫勝家屬，使得為匈奴間，後終得歸身於胡，未必非勝開之，此著未可深詆。至陳豨反賊而與之相通，則謬甚矣而陰使范齊之陳豨所，欲令久亡，連兵勿決。漢十二年，東擊黥布，豨常將兵居代，漢使樊噲擊斬豨。其裨將降，言燕王綰使范齊通計謀於豨所。此處綰已有當誅之罪高祖使使召盧綰，看高祖之意，終未肯廢綰。然綰至此殊已危迫，使歸身於漢，恐終亦未能瓦全也綰稱病。上又使辟陽侯審食其、御史大夫趙堯往迎燕王，因驗問左右。綰愈恐，閉匿，綰無能反之資，只是懼死。使高祖能諒其隱，徙之關內，列為徹侯，雖至今存，可也謂其幸臣曰：「非劉氏而王，獨我與長沙耳。往年春，漢族淮陰；夏，誅彭越，皆呂后計。今上病，屬任呂后。所見固是呂后婦人，專欲以事誅異姓王者及大功臣。」即稱病亡匿，可僥倖久存耶？謀之不臧，甚矣迺遂稱病不行。其左右皆亡匿。語頗泄，辟陽侯聞之，歸具報上，上益怒。相負如此，不得不怒又得匈奴降者，降者言張勝亡在匈奴，為燕使。於是上曰：「盧綰果反矣！」

有起處許多綢疊恩寵，即不得不生出結處許多宛轉餘情，令人讀之而望古遙集。君臣離合死生之際，有嗚咽感欷而不能已者，傳中之絕唱也。

使樊噲擊燕。燕王綰悉將其宮人家屬騎數千居長城下候伺，幸上病愈，自入謝。（前迎之不至，此時未必果有此意，然寫得妙）四月，高祖崩，盧綰遂將其衆亡入匈奴，匈奴以爲東胡盧王。（東胡王也，因其姓加之）綰爲蠻夷所侵奪，常思復歸。（餘音嫋嫋）居歲餘，死胡中。高后時，盧綰妻子亡降漢，會高后病，不能見，舍燕邸，爲欲置酒見之。（寫得終有家人婦子之意，眞是好筆）高后竟崩，不得見。（其情不得遂，轉益終窮）盧綰妻亦病死。孝景中六年，盧綰孫他之以東胡王降，封爲亞谷侯。

前半幅未曾寫酈生一毫實事，只曲描英雄相與之初，始如霄壤，繼如針芥，而高祖、酈生神情俱活。如欲寫酈生自薦，卻先寫沛公時時問騎士，則沛公之精神不為生掩也；既有沛公問騎士，又寫騎士未肯薦酈生，則酈生之精神不為沛公掩也。至於長揖不拜，輒洗起迎，宛然見當時交接之景，蓋頻上三毫，傳神遠矣。

酈生以游說為己任，然生平亦無

酈生陸賈列傳

酈生食其者，陳留高陽人也。（連載地名，便伏下線索。如此等處，皆不草草）好讀書，家貧落魄，無以為衣食業，為里監門吏。（不能謀生而獨為里監門，欲以陰識天下之豪傑耳）然縣中賢豪不敢役，縣中皆謂之狂生。（酈生一生負氣，起境便與人不同）及陳勝、項梁等起，諸將徇地過高陽者數十人，（已至其里而未聞採訪賢士，酈生自問之。與後對看）酈生問其將，皆握齱好苛禮，自用，不能聽大度之言。酈生乃深自藏匿。後聞沛公將兵略地陳留郊，（但在陳留郊，不但未入其里，亦尚未入其邑。此一段妙文，純在空中撮出，不然，即直從高陽傳舍寫起矣）沛公麾下騎士，適酈生里中子也，沛公時時問邑中賢士豪傑。（寫得不同。此問字與酈生問諸將對看，空中妙文）騎士歸，酈生見，謂之曰：「吾聞沛公慢而易人，（與「好苛禮」反）多大略，（與「自用」反）此真吾所願從游，（亦與「深匿」反）莫為我先。若見沛公，謂曰：『臣里中有酈生，（自薦語奇妙絕人）年六十餘，長八尺，人皆謂之狂生，生自謂我非狂生。』（正在拉雜得妙，宛然畫個小影，恰與「慢而易人，多大略」七字合拍也）」騎士曰：「沛公不好儒，諸客冠儒冠來者，沛公輒解其冠，溲溺其中。（自有一輩溺器在，豈真不好儒哉）與人言，常大罵。（先逗一罵取致）未可以儒生說也。」（酈生明自謂非狂生，而騎士眼孔固難與深言也）酈生曰：「弟言之。」騎士從容言，如酈生所誡者。（省而亮）沛公至高陽傳舍，（敍次地名，皆有線索）使人召酈生。酈生至，入謁，沛公方倨牀，使兩女子洗足，而見酈生。（寫景處，所以發明沛公之大度與酈生之負氣，並非閑筆）酈生入，則長揖不拜，（骯髒落拓有氣）曰：「足下欲助秦攻諸侯乎？（問得奇）且欲率

甚奇特功名。說下陳留而成名，說下田齊為韓信所賣，而身膏鼎鑊矣。所差強人意者，而公不為若更言一語，負氣到底，不枉此高陽一酒徒耳，故史公全傳，只是描其骯髒。

攷漢書：陸賈初從高祖時，嘗奉使九江王，以家鄉在楚，即降楚，不復思漢，識昧於擇君而情溺於懷土，初無豪傑之略。乃其後卒得拔身還漢，終享榮名，從容壽考，頗能以智謀

諸侯破秦也？」沛公罵曰：「豎儒！（快甚，總是率眞大度）夫天下同苦秦久矣，故諸侯相率而攻秦，何謂助秦攻諸侯乎？」（摸不著頭路，不得不罵，却非慢也）酈生曰：「必聚徒合義兵誅無道秦，不宜倨見長者。」（負氣骯髒，口角如畫）於是沛公輟洗，起攝衣，延酈生上坐，謝之。（以上只是沛公、酈生作合之始事）酈生因言六國從橫時。（櫽括得妙，稱其為人，如此足矣）沛公喜，賜酈生食，問曰：「計將安出？」（六國合縱連橫，俱是說客本領，蓋生業已將遊說自任，故沛公直問計將安出，言何處起手也）酈生曰：「足下起糾合之衆，收散亂之兵，不滿萬人，欲以徑入强秦，此所謂探虎口者也。（「入」字、「探」字妙，寫得孟浪之極）夫陳留，天下之衝，四通五達之郊也，（自為陳留人，亦只從近地展布，與強秦探口特特相反）今其城又多積粟。臣善其令，請得使之，令下足下。（此俱是為監門時留心打算停當）即不聽，足下舉兵攻之，臣為內應。」（兩存，其計妙。蓋酈生於此原無奇特，只如此了之。虛者既實，實者乃反虛也）於是遣酈生行，沛公引兵隨之，遂下陳留。號酈食其為廣野君。（略寫已足）

陸賈者，楚人也。以客從高祖定天下，（先下斷案語，與他傳特別）名為有口辯士，居左右，常使諸侯。（櫽括未即位以前事甚簡妙，以其不足書也）及高祖時，中國初定，尉他平南越，因王之。（事在中國未定前，追書之，不必太明晰也）高祖使陸賈賜尉他印，為南越王。（不暇討，姑以虛名羈縻之）陸生至，尉他魋結箕倨見陸生。（初寫得尉他如鹿豕不可狎，方顯得陸生辨捷出）陸生因進說他曰：「足下中國人，親戚昆弟墳墓在眞定。（開口妙。即此一語，已鉗住尉他矣）今足下反天性，弃冠帶，（此只責其自弃於漢）欲以區區之越與天子抗衡為敵國，禍且及身矣。（此三句方為利害關頭提綱）且夫秦失其政，（看其逐節布置，井井有法）諸侯豪桀竝起，惟漢王先入關，據咸陽。（先言其理至順，此意輕

自蓋前愆。太史公於其初之孟浪則諱而不錄，於其終之佚樂則書之不啻口出，虛實錯互，爛然成美篇焉，真良史家法也。

尉他英爽闊達，殊有君人之度，漢廷諸臣誠無出其右者。且其言曰：越中無足與語，得一陸賈，遂謂日聞所未聞，亦可知南越臣寮俱極瑣賤。則以他之氣局，誠得良、平輩為之輔，勝於項而埒於劉，誠何待論。此時實以新造之國難以爭衡，又以墳墓在漢，故姑示遜以胥後效耳。雖有奉約之虛名，仍不改帝制如故，漢固不得過而問之也。陸生挐定中國墳墓以動其天性，指出新造未集以見其病

項羽倍約，自立為西楚霸王，諸侯皆屬，可謂至彊。（正對「區區越」句）然漢王起巴蜀，鞭笞天下，刼略諸侯，遂誅項羽滅之。（次言其力至強，此意重）五年之間，海內平定，此非人力，天之所建也。（又統言獲助於天，曉倔強人不可少此意）天子聞君王王南越，不助天下誅暴逆，將相欲移兵而誅王，天子憐百姓新勞苦，故且休之，（尉他霸有南越在漢未有天下之前，非漢人所得而討其罪者。「不助天下誅暴逆」句極有體，不然，必不足服他之心）遣臣授君王印，剖符通使。君王宜郊迎，北面稱臣，（此正意，亦只略道之，蓋本無臣主之分故也）迺欲以新造未集之越，屈彊於此。（四字妙不可易）漢誠聞之，掘燒王先人冢，夷滅宗族，（方發明「禍且及身」，語語切骨，眞好辨口）使一偏將將十萬衆臨越，則越殺王降漢，如反覆手耳。」（不言漢誅之，却言越殺王降漢，令其內顧自生疑忌，妙，妙）於是尉他乃蹶然起坐，謝陸生曰：「居蠻夷中久，殊失禮儀。」（便只是認中國人，不更辨他，語屈彊而有意思）因問陸生曰：「我孰與蕭何、曹參、韓信賢？」（本不服漢天子語，却問得有次序）陸生曰：「王似賢。」（一句獎，妙）復曰：「我孰與皇帝賢？」（咄咄逼人）陸生曰：「皇帝起豐沛，（以下六句正言高祖之賢，然卻折不倒尉他之盛氣，故畧言便止，下乃全以強弱形勢奪之）討暴秦，誅彊楚，為天下興利除害，繼五帝三皇之業，統理中國。中國之人以億計，地方萬里，居天下之膏腴，人衆車轝，萬物殷富，政由一家，自天地剖泮未始有也。（只是一個中國之大，累累說成一串）今王衆不過數十萬，皆蠻夷，崎嶇山海間，（只是鄙其蠻夷，便當不起）譬若漢一郡，王何乃比於漢！」尉他大笑，曰（大笑妙，是服？是不服）：「吾不起中國，故王此。使我居中國，何渠不若漢？」（倔強有意，英風凜然，正復大洒落）迺大說陸生，（玩其意並不肯服陸生，却又大悅之，妙人、解人）留與飲數月。曰：「越中無足與

根，真直透肯綮之論。他內識其意而絕不與辨，解人哉，此所以悅之深也！

凡言呼萬歲者，皆慶幸之意。因高祖善陸生之說，則其將偃武修文，與民休息也，故幸而祝之。左右將順之美，不可忽過。

語，至生來，令我日聞所不聞。」（顧盼非常）賜陸生橐中裝直千金，他送亦千金。（陸生此等處甚不滿人意，史公寫來，轉成高曠。文能榮人，信哉）陸生卒拜尉他為越王，令稱臣，奉漢約。歸報，高祖大悅，拜賈為太中大夫。陸生時時前說稱詩書。（起得波峭）高帝罵之曰：「迺公居馬上而得之，安事詩書！」（此一語下作兩面破之）陸生曰：「居馬上得之，寧可以馬上治之乎？（接口甚捷，自是滑稽之雄）且湯武逆取而以順守之，文武竝用，長久之術也。（策士習氣，不足深辨。若真謂湯武逆取，則害道不小）昔者吳王夫差、智伯，極武而亡；秦任刑法不變，卒滅趙氏。（謂滅亡於趙高之手，一云：秦伯翳後，與趙同出。如此，則馬上伎倆通無用處，更破得盡致）鄉使秦已并天下，行仁義，法先聖，陛下安得而有之？」高帝不懌，而有慙色，迺謂陸生曰：「試為我著秦所以失天下，吾所以得之者何，及古成敗之國。」（亦錯落有奇致）陸生迺麤述存亡之徵，凡著十二篇。（標題疎莽，正自雅稱）每奏一篇，高祖未嘗不稱善，（自具詩書種子）左右呼萬歲，（太裝點）號其書曰「新語」。（即聞所未聞意）孝惠帝時，呂太后用事，欲王諸呂，畏大臣有口者，（「有口」二字即從篇首用來，而陸生即閉口而退，寫來有深意）陸生自度不能爭之，迺病免家居。以好時田地善，可以家焉。（以「家居」二字領全段，可以家，又找足家居之地，妙筆）有五男，迺出所使越得橐中裝，賣千金，分其子，子二百金，令為生產。（纖悉明畫）陸生常安車駟馬，從歌舞鼓琴瑟侍者十人，寶劍直百金，（三句即陸生自己資貨也。為「所死家」一句伏脈）謂其子曰：「與汝約：過汝，汝給吾人馬酒食，極欲，十日而更。所死家，得寶劍車騎侍從者。（常來過從如此，若卒於某男之家，即以車馬寶劍侍者與之）一歲中往來過他客，卒不過再三過，數見不鮮，無久慁

以欲王諸呂起，以諸呂擅政接，中間藏過六七年事務，却以家居飲樂迷離掩之，雲開月現，別是一天。陸生固奇，而非此奇文，亦安能寫出。

陳平、周勃嘗佐高祖定天下，協恭之誼，當素講矣，何至此時待陸生畫策而始和調耶？蓋高祖遺命：蕭曹之後，可相者即推平、勃；而平於王諸呂之際，頗失於阿詇呂后，勃必疑其心意，不肯與之共事矣。勃既疑平，平亦患勃，將來之禍，有不可言者，陸生竊見此隙而亟為調之，實智謀之殊絕，而安劉之功不在周勃之下。乃有而不尸，卒以樂死生之晚節，真過人遠矣。

公爲也。」（此句素無確解，愚謂句中明有他客二字，蓋在其子則十日而更，若過他家，則一年中不過二三來往，不欲數見不鮮也）呂太后時，王諸呂，諸呂擅權，欲刧少主，危劉氏。右丞相陳平患之，力不能爭，恐禍及己，（是陳平隱衷）常燕居深念。陸生往請，直入坐，而陳丞相方深念，不時見陸生。（入坐而平若無見，此正寫深念之景入神處，或謬以不時見爲不亟出，則「直入坐」三字既無着落，而「何念之深」一問亦無來由）陸生曰：「何念之深也？」陳平曰：「生揣我何念？」（有景有態）陸生曰：「足下位爲上相，食三萬戶侯，可謂極富貴無欲矣。然有憂念，不過患諸呂、少主耳。」陳平曰：「然。爲之奈何？」陸生曰：「天下安，注意相；天下危，注意將。將相調和，則士務附；（務一作豫）士務附，天下雖有變，即權不分。（此數語絕大見識，遂爲千古不朽名論。生於歌舞飲樂時，知其熟籌而靜俟之者久矣）爲社稷計，在兩君掌握耳。臣常欲謂太尉絳侯，絳侯與我戲，易吾言。（周勃何爲戲侮陸生？蓋勃少文而陸生時時稱說詩書，勃之易賈即高祖「馬上得之」之見耳。又着此句，方見陸生大可意處）君何不交驩太尉，深相結？」爲陳平畫呂氏數事。陳平用其計，迺以五百金爲絳侯壽，厚具樂飲，（結歡之具不過如是，知兩人於呂后朝一向冷淡）太尉亦報如之。此兩人深相結，則呂氏謀益衰。（以斷語結，甚奇）陳平迺以奴婢百人，車馬五十乘，錢五百萬，遺陸生爲飲食費。（接歸陸生本傳，恰與好時家居一副筆墨，故妙）陸生以此游漢廷公卿間，名聲藉甚。（此時仍家居，未嘗在位）及誅諸呂，立孝文帝，陸生頗有力焉。（即前所畫計也，畧繳已足）孝文帝即位，欲使人之南越。陳丞相等乃言陸生爲太中大夫，往使尉他，令尉他去黃屋稱制，令比諸侯，皆如意旨。（後之使越，實文帝一書有以柔之，非賈特建之績，故云「如意旨」，最得體）語在南越語中，陸生竟以壽終。（好結，有深意）

聯經出版事業公司校印

酈、陸兩生，皆以舌佐命，然酈以負氣鼎烹，陸以委蛇壽考。史公合而傳之，於酈則詳其始見之時，一腔英偉；於陸則詳其病免之後，無限高超。意蓋以人生斯世，隱見無常，險夷難必，能合兩生之始末而並有之，庶可無憾矣。不然，則漢廷臣子壽終者多，獨大書於鼎烹者之傳後，此何意哉！

叔孫通，古之鄉愿也。忠信廉潔，時復似之，而壞人心術，亂敗經常，固已不淺。漢世以此子為儒宗，治之雜霸，不亦宜乎！王莽鼓其穿窬之才，盜竊神器，而舉世恬然，不以為恥。凡以希世之餘風，中乎隱微深痼之間，而胚胎日壞也。余當有文極論之，姑約其旨於此。

先輩多病史遷輕名節而進奸雄，

劉敬叔孫通列傳

漢二年，漢王從五諸侯入彭城，（襲楚之時）叔孫通降漢王，（叔孫之降，蓋不一而足矣。下特云：「因竟從漢」，反著前此從人之皆不終也）漢王敗而西，因竟從漢。叔孫通儒服，漢王憎之；迺變其服，服短衣，楚製，漢王喜。（先從細處寫一希世樣子在前）

叔孫通之降漢，從儒生弟子百餘人，然通無所言進，專言諸故羣盜壯士進之。（此是一段大章法，乃希世度務中之近乎理者）弟子皆竊罵曰（前竊罵後大喜，鄙陋可嘆。極醜之事而津津寫出，觀其弟子而知其先生，極不滿叔孫生處）：「事先生數歲，幸得從降漢，今不能進臣等，專言大猾，何也？」叔孫通聞之，迺謂曰：「漢王方蒙矢石，爭天下，諸生甯能鬬乎？（度務之言）故先言斬將搴旗之士。諸生且待我，我不忘矣。」（市道口角，直說愈妙）漢王拜叔孫通為博士，號稷嗣君。（取嗣音，稷下之義）

漢五年，已并天下，諸侯共尊漢王為皇帝於定陶，叔孫通就其儀號。（伏一筆，正見其希世煞費苦心在）高帝悉去秦苛儀法，為簡易。（可見已不盡用叔孫所就）羣臣飲酒爭功，醉或妄呼，拔劍擊柱，高祖患之。（悉與後對看）叔孫通知上益厭之也，（必插此六字，筆端有眼）說上曰：「夫儒者難與進取，可與守成。（度務之言）臣願徵魯諸生，與臣弟子，共起朝儀。」（重在魯諸生，因以弟子附入，巧便處）高帝曰：「得無難乎？」叔孫通曰：「五帝異樂，三王不同禮。禮者，因時世人情為之節文者也。故夏、殷、周之禮，所因損益可知者，謂不相復也。（其言不必甚謬。自通言之，則希世之吻如畫，以上下文勢相湊而成也，此則妄甚）臣願頗采古禮與秦儀雜就之。」

聯經出版事業公司校印

如田橫之二客，魯之兩生，皆超軼絕塵之士，而史並失其名，殊可惜也。禮樂之事，固難倉卒，然使賈誼、仲舒之流，亦必粗可復古。今觀其言曰「所事且十主，皆面諛以取親貴」，則正夫子所謂：「人而不仁，如禮樂何哉！」兩生不可謂不知禮樂之本者也。

古者君臣之禮相去不甚懸絕：立見羣臣，郊勞宴享，伯父伯舅之稱，敬慎有加；至於拜上者驕，下堂者替，而積重之勢，不得不驕枉而過正馬。至於漢初，頗闊略簡易，一革亡秦苛習，正可參酌古禮而求其中。乃叔孫通徒以高帝之難之，而遂痛繩其

此千古禮樂興亡大關目，須着眼 上曰：「可試爲之，令易知，度吾所能行爲之。」古朝廷禮，天子皆有儀；自漢以下，下有儀上無儀矣。皆此言啓之 於是叔孫通使徵魯儒生三十餘人。魯有兩生不肯行，眞高世之士，而世或以訾謷拘滯之人，非也 曰：「公所事者且十主，皆面諛以得親貴。可見禮樂非此人所能識 今天下初定，死者未葬，傷者未起，又欲起禮樂。禮樂所由起，積德百年而後可興也。叔孫所就者，苟且之朝儀，原說不得禮樂。兩生責之，亦似過當，然其言則純粹無疵 吾不忍爲公所爲。公所爲不合古，吾不行。公往矣，無汙我！」連下五句，如見其掉頭揮手、咄咄不屑之狀，傳神妙手 叔孫通笑曰強顏：「若眞鄙儒也，不知時變。」含糊得妙，當以不甚解解之 遂與所徵三十人西，及上左右爲學者不偏狥其弟子，亦希世手段 與其弟子百餘人爲綿蕞，以茅置蕝爲朝會之位 野外習之。月餘，叔孫通曰：「上可試觀。」上既觀，使行禮，曰：「吾能爲此。」應「試爲之」語 迺令羣臣習肄，會十月。令習之以就元日大會，蓋漢初以十月爲歲首也◎肄亦習也，音異 漢七年，長樂宮成，諸侯羣臣皆朝，十月儀：一段朝儀 先平明，謁者治禮，引以次入殿門，寫漢官威儀亦甚肅穆，要是史公筆力之整贍耳 廷中陳車騎步卒衞官，設兵張旗志。同幟 傳言「趨」。殿下郎中俠同夾 陛，陛數百人。功臣列侯諸將軍軍吏以次陳西方，東鄉；此儀蓋至今仍之 文官丞相以下陳東方，西鄉。大行設九賓，臚傳。於是皇帝輦出房，百官執職傳警，引諸侯王以下至吏六百石以次奉賀。朝事畢 自諸侯王以下，莫不振恐肅敬。寫情一句 至禮畢，復置法酒。一段宴酒 諸侍坐殿上，皆伏抑首，以尊卑次起上壽。觴九行，謁者言「罷酒」。御史執法舉不如儀者，輒引去。宴事畢 竟朝置酒，無敢讙譁失禮者。

下而不復拘其主；是朝儀、法酒皆為臣設，而君不與焉。君為臣綱，君無禮而何以責其臣？於此，叔孫希世之罪，萬世莫能逭也。

分項二段，甚明畫於是高帝曰：「吾迺今日知為皇帝之貴也。」以此一語結禮樂，是嘲？是笑？是贊？是嘆？任人自領迺拜叔孫通為太常，賜金五百斤。叔孫通因進曰：「諸弟子儒生隨臣久矣，與臣共為儀，願陛下官之。」看其委蛇之致，處處如畫高帝悉以為郎。叔孫通出，皆以五百斤金賜諸生。正與東漢桓榮自言稽古之力意思相反諸生迺皆喜曰：「叔孫生誠聖人也，知當世之要務。」一官一金，遂市聖人之名；而「知要務」句卻妙

聯經出版事業公司校印

季布傳史公贊中，獨反覆嘆息於始之爲奴朱家，自重其死處。故起一段亦極意描寫，比游俠傳尤覺有精神，而特以能推剛爲柔先下一句斷語。然旣將其柔處寫得奄奄欲盡，勢必再將其剛處特一振刷之，方顯得始之貶損大有深意，改接手便將廷折樊喻語寫得毛髮欲豎，此相救之法也。不然，呂太后朝，平、勃輩皆無羞，豈不容參一議耶？此等處俱要於書縫中識得。

季布欒布列傳

季布者，楚人也。爲氣任俠，有名於楚。八字一篇之綱，直貫至末 項籍使將兵，另提法，非接「有名」句也 數窘漢王。及項羽滅，高祖購求布千金，敢有舍匿，罪及三族。季布匿濮陽周氏。任俠者，以氣類相感。寫周氏、朱家，皆極生動 周氏曰：「漢購將軍急，迹且至臣家，將軍能聽臣，臣敢獻計；即不能，願先自剄。」先自剄亦不能活季布，直激之耳 季布許之。迺髡鉗季布，衣褐衣，置廣柳車中，幷與其家僮數十人，之魯朱家所賣之。朱家心知是季布，周氏自知不如朱家權力，能脫季布之難，故嫁與之，正其能用朱家處。兩個「心知」對照，眉宇爍爍 迺買而置之田。誡其子曰：「田事聽此奴，必與同食。」只九個字，處分極妙 朱家乃乘軺車之洛陽，軺車，賈人之車；蓋微行至京師 見汝陰侯滕公。滕公留朱家飲數日。朱家又能用滕公 因謂滕公曰看其緩急中極好作用：「季布何大罪而上求之急也？」開口有致 滕公曰：「布數爲項王窘上，上怨之，故必欲得之。」朱家曰：「君視季布何如人也？」接口又別俱有針路，蓋早伏「忌壯士、資敵國」一意 曰：「賢者也。」朱家曰：「臣各爲其主用，季布爲項籍用，職耳。此一層正理開釋 項氏臣可盡誅耶？即用一層劫制，言外便有許多壯士在 今上始得天下，獨以己之私怨求一人，何示天下之不廣也！又用一層正理開釋 且以季布之賢而漢求之急如此，此不北走胡即南走越耳。然後說出主意，純用劫制之法，蓋不如此，即老生常談，不足爲俠 夫忌壯士以資敵國，此伍子胥所以鞭荆平王之墓也。此語不無過火，然大俠口談，卻不得以尋常律之 君何不從容爲上言邪？」汝先輩或謂朱家脫季布，布顯達後，不聞有以報之為布病。不知此數人皆大俠，可以尋常報施論哉？

折樊噲不足為季布生色，只是形其剛，論已詳於前。

布傳凡列三段，段段皆虛，無一實事在內。只起處推剛為柔是其實事，然讀之生氣勃勃，愈見史公點染之妙。

陰侯滕公心知朱家大俠，（應前心知）意季布匿其所，（滕公亦俠，朱家不投他人而獨投滕公，固亦氣類相感耳）迺許曰：「諾。」待閒，果言如朱家指。上迺赦季布。當是時，諸侯皆多季布能摧剛為柔，朱家亦以此名聞當世。（雙收整贍）季布召見，謝，上拜為郎中。孝惠時，為中郎將。單于嘗為書嫚呂后，不遜，呂后大怒，召諸將議之。（書有「以所有易所無」之語，蓋犬羊挑釁之端，呂后以私憤欲用兵，故季布折之為是）上將軍樊噲曰：「臣願得十萬眾，橫行匈奴中。」諸將皆阿呂后意，（着此五字，反襯季布剛直）曰：「然。」季布曰：「樊噲可斬也！（語勢斬截，是負氣人）夫高帝將兵四十餘萬眾，困於平城，今噲奈何以十萬眾橫行匈奴中，面欺！（面欺、面諛平分直下，文有似板而實橫者，此類是也）且秦以事於胡，陳勝等起。於今創痍未瘳，噲又面諛，欲搖動天下。」（所以便謂可斬，戇而頗工）是時殿上皆恐，（反映布之負氣）太后罷朝，遂不復議擊匈奴事。（一人折之而舉朝莫敢抗，其氣如此）季布為河東守，孝文時，人有言其賢者，孝文召，欲以為御史大夫。復有言其勇，使酒難近。（毀語亦恰當）至，留邸一月，見罷。季布因進曰：「臣無功竊寵，待罪河東。陛下無故召臣，此人必有以臣欺陛下者；今臣至，無所受事，罷去，此人必有以毀臣者。（此段又說得宛曲條暢，與樊噲語不同，豈更事久而粗豪漸化耶）夫陛下以一人之譽而召臣，一人之毀而去臣，臣恐天下有識聞之，有以闚陛下也。」（巖巖大臣之言，深達治體，非復俠氣之常）上默然，慚，良久，曰：「河東吾股肱郡，故特召君耳。」（飾詞亦嫵媚有致）布辭之官。楚人曹丘生，辯士，數招權顧金錢。事貴人趙同等，與竇長君善。（歷舉其生平，所以深病季布之卒為所中也）季布聞之，寄書

聯經出版事業公司校印

戰國時多遊士，皆拱揖於君公之廷，取卿相如探懷而得也。漢興，四海為一，此輩無着落處，遂有曹邱生一輩人出。觀其求書薦引，納賄招權，宛然近世抽豐客矣，乃知此風實始於此，亦可以觀世變也。嗣此而梁園詞客，陳豨後車，接迹於千古矣。

傳末附季心、丁公二人，以季心正陪布之勇，以丁公反映布之忠，皆是極寫季布處。

高祖名為大度而恩仇之際實不能

諫竇長君曰：「吾聞曹邱生非長者，勿與通。」（始則戒人而終不能自禁）及曹邱生歸，欲得書請季布。（早被渠看破病根）竇長君曰：「季將軍不說足下，足下無往。」固請書，遂行。使人先發書，季布果大怒，待曹邱。曹邱至，（季布早入其掌握中，不復以爲意）即揖季布曰：「楚人諺曰『得黃金百斤，不如得季布一諾』，足下何以得此聲於梁楚間哉？（只此一片諛膚，令人不復自持，然季布於此，煞是可笑）且僕楚人，足下亦楚人也。（又引而親之）僕游揚足下之名於天下，顧不重邪？何足下距僕之深也！」（又拓而遠之）季布迺大說，引入，（何遽大悅）留數月，爲上客，厚送之。季布名所以益聞者，（亦復說出一串，與前相應）曹邱揚之也。（不必然也，姑以綰住篇首「有名於楚」故耳）

季布弟季心，氣蓋關中，遇人恭謹，（二語相反而聯筆寫出，乃見俠處）爲任俠，方數千里，士皆爭爲之死。嘗殺人，亡之吳，從袁絲匿。長事袁絲，弟畜灌夫、籍福之屬。（以吳中豪傑聯貫出之，妙；有雲煙之氣）嘗爲中司馬，中尉郅都不敢不加禮。（又以酷吏見憚爲負氣寫照）少年多時時竊籍其名以行。當是時，季心以勇，布以諾，著聞關中。（雙收，極見筆力）

季布母弟丁公，爲楚將。（曰弟、曰母弟，得聯絡之巧，非漫然附見者）丁公爲項羽逐窘高祖彭城西，短兵接，（簡語危情）高祖急，顧丁公曰：「兩賢豈相戹哉！」（急中妙語，妙在不甚可解，故奇耳）於是丁公引兵而還，漢王遂解去。及項王滅，丁公謁見高祖。（可斬在此一謁，儼然賣主求榮之意，亦特與布之逃匿相對）高祖以丁公徇軍中，曰：「丁公爲項王臣不忠，使項王失天下者，迺丁公也。」遂斬丁公。曰：「使後世爲人臣者無效丁公！」（語頗矯強而意甚暢）

欒布者，梁人也。始梁王彭越爲家人時，嘗與布游。（欒布一生大節在哭越一案，故傳即托始於越）窮困，賃傭於

忘，如季布、雍齒，初實欲誅之，以屈於公理而止；又如戞羹小怨而終不忘情於丘嫂，他可知矣。丁公短兵接之時，窘迫可知，雖以讒詞倖免，而怨之者實深，故因其來謁而斬之，其本心未必果責其不忠於項王也。不然，何以不并誅項伯乎？

蒯通以韓信之黨被責，但以桀犬吠堯自明其心；欒布以彭越之黨就刑，獨暢言越之功烈，深明越之心事，及其自言，則又不過君亡與亡，絕無梗避。蓋一則辨士之雄，一則忠臣之義；通志在於免戮，故其詞遜；布本不欲求生，故其語激，不可同日而論也。

齊，爲酒人保。（極敍辛苦，爲保、爲奴，亦暗與季將軍廣柳車相映，凡合傳多有關中襯射之妙）數歲，彭越去之巨野中爲盜，而布爲人所略賣，爲奴於燕。爲其家主報仇，燕將臧荼舉以爲都尉。（以上歷敍窮約，簡而能詳，兩行中有無數事，他人無此筆力）臧荼後爲燕王，以布爲將。及臧荼反，漢擊燕，虜布。梁王彭越聞之，迺言上，請贖布以爲梁大夫。（遙遙相赴，寫得情深）使於齊，未還，漢召彭越，責以謀反，（不直云謀反而但言漢召而責之，句中有眼）夷三族。已而梟彭越頭於雒陽下，詔曰：「有敢收視者，輒捕之。」（特着此詔，明布之非不知而誤冒於死）布從齊還，奏事彭越頭下，祠而哭之。（奇景烈蹟）吏捕布以聞。上召布，罵曰：「若與彭越反邪？吾禁人勿收，若獨祠而哭之，與越反明矣。（亦即強責以罪聲口）趣亨之。」方提趣湯，（寫危急之中，躍躍欲活）布顧曰：「願一言而死。」上曰：「何言？」布曰：「方上之困於彭城，敗滎陽、成皋間，項王所以遂不能西，徒以彭王居梁地，與漢合從苦楚也。（此句妙，蓋彭居梁地與漢合從，本屬友邦，原非臣主）當是之時，彭王一顧，與楚則漢破，與漢而楚破。（一「則」字一「而」字，一虛一實，只易一字耳，奇筆）且垓下之會，微彭王，項氏不亡。天下已定，彭王剖符受封，亦欲傳之萬世。（悽壯之詞）今陛下一徵兵於梁，彭王病不行，而陛下疑以爲反，反形未見，以苛小案誅滅之，臣恐功臣人人自危也。（此皆彭王所欲吐而不及吐之語，代爲暢言，可謂知己矣）彭王已死，臣生不如死，請就亨。」（只此一筆，自明心迹）於是上迺釋布罪，拜爲都尉。（私忌奪於公理）孝文時，爲燕相，至將軍。布迺稱曰：「窮困不能辱身下志，非人也；富貴不能快意，非賢也。」（史公意亦只是發舒窮阨之氣耳，語似慷慨，然不可訓）於是嘗有德者厚報之，有怨者必以法滅之。（益不可訓）吳軍

季布傳娓娓附以數大段，欒布只得哭故主一節，前後皆以簡括語備載始末。蓋前傳雖紆徐而虛，後傳雖簡促而實，此中相生之妙，當意會而不可言傳也。

反時，以軍功封俞侯，復爲燕相。燕齊之間皆爲欒布立社，號曰欒公社。有德於民可知，卻寫得簡甚景帝中五年薨。子賁嗣，季布不詳其卒，欒布幷及其嗣，用世家體，亦變體爲太常，犧牲不如令，國除。

太史公曰：以項羽之氣，而季布以勇顯於楚，見其以勇顯之難，方是眞勇身屢典軍搴旗者數矣，可謂壯士。然被刑戮，爲人奴而不死，何其下也！此贊全就幽辱處寫自己一腔鬱結，所謂借他人酒杯，澆自己塊壘，故獨宛曲盡情彼必自負其材，故受辱而不羞，欲有所用其未足也，故終爲漢名將。賢者誠重其死。爲「有所用其未足」一句在胸中，便幻出一篇充滿文字夫婢妾賤人，感慨而自殺者，非能勇也，其計畫無復之耳。欒布哭彭越，趣湯如歸者，彼誠知所處，不自重其死。特特合傳之意雖往古烈士，何以加哉！

季布傳始末不詳，特深感其為奴不死一節，深服其摧剛為柔一念，便將自己一腔蓬勃，俱要發洩出來。只是贊中「欲有所用其未足也」一句，為一篇報任安書骨子。既有用所未足之言，不得不於其歸漢之後出力渲染，以見其未足之實；然細玩赦布之後，高祖朝既無可見，呂后朝只是折樊噲用兵匈奴一語，文帝朝只是「恐以毀譽窺上」一語，至曹邱面諛，變怒為悅，益復出醜。總之，無一實事可書，而纚纚數百言，讀去卻甚豐茂，此以虛為實之妙也。欒布傳徹始徹終，無事不載，然如吳楚之軍功，燕相之惠澤，俱引而不發，此以實為虛之妙也。此皆古人精意所在，故摘出之。

史記菁華錄卷四終

昔人入貲為官，官乃益貧；今人不官則已，官則倍獲什伯而取償焉。讀此傳及司馬長卿傳，良足以見漢世之輕薄貲郎，猶有忠厚之意也。

利口者，變亂是非之謂。虎圈嗇

史記菁華錄卷五

清　姚祖恩編著

張釋之馮唐列傳

張廷尉釋之者，堵陽人也，字季。有兄仲同居。初敘得落落不自得，與後對看 以訾為騎郎，事孝文帝，十歲不得調，無所知名。釋之曰：「久宦減仲之產，不遂。」欲自免歸。以文帝之賢而猶是，釋之也當其未遇時會，則一無可見人之表見，固有時數耶 中郎將袁盎知其賢，惜其去，乃請徙釋之補謁者。始請未授，且召見之，見文帝慎重官材處 釋之既朝畢，因前言便宜事。文帝曰：「卑之，毋甚高論，二句戒抑之詞 令今可施行也。」此句導其降格陳言 於是釋之言秦漢之間事，則前之所言為三代以上可知 秦所以失而漢所以興者。久之，秦漢事亦多，又注此句，則其言愈約 文帝稱善，此篇數用「久之」字，有意 乃拜釋之為謁者僕射。蓋謁者令乃是官之長 釋之從行，登虎圈。上問上林尉諸禽獸簿，因觀虎圈遂稽各禽獸簿籍 十餘問，尉左右視，盡不能對。實無賴 虎圈嗇夫從旁代尉對上所問禽獸簿甚悉，長句法 欲以觀其能，口對響應無窮者。此後又著許多問，寫出兩下神情俱活 文帝曰：「吏不當如是耶？尉無賴！」亦大見得是，斷語又高甚 乃詔釋之拜嗇夫為上林令。令又在尉之上，故為超遷，有思致 釋之久之，前曰：「陛下以絳侯周勃何如人也？」發問妙，從「久之」二字算出 上曰：「長者也。」又復問：「東陽侯張相如何如人也？」上復曰：「長者。」釋之曰：「夫絳侯、東陽侯稱為長者，此

聯經出版事業公司校印

夫以禽獸簿為職掌，奏對詳明，洵為才吏，豈得以利口斥之？周勅不能對刑名錢轂，猶謂別有主者，上林尉豈得藉口於彼輩耶？按張釋之始進，即言秦所以失，漢所以興者；以此當上意，後參乘徐行，又問秦之敝，具以質言。蓋其胸中獨有一腔革薄從忠、矯枉過正之旨，故於不肯拜嗇夫處，借事發揮，痛言秦之敝。尚文無實，惻隱消亡，誠救時之篤論，而不惜以一夫之進退係天下之盛衰也。須深觀其立意，不當泥其言詞。

漢承秦後，陵寢盛極前古，文帝感釋之之言，後遂成薄葬之令，

兩人言事，曾不能出口，（援此二人作喻，只取易見，其本意不在此，須分別觀之）豈斅此嗇夫諜諜利口捷給哉！且秦以任刀筆之吏，（以下方是移風易俗大主見，然已離卻來龍矣。蓋如謂上林尉不能對者為有惻隱之實，此固三尺童子所不許也）吏爭以亟疾苛察相高，然其敝徒文具耳，無惻隱之實。以故不聞其過，陵遲而至於二世，天下土崩。今陛下以嗇夫口辯而超遷之，臣恐天下隨風靡靡，爭為口辯而無其實。（拜一嗇夫有何奇，正恐相煽成風耳。此誠至論）且下之化上，疾於景響，舉錯不可不審也。」（此又統言之，不止尚口一節）文帝曰：「善。」乃止不拜嗇夫。

上就車，召釋之參乘，（聖主）徐行，問釋之秦之敝。具以質言。（聞陵遲土崩之語默動於中，故又詳問而令其極言之）至宮，上拜釋之為公車令。頃之，太子與梁王共車入朝，不下司馬門，於是釋之追止太子、梁王，無得入殿門。遂劾不下公門不敬，奏之。薄太后聞之，文帝免冠謝曰：「教兒子不謹。」（細書此節，見西京家法之嚴如此，而釋之風力藉以益顯）薄太后乃使使承詔赦太子、梁王，然後得入。文帝由是奇釋之，（文帝賞釋之舊矣，至是始云奇之，見脫穎而出實在此處）拜為中大夫。頃之，至中郎將。從行至霸陵，（漢帝立一年為陵，霸陵即文帝山陵，以近灞水名之）居北臨廁。是時慎夫人從，（邯鄲人）上指示慎夫人新豐道，曰：「此走邯鄲道也。」使慎夫人鼓瑟，上自倚瑟而歌，（因懷生離旋念死別，因念死別遂計無窮，綿綿延延相引而下）意慘悽悲懷，（寫得最入情）顧謂羣臣曰：「嗟乎！以北山石為槨，用紵絮斮陳，蕠漆其間，豈可動哉！」左右皆曰：「善。」釋之前進曰：「使其中有可欲者，雖錮南山猶有郄；使其中無可欲者，雖無石槨，又何戚焉！」（數語大得黃老之精，透極達極）文帝稱善。其後拜釋之為廷尉。（後半篇提綱）

其所利益於當時者多矣。文義與雍門鼓瑟相似，而此更衷之以正也。

預憂發塚之禍，欲為石槨以錮之，癡想亦哀思。

先正謂廷尉爭犯蹕事，至云「方其時，使上立誅之」，則已啓人主憑怒妄殺之端，若律之以宰我戰栗之言，釋之自有餘愧，但渠意徒欲歸重廷尉，故云。然蓋使上以意誅殺，則非廷尉所與聞，不然則有法在，不容撓矣。此與「將在外，君命有所不受」同意，不覺言之太烈，斯輕重失宜耳，勿以辭害意可也。

罪等以順逆為差，謂如兩人所

頃之，上行出中渭橋，有一人從橋下走出，乘輿馬驚。於是使騎捕，屬之廷尉。重頓釋之治問。曰：「縣人來，聞蹕，匿橋下。久之，以為行已過，即出，見乘輿車騎，即走耳。」只是案牘供詞，瑣屑明淨而簡古，漢人文字雖小處絕異於人廷尉奏當，當字與律相符之謂，遂以為成案字目一人犯蹕，當罰金。文帝怒曰兩怒，特以怒字寫釋之執法不畏人主：「此人親驚吾馬，吾馬賴柔和，令他馬，固不敗傷我乎？三馬字如貫珠而廷尉乃當之罰金。」語不完，妙。蓋語不完而神情躍如，若更足一句，神情反減矣。此文章三昧也釋之曰：「法者，天子所與天下公共也。今法如此，而更重之，是法不信於民也。法律名言，萬世不敝且方其時，上使立誅之則已。欲文勢抑揚以盡其意，不免大留語病今既下廷尉，廷尉，天下之平也，一傾，而天下用法皆為輕重，民安所措其手足？許大關係，妙在至確唯陛下察之。」良久，屢用「良久」、「久之」，其味深長上曰：「廷尉當是也。」

其後有人盜高廟坐前玉環，兩事連寫，無一毫排比氣捕得，文帝怒，下廷尉治。此先伏一怒字，為大怒張本釋之案律，盜宗廟服御物者為奏，即「廷尉奏當」、「釋之案律」二句亦必換過，古人真不草草奏當弃市。上大怒曰：「人之無道，乃盜先帝廟器，吾屬廷尉者，欲致之族，而君以法奏之，非吾所以共承宗廟意也。」其言與前又不同，看他怒是怒，大怒是大怒，各有身分釋之免冠頓首謝曰亦加五字：「法如是足也。意與前同而持論益奇且罪等，然以逆順為差。此「順逆為差」真得法精意今盜宗廟器而族之，有如萬分之一，詞氣斟酌，恭順之至假令愚民取長陵一抔土，意謂發掘陵寢也，而語妙可味陛下何以加其法乎？」久之，文帝與太后言之，乃許廷尉當。慎重如此，得敬慎宗廟意是時，中尉條侯周亞夫與梁相山都侯王恬開見釋之持議平，乃結

聯經出版事業公司校印

犯之罪相等，又當揆其情。盜宗廟器物者，尚無得罪於神靈，其情順；盜長陵坏土者，直敢震驚乎體魄，其情逆，故同一盜而又當原情以差等重輕，此制律之精意也。雖然，論情於方制律之時則可，若律既畫一，而又參之以情，則舞文之吏可以意為輕者，亦可以意為重，而奇請他比，將不勝言，此條例之所以日繁也。論法者尚慎旃哉。

馮唐傳只論將一段卓絕千古，遂為立傳。而當其白首郎署，以前無可表見，特將大父與父兩次遷徙寫出一種譪然忠孝家風，更令人咀玩不已，文章之神妙，良非

爲親友。張廷尉由此天下稱之。此數語極濃郁，中有極感慨在內。蓋釋之以入貲爲郎，迴翔十年無所知名，至是已脫穎而出，然必得勳舊大臣延結而後天下稱之也 後文帝崩，景帝立，釋之恐，稱病。欲免去，以劾不下公門故 懼大誅至；欲見謝，則未知何如。二欲字寫意中打算如畫 用王生計，卒見謝，景帝不過也。如此補寫王生小傳，匪夷所思 王生者，善爲黃老言，處士也。提筆 嘗召居廷中，三公九卿盡會立，王生老人，曰：加老人字，嫵媚弄筆 「吾韈解。」顧謂張廷尉：「爲我結韈！」此處似黃石公待子房事 釋之跪而結之。既已，人或謂王生曰：「獨奈何廷辱張廷尉，使跪結韈？」王生曰：「吾老且賤，自度終無益於張廷尉。張廷尉方今天下名臣，吾故聊辱廷尉，此處又似侯生待信陵君事 使跪結韈，欲以重之。」意殊淺陋，蓋黃老之皮毛耳，太史好奇，故必寫之 諸公聞之，賢王生而重張廷尉。張廷尉事景帝歲餘，爲淮南王相，猶尚以前過也。與「景帝不過也」句首尾迴抱，妙 久之，釋之卒。其子曰張摯，字長公，官至大夫，免。以不能取容當世，故終身不仕。有此子大爲張廷尉壯色

馮唐者，其大父趙人。父徙代。敍起無一閑字，入他手則「安陵人」三字足矣。須思 漢興，徙安陵。唐以孝著，唐每言必稱先人，故必伏此筆，最有味 爲中郎署長，事文帝。文帝輦過，問唐曰：「父老，呼起妙，以父老起，以年九十餘舉賢良收，皆有線脈 何自爲郎？家安在？」唐具以實對。文帝曰：「吾居代時，吾尚食監高祛數爲我言趙將李齊之賢，閑閑漫語，而代趙已事恰與馮公祖父關照，無不入扣 戰於鉅鹿下。今吾每飯，意未嘗不在鉅鹿也。父知之乎？」語意深婉，便知胸中有憂匈奴一事 唐對曰：「尚不如廉頗、李牧之爲將也。」引入，閑而緊 上曰：「何

宋子京一流漫然刪潤，自謂簡核者所能夢見也。

古人偶然酬對之文，機局靈警，照應精嚴，雖使後人執管為之，推敲盡日，有不能及者。如武侯隆中之對，淮陰登壇之語，及馮公此段議論，摘來便是絕妙古文。晉唐以下，嗣音寡矣，文推兩漢，豈虛語哉！登壇語即淮陰本傳「請言項王之為人」云云。

以？」唐曰：「臣大父在趙時，（言必稱先，忠孝之意可掬）為官卒將，善李牧。臣父故為代相，（必字字應還，故妙）善趙將李齊，知其為人也。」（此亦約舉其詞，當時必更詳悉，所以文帝深悅）上既聞廉頗、李牧為人，良說，而搏髀曰（描寫深婉）：「嗟乎！吾獨不得廉頗、李牧時為吾將，吾豈憂匈奴哉！」（凡史公描寫太息神情處，必有遠致）唐曰：「主臣！（惶懼之意，以其言直，故以此二字先之）陛下雖得廉頗、李牧，弗能用也。」上怒，起入禁中。良久，召唐讓曰（正是聖主）：「公奈何衆辱我，獨無間處乎？」（其言如家人，妙）唐謝曰：「鄙人不知忌諱。」當是之時，匈奴新大入朝那，殺北地都尉卬。（凡敘事必當補者插入問答中，要有健筆）上以胡寇為意，乃卒復問唐曰：「公何以知吾不能用廉頗、李牧也？」（一步一深惋）唐對曰：「臣聞上古王者之遣將也，（此段洋洋灑灑文字，抵過一篇極妙奏疏）跪而推轂，曰：『閫以內者，寡人制之；閫以外者，將軍制之。軍功爵賞，皆決於外，（歸重此句）歸而奏之。』此非虛言也。（一轉斡入大父言，妙，妙，如聞其聲）臣大父言，李牧為趙將，居邊，軍市之租（凡久屯之軍即有軍市，百貨所集，稅亦隨之）皆自用饗士，賞賜決於外，不從中擾也。（此句意同前。而專言賞賜，是陪筆）委任而責成功，故李牧乃得盡其智能，遣選車千三百乘，彀騎萬三千，百金之士十萬，是以北逐單于，破東胡，滅澹林，西抑強秦，南支韓、魏。當是之時，趙幾霸。（詳寫李牧戰功，所以極為歆動處定不可少）其後，會趙王遷立，其母倡也，（憾遷之聽讒而并微其所出，與齊威王叱嗟「而母婢也」相似，折筆生姿，不可以為閑句）王遷立，乃用郭開讒，卒誅李牧，令顏聚代之。是以兵破士北，為秦所禽滅。今臣竊聞魏尚為雲中守，（是馮唐陳言根柢，却轉得極便）其軍市租盡以饗士卒，私養

漢初文法最苛，功臣列侯所以鮮得自完，馮公此論雖為魏尚言之，實救時之良藥也。至景、武之間，網益密矣，史公備引之而再言其有味，蓋所感者深矣。

觀馮公論將之言，殊有大臣識略而不意其用，篇末累累綴言，絕有慨想深情。

贊語不十分著意，徒取立心之公合嘆之，亦有自悼之微情焉！

錢，五日一椎牛，饗賓客軍吏舍人，（軍租為公費，又別出私錢以備宴會，極言魏尚之賢）是以匈奴遠避，不近雲中之塞。虜曾一入，尚率車騎擊之，所殺甚眾。（以上言魏尚之事，至此略頓住不說完，別插一段議論，文情超軼絕塵至矣）夫士卒盡家人子，起田中從軍，安知尺籍伍符。終日力戰，斬首捕虜，上功莫府，一言不相應，文吏以法繩之。（冒功誠不可縱，妙在說得極辛苦入情，令人憤惋）其賞不行。而吏奉法必用。（二語參差相匹，言大將之賞有不行，而文吏之法則必用，極偏枯可憾也）臣愚，以為陛下法太明，賞太輕，罰太重。且雲中守魏尚（遙接「所殺甚眾」句）坐上功首虜差六級，陛下下之吏，削其爵，罰作之。（方實語正面，回視前文，千巖萬壑矣）由此言之，陛下雖得廉頗、李牧，弗能用也。（只用一句應，文有餘味）臣誠愚，觸忌諱，死罪！死罪！」文帝說。是日（二字妙）令馮唐持節赦魏尚，（即使馮唐又妙，見文帝從諫之勇）復以為雲中守，而拜唐為車騎都尉，主中尉及郡國車士。（結完唐傳，然特詳著其官，言外有餘惜）七年，景帝立，以唐為楚相，免。武帝立，求賢良，舉馮唐。唐時年九十餘，不能復為官，（有餘惜亦復有餘慕）乃以唐子馮遂為郎。遂字王孫，亦奇士，與余善。（特與張釋之子相配成章法）

太史公曰：張季之言長者，守法不阿意；（二語各指一事而意重在前句）馮公之論將率，（同帥）有味哉！有味哉！（贊語亦妙而不盡）語曰：「不知其人，視其友。」二君之所稱誦，可著廊廟。（獨指周勃、東陽、魏尚一事，取其相配也）書曰：「不偏不黨，王道蕩蕩；不黨不偏，王道便便。」張季、馮公近之矣。

何以云張馮列傳，子長有自悼之微情也。曰：漢初文法雖嚴，而上下之情易達，往往有觸禁抵網之餘，局外數言，轉圜立見。故蕭何入獄，王衛尉得以陳言；雍齒見仇，張留侯為之陰釋。下至壺關三老，得明太子之冤；魯國朱家，亦解逋臣之厄。誠以當局者難為說，而納牖者易為功也。方史遷為李陵進說之時，與馮唐稱魏尚何異？乃一言未察，刑禍隨之，而遷可為陵明心迹，誰復為遷頌隱情？此無他，顧忌既多，偏陂頓極，而市遺之交，轉相懲戒而莫之非也。故於贊中特撮出釋之稱長者，馮唐之論將率，嘆其稱誦朋友，為王道公平，可謂極慨想之深情，盡揄揚之能事者矣。

夢囈有應有不應，離離奇奇，可賞可愕，但覺興會淋漓，而不暇致詰其所以然之故，真千年絕調也。

扁鵲倉公列傳

扁鵲者，勃海郡鄭人也，姓秦氏，名越人。少時爲人舍長。（守舍以待館客）舍客長桑君過，扁鵲獨奇之，（神人）常謹遇之。長桑君亦知扁鵲非常人也。出入十餘年，（寫兩人相視莫逆處，不用幻僻語而已入神）乃呼扁鵲私坐，間與語曰：「我有禁方，年老，（加此二字更有情）欲傳與公，公毋泄。」扁鵲曰：「敬諾。」乃出其懷中藥予扁鵲：「飲是以上池之水，（此等事入唐人手便成小說，入漢人手便成文章）三十日當知物矣。」（語深而雅）乃悉取其禁方書盡與扁鵲。忽然不見，殆非人也。（何等幻又何等雅）扁鵲以其言飲藥三十日，視見垣一方人。（隔墻見物）以此視病，盡見五藏癥結，特以診脉爲名耳。（總挈靈奇，語益軀俊）爲醫或在齊，或在趙。（二句總括始末）在趙者名扁鵲。（點明始）當晉昭公時，諸大夫彊而公族弱，（閑句亦不苟）趙簡子爲大夫，專國事。（此句俱從強弱句生來）簡子疾，五日不知人，大夫皆懼，於是召扁鵲。扁鵲入視病，出，董安于問扁鵲，扁鵲曰：「血脉治也，而何怪！（一句答完，鏗然有韻）昔秦穆公嘗如此，七日而寤。（此段幻極，不可以常理致詰）寤之日，告公孫支與子輿曰：『我之帝所甚樂。吾所以久者，適有所學也。（章法呼應，自成一篇小文字。左氏、國策俱無此丰韻，眞乃妙迹如生）帝告我：「晉國且大亂，五世不安。其後將霸，未老而死。（說得整緻而不見堆垛，故佳）霸者之子，且令而國男女無別。」』（語妙，若僅示敗亂宣淫，則無味矣）公孫支書而藏之，秦策於是出。夫獻公之亂，文公之霸，而襄

扁鵲治虢太子一事，當是實錄，故敍其問答之詳、病症之源流、療治之方略，以至前有中庶子之辨折，後有生死人之傳聞，無不如掌上螺紋，細細寫出。他若簡子夢游之荒怪，桓侯諱疾之餘文，皆借作一篇結構，所以助文章之波瀾，當別具隻眼以分別觀之也。

公敗秦師於殽而歸縱淫，此子之所聞。今主君之病與之同，不出三日必間，間必有言也。」（虛虛實實卻在箇中）居二日半，（應不出三日）簡子寤，語諸大夫曰：「我之帝所甚樂，（章法）與百神遊於鈞天，廣樂九奏萬舞，不類三代之樂，其聲動心。（無端夢囈，卻說得如此興會；又在醫士傳中見之，眞乃異樣文章）有一熊欲援我，帝命我射之，中熊，熊死。（不必有徵應而文與事皆可喜）有羆來，我又射之，中羆，羆死。帝甚喜，賜我二笥，皆有副。吾見兒在帝側，帝屬我一翟犬，曰：『及而子之壯也以賜之。』帝告我：『晉國且世衰，（章法）七世而亡。嬴姓將大，（此所謂晉國者，通趙而言之，嬴姓指秦）敗周人於范魁之西，而亦不能有也。』」（此則趙亡之讖，舊註皆悞。◎指秦二世而亡，亦可）董安于受言，書而藏之。以扁鵲言告簡子，簡子賜扁鵲田四萬畝。（扁鵲名醫，而首段顧類卜筮者言，亦奇）

其後扁鵲過虢。虢太子死，扁鵲至虢宮門下，（於趙齊之外別插虢事。按：虞虢之滅在晉獻公時，至趙簡子世，虢亡久矣，此必有悞也）問中庶子喜方者曰：「太子何病，國中治穰（禳通，蓋禳禱求生是新死未收時事）過於衆事？」中庶子曰：「太子病血氣不時，交錯而不得泄，暴發於外，則為中害。（有此數語，上方倒插「喜方者」三字，此文密處）精神不能止邪氣，邪氣畜積而不得泄，是以陽緩而陰急，故暴蹷而死。」（論亦明白，故扁鵲聞言即知其病之狀）扁鵲曰：「其死何如時？」曰：「雞鳴至今。」曰：「收乎？」曰：「未也，其死未能半日也。」「言臣齊勃海秦越人也，家在於鄭，未嘗得望精光侍謁於前也。（從容之中自具驚人意態，寫來入神）聞太子不幸而死，臣能生之。」（鑿然，妙）中庶子曰：「先生得無誕之乎？何以言太子可生也！臣聞上古之時，（又應喜方本領）醫有俞

皆神醫刮剖療治手段，其言古雅，當以意會，不必求甚解也。

越人論病，只宗主陰陽二字，便是超絕一世之解，詳味其理即可通，於太極圖說及箕疇律歷之文也，勿僅以方伎待之。

醫經陳語，每苦於數見不鮮，又悶眩難解，經太史筆轉成精瑩奧衍之文，即豈但市肆券籍，點綴而成妙文哉。

跗，治病不以湯液醴灑，（飲散之屬）鑱石撟引，案扤毒熨，（針砭之屬）一撥見病之應，（正是洞見癥結處）因五藏之輸，乃割皮解肌，訣脈結筋，搦髓腦，揲荒爪幕，湔浣腸胃，漱滌五藏，練精易形。先生之方能若是，則太子可生也；（可見自知藝薄，亦非謂太子必不可生也）不能若是而欲生之，曾不可以告咳嬰之兒。」終日，（詞氣未畢，轉有風神）扁鵲仰天嘆曰：「夫子之為方也，若以管窺天，以郄視文。越人之為方也，不待切脈望色聽聲寫形，（此六字至精）言病之所在。聞病之陽，論得其陰；聞病之陰，論得其陽。（正應陽緩陰急之說，非空言也）病應見於大表，不出千里，決者至衆，不可曲止也。（言病應至近，非若千里之遙遠難徵，不可以偏曲之見泥也）子以吾言為不誠，試入診太子，當聞其耳鳴而鼻張，循其兩股以至於陰，當尚溫也。」（可謂知病之所在，先與一個左證）中庶子聞扁鵲言，目眩然而不瞚，舌撟然而不下，（只此等數句似褚少孫累墨耳）乃以扁鵲言入報虢君。虢君聞之，大驚，出見扁鵲於中闕，曰：「竊聞高義之日久矣，然未嘗得拜謁於前也。（亦與「未嘗得望見精光」二句相應）先生過小國，幸而舉之，偏國寡臣幸甚。有先生則活，無先生則棄捐塡溝壑，長終而不得反。」（語勢連綿，寫得哀迫之情如畫）言未卒，因噓唏服臆，魂精泄橫，流涕長潸，忽忽承睞，悲不能自止，容貌變更。（此等筆墨，褚少孫固不能為，史遷亦不甚似。疑古史舊文，史遷所据入者）扁鵲曰：「若太子病，所謂『尸蹷』者也。夫以陽入陰中，動胃繵緣，中經維絡，（動於胃而脈糾結）別下於三焦、膀胱，（是陽入陰之正義）是以陽脈下遂，陰脈上爭，會氣閉而不通，陰上而陽內行，下內鼓而不起，上外絕而不為使，上有絕陽之絡，下

虢太子之死而致生之者也，齊桓侯之生而致死之者也。致生者，越人之功；致死者，非越人之咎。兩事連寫，警醒憒憒多矣。

熨法古有之，今但有灸。

嘗聞疾自內而達者，在本而難治；疾在外而感者，在標而易攻。今扁鵲視桓公之疾，由外而入於內，而當其感於腠理血脈，不覺其患苦之形，何也？恐亦寓言十九，非如虢太子之實事成文也歟？

有破陰之紐，（分晰下墜上爭之狀，精奧辨達，得未曾有）破陰絕陽之色已廢，脈亂，故形靜如死狀。太子未死也。（此即死狀，先提在此，下乃點破）夫以陽入陰支蘭藏者生，（支，直節；蘭，橫節，膽臟也）以陰入陽支蘭藏者死。（取知其不死，只在陰陽順逆中辨之）凡此數事，皆五藏蹷中之時暴作也。良工取之，（取字有庖丁解牛之妙）拙者疑殆。」扁鵲乃使弟子子陽厲鍼砥石，以取外三陽五會。（取者，引之使出，不陷入於陰中也）有間，太子蘇。乃使子豹爲五分之熨，以八減之齊（劑同）和煮之，以更熨兩脅下。太子起坐。更適陰陽，（四字冒二句之湯藥在內）但服湯二旬而復故。故天下盡以扁鵲爲能生死人。（謂生已死之人）扁鵲曰：「越人非能生死人也，此自當生者，越人能使之起耳。」（拈破眞諦，醫工所不肯道）

扁鵲過齊，齊桓侯客之。（當趙簡子之時，齊亦無桓侯，此皆傳寫之誤）入朝見，曰：「君有疾在腠理，（皮肉交會處）不治將深。」桓侯曰：「寡人無疾。」扁鵲出，桓侯謂左右曰：「醫之好利也，欲以不疾者爲功。」（非桓侯愎傲，實此輩良多，故悞之耳）後五日，扁鵲復見，曰：「君有疾在血脈，不治恐深。」桓侯曰：「寡人無疾。」扁鵲出，桓侯不悅。（變化亦入情）後五日，扁鵲復見，曰：「君有疾在腸胃間，不治將深。」桓侯不應。扁鵲出，桓侯不悅。後五日，扁鵲復見，望見桓侯而退走。桓侯使人問其故。扁鵲曰：「疾之居腠理也，湯熨之所及也；在血脈，鍼石之所及也；其在腸胃，酒醪之所及也；其在骨髓，雖司命無奈之何。（吾知此時桓侯猶以爲危言劫之，故漠然尚不以爲意）今在骨髓，臣是以無請也。」後五日，桓侯體病，使人召扁鵲，扁鵲已逃去。桓侯遂死。

使聖人豫知微，能使良

舊註以下「所病」作癥病解，固謬；而董潯陽以為下「所病」言短，借上句病字言之，亦未徹。愚謂句中既有疾字，則二病字並非正言，猶云人之所患，患在疾病多；而醫之所患，患在治病之道少耳。

淳于意當時自有其詔問奏對之書，太史因取而刪潤之，以為列傳，此亦古文家一體也。然此等文字全在自出手眼，刪潤得妙，便有點鐵成金之譽，若宋子京輩，徒知減字換字，則大非作手也。

醫得蚤從事，則疾可已，身可活也。此語通乎治術，寓意甚深，不僅為醫藥言之 人之所病，病疾多；而醫之所病，病道少。故病有六不治：此承「人之所病，病疾多」而晰舉之 驕恣不論於理，一不治也；輕身重財，二不治也；特以此終桓侯病事，意重驕恣不論於理及輕身重財，故舉以為不治之首，而下遂類言之，亦諷諫之旨也 衣食不能適，三不治也；陰陽并，藏氣不定，四不治也；形羸不能服藥，五不治也；信巫不信醫，六不治也。有此一者，則重難治也。

扁鵲名聞天下。過邯鄲，聞貴婦人，即為帶下醫；市名耶？漁利耶？此中頗開後人方便之門，此其所以終不離乎方術家伎倆也 過雒陽，聞周人愛老人，即為耳目痺醫；來入咸陽，聞秦人愛小兒，即為小兒醫；隨俗為變。秦太醫令李醯，自知伎不如扁鵲也，使人刺殺之。此一禍也，豈不從爭名爭利得來 至今天下言脈者，由扁鵲也。

太倉公者，齊太倉長，官名 臨菑人也，里名 姓淳于氏，名意。少而喜醫方術。高后八年，更受師同郡元里公乘陽慶。官名、人名 慶年七十餘，無子，使意盡去其故方，更悉以禁方予之，若不盡去其故方亦不足傳也，此有英雄作用，非苟然者 傳黃帝、扁鵲之脈書，五色診病，知人死生，決嫌疑，定可治，及藥論，甚精。受之三年，為人治病，決死生多驗。然左右行遊諸侯，不以家為家，寫得落拓有趣味，方術家高手多如此 或不為人治病，病家多怨之者。告言刑罪之由 文帝四年中，人上書言意，以刑罪當傳西之長安。意有五女，隨而泣。此自為緹縈附傳，不復關倉公事 意怒，罵曰：「生子不生男，緩急無可使者！」於是少女緹縈傷父之言，乃隨父西，上書曰：「妾父為

倉公即名醫，然以天子而緦緦詔問，極其瑣屑，殊覺無謂。意者，當時史公旣立天官、卜筮等傳，欲為醫方立傳而不得其詳，故請詔存問，俾其更端陳奏，以為立傳之據，旣見其奏書古雅，因即裁蒭成文，而復取春秋時之扁鵲以附益其前耶？先輩未有論及者，特附鄙見於此，以俟智者折衷焉。

奏對中能如此宛轉古雅，奇絕千古。

自此以下詳答受學幾何歲，及當有所驗之總旨。

吏，齊中稱其廉平，（此文可以單傳，特於意傳見耳）今坐法當刑。妾切痛死不可復生，而刑者不可復續，（哀惻忼慨）雖欲改過自新，其道莫由，終不可得。（纏綿沈痛）妾願入身為官婢，以贖父刑罪，使得改行自新也。」書聞，上悲其意，此歲中亦除肉刑法。（文帝眞聖主，後世有以一女子上書，感當宁者乎）

意家居，詔召問所為治病死生驗者幾何人？主名為誰？（先挈其大旨，再敍詔書）詔問故太倉長臣意：「方伎所長，（漢文爾雅，繁而不殺，無不可愛）及所能治病者，有其書無有？皆安受學？受學幾何歲？嘗有所驗，何縣里人也？何病？醫藥已其病之狀皆何如？具悉而對。」

臣意對曰：（竟用制策體成一篇妙文）「自意少時，喜醫藥，（奇甚）醫藥方試之多不驗者。（從「方伎所長」說入）至高后八年，得見師臨菑元里公乘陽慶。（答「安受學」）慶年七十餘，意得見事之。謂意曰：『盡去而方書，非是也。（補前文，語尤妙）慶有古先道遺傳黃帝、扁鵲之脈書，（答「有其書」）五色診病，知人生死，決嫌疑，定可治，及藥論書，甚精。我家給富，心愛公，欲盡以我禁方書悉教公。』臣意即曰：『幸甚，非意之所敢望也。』臣意即避席再拜謁，受其脈書上下經、（以下七種皆當時所受之書，今或傳或不傳，不必強為之說也）五色診、奇咳術、揆度陰陽外變，藥論、石神、接陰陽禁書，受讀解驗之，可一年所。明歲即驗之，有驗，（旋讀、旋解、旋試驗）然尚未精也。要事之三年所，即嘗已為人治診病，決死生，有驗，精良。（不但驗之而術且精良）今慶已死十年所，臣意年盡三年，年三十九歲也。（時文帝後三年，言盡今年則為三十九歲，古人論齒，必終年乃謂增一歲也）

【以後備列醫案，無甚峻潔，俱不復錄。】

聯經出版事業公司校印

敘魏其事須看其段段與武安針鋒相對，豫爲占地步處。

田蚡藉太后之勢以得侯，魏其詘太后之私以去位，此一大異也。田蚡貴幸，鎮撫多賓客之謀；魏其賜環，投身赴國家之難，此二大異也。田蚡居丞相之位，不肯詘於其兄；魏其受大將之權，必先進乎其友，此三大異也。田蚡之狗馬玩好，偏徼郡國而未厭其心；魏其之賜金千斤，盡陳廊廡而不私於己，此四大異也。魏其以強諫謝病，賓客說之莫來；田蚡

魏其武安侯列傳

魏其侯竇嬰者，孝文后從兄子也。父世觀津人，喜賓客。（一篇骨子陡插於此，奇甚）孝文時，嬰爲吳相，病免。（豫伏薄其官）孝景初即位，爲詹事。梁孝王者，孝景弟也，其母竇太后愛之。（即孝文后）梁孝王朝，因昆弟燕飲。（昆弟燕飲者，蓋用家人禮，故嬰亦得侍宴）是時上未立太子，酒酣，從容言曰：「千秋之後傳梁王。」（原只作閑話頭，然此一段已伏「諸竇無如嬰賢」之根本）太后驩。竇嬰引卮酒進上，曰：（妙，如罰之者然）「天下者，高祖天下，父子相傳，此漢之約也，上何以得擅傳梁王！」（其辭正而少回護，魏其生平大畧可見）太后由此憎竇嬰。竇嬰亦薄其官，因病免。（寫不肯依毗宮闈處極有身分）太后除竇嬰門籍，不得入朝請。孝景三年，吳楚反，上察宗室諸竇毋如竇嬰賢，（起自宸衷獨斷，有身分）乃召嬰。嬰入見，固辭謝病不足任。（與薄其官自相呼應）（久屈而氣不衰，有身分）太后亦慚。於是上曰：「天下方有急，王孫寧可以讓邪？」（以天下委之，並非出於私恩）乃拜嬰爲大將軍，賜金千斤。嬰乃言袁盎、欒布諸名將賢士在家者進之。（甫得進位即推賢進能，大有身分）所賜金，陳之廊廡下，軍吏過，輒令財取爲用，金無入家者。（魏其不必果以軍功進，特於虛處設色，所以極寫魏其也）竇嬰守滎陽，監齊趙兵。七國兵已盡破，封嬰爲魏其侯。（三句檃括，明明謂嬰之得侯以奮迹戎行，與武安絕殊也）諸游士賓客爭歸魏其侯。（帶住賓客，有針線）孝景時，每朝議大事，條侯、魏其侯，諸列侯莫敢與亢禮。（魏其之盛至此爲極，又特引一賢侯作伴，則盛處皆覺可思）孝景四年，立栗太子，（栗姬之子，以母姓名之）使魏其侯爲太子傅。孝景七

以怙勢見疎，人主魔之不去，此五大異也。凡此之類，皆史公著意推轂魏其，以深致痛惜之情；而田蚡之不值一錢，亦俱於反照處見之矣。

魏其賢侯也，惟勘不破勢利關頭，因而忽爲所動，而不能自持，又欲矯激爲高，而或過於正，此正景帝所謂多易者。

寫魏其、武安或合或分處，經緯之妙，全在賓上歷然，當細辨之。

合傳曲直了然易辨，然吾不能不責備於魏其也。魏其以外戚名臣，喜士好客，當吳楚告警之際，少著軍功，

年，栗太子廢，魏其數爭不能得，（亦必爲占身分）魏其謝病，（至此凡三以病免，皆極寫其恬退以致惜）屏居藍田南山之下數月，諸賓客辯士說之，莫能來。（又帶賓客）梁人高遂乃說魏其曰：「能富貴將軍者，上也；能親將軍者，太后也。（主意只如此，初無異論）今將軍傅太子，太子廢而不能爭；爭不能得，又弗能死。（此四句並非責望魏其仗節死義，只作親貴陪客，味之自曉）自引謝病，擁趙女，屏閒處而不朝。（此三句是其不能自親，引過正旨）相提而論，（雙承入妙）是自明揚主上之過。有如兩宮螫將軍，則妻子毋類矣。」（只如患失俗情要之，魏其本沾沾自喜，故爲所動）魏其侯然之，乃遂起，朝請如故。（此後魏其蹉跌便多）桃侯免相，竇太后數言魏其侯。孝景帝曰：「太后豈以爲臣有愛，不相魏其？魏其者，沾沾自喜耳，（景帝言條侯怏怏，魏其沾沾自喜，皆中切二人之病）多易。難以爲相，持重。」遂不用，用建陵侯衛綰爲丞相。

武安侯田蚡者，孝景后同母弟也，生長陵。魏其已爲大將軍，後（即從魏其串入）方盛，蚡爲諸郎，未貴，往來侍酒魏其，跪起如子姓。（特先寫其底裡，爲後之驕貴伏案，令人不堪）及孝景晚節，蚡益貴幸，爲太中大夫。蚡辯有口，（此語直至東朝辨灌夫事處應出）學槃盂諸書，王太后賢之。孝景崩，即日太子立，稱制，所鎮撫多有田蚡賓客計筴。（此非寫田蚡之功，正著其攬權之漸）蚡弟田勝，皆以太后弟，孝景後三年，封蚡爲武安侯，勝爲周陽侯。（徒以椒房之故得侯，與魏其監齊趙兵破七國對看）武安侯新欲用事爲相，卑下賓客，進名士家居者貴之，欲以傾魏其諸將相。（同一好客進賢，用兩「欲」字寫其心事，遂與進盎、布等大別）建元元年，（孝武朝）丞相綰病免，上議置丞相、太尉。籍福說武安侯曰：（籍福亦錚錚佼佼者，不惟善作調人，兼亦深明世故）「魏其貴久矣，天

及嗣君初政之年，循資爰立，一有不合，抑亦可以止矣；乃屢欲出沒於炎涼之隊，飽嘗夫勢利之情，反己難堪，責人太甚，又與使酒尚氣之灌夫共事，則未有不載胥及溺者矣。蓋竇、田一傳，事緒雖多，約而論之，不過為勢利所驅而已，史公寫來，纖悉具備，而前後線索，亦只在勢利着眼，所以明其所爭者甚微，而為禍最烈，使後世沾沾多易之人失其所與而自貽伊戚者，讀之而早知所以自戢也。

魏其傳有三事：諫傳梁王之失言也，監兵討吳楚也，諫廢太子

下士素歸之。今將軍初興，未如魏其，即上以將軍為丞相，必讓魏其。魏其為丞相，（其意似為魏其地，若作教武安博讓賢名，未是）將軍必為太尉。太尉、丞相尊等耳，（曉人當如是）又有讓賢名。」武安侯乃微言太后風上，（不能明言於上而惟於私昵巧發，蓋寫田蚡筆筆輕薄）於是乃以魏其侯為丞相，武安侯為太尉。籍福賀魏其侯，因弔曰：（此番有大見識，其意正與景帝「多易」之語相發）「君侯資性喜善疾惡，方今善人譽君侯，（自謂也，却不露出，益見其人品之高）故至丞相；然君侯且疾惡，惡人衆，亦且毀君侯。（此明指田蚡。或以善人指蚡，惡人他屬者，不得其立言之微旨者也）君侯能兼容則幸久；不能，今以毀去矣。」魏其不聽。魏其、（合敍一段）武安俱好儒術，推轂趙綰為御史大夫，王臧為郎中令。迎魯申公，欲設明堂，令列侯就國，除關，以禮為服制，以興太平。（興太平一段是陪，然必魏其之謀，武安順之而已）舉適諸竇宗室毋節行者，除其屬籍。（此句是主，應上文「疾惡，惡人衆」語）時諸外家為列侯，列侯多尚公主，皆不欲就國，以故毀日至竇太后。（明應毀字）太后好黃老之言，而魏其、武安、趙綰、王臧等（總敍，筆力甚大）務隆推儒術，貶道家言，是以竇太后滋不悅魏其等。及建元二年，御史大夫趙綰請無奏事東宮。（此東宮指太后，以武帝尚幼時，太后稱制決事）竇太后大怒，乃罷逐趙綰、王臧等，而免丞相、太尉，以柏至侯許昌為丞相，武彊侯莊青翟為御史大夫。（罷太尉官，別置御史大夫）魏其、武安由此以侯家居。（二人同退）武安侯雖不任職，（獨接武安，筆力矯健之甚）以王太后故，親幸，數言事多效，天下吏士趨勢利者，（只添一二字，盡出其醜）皆去魏其歸武安。武安日益橫。（以上是總綱）建元六年，竇太后崩，丞相昌、御史大夫青翟坐喪事不

也。武安傳亦有三事：風太后以相魏其因以自重也，薦人除吏也，請考工地益宅也。君子小人心事天淵，此皆其自己本傳，至其他兩人串合處，則不煩言而明矣，故當分看以盡其理。

此傳三人皆有疵病：嬰之病在多易，而大節殊可觀；夫之病在使氣，而任俠亦可尚；至田蚡之病，實不過怙勢恣驕、紈絝小兒習氣。使兩人善於馴擾之而不犯其犬牙嬲尾之毒，蚡固不必有害人之心者也。史公惟痛惡田蚡，故敘三人疵病處，嬰與夫皆用好醜夾敘之法，而蚡則用加倍渲染之法，遂使蚡之惡一望無盡，彼二人之病

辦，免。以武安侯蚡爲丞相，以大司農韓安國爲御史大夫。天下士郡諸侯愈益附武安。 再言之，加郡國諸侯而蚡之陰事已伏於此 武安者，貌侵，生貴甚。 忽另提起，似閑筆而文致大佳 又以爲諸侯王多長，上初即位，富於春秋，蚡以肺腑爲京師相，非痛折節以禮詘之，天下不肅。 小人怙勢，肺腑寫得可畏可恨 當是時， 上虛寫一段，此實徵一段 丞相入奏事，坐語移日，所言皆聽。薦人或起家至二千石，權移主上。上乃曰：「君除吏已盡未？吾亦欲除吏。」 妙語，武帝何如主而可令其蓄怒如此乎？蚡之倖免誅戮，實仗太后卵翼之，餘無一能，可知也 嘗請考工地益宅，上怒曰：「君何不遂取武庫！」是後乃退。嘗召客飲，坐其兄蓋侯南鄉，自坐東鄉，以爲漢相尊，不可以兄故私橈。武安由此滋驕， 接「是後乃退」句，卻更舉其驕蹇，乃見小人之侈肆無狀，無所往而不然者也 治宅甲諸第。田園極膏腴，而市買郡縣器物相屬於道。前堂羅鍾鼓，立曲旃；後房婦女以百數。 歷舉其罪狀，前後皆有照應 諸侯奉金玉狗馬玩好，不可勝數。 此句暗綰淮南王在內

魏其失竇太后，益疏不用；無勢，諸客稍稍自引而怠傲， 重提魏其失勢，接入灌夫中，有無數頭緒一齊綰結在內，非尋常過渡之法 惟灌將軍獨不失故。魏其日默默不得志，而獨厚遇灌將軍。

灌將軍夫者，潁陰人也。夫父張孟，嘗爲潁陰侯嬰舍人，得幸，因進之至二千石，故蒙灌氏姓爲灌孟。吳楚反時，潁陰侯灌何爲將軍，屬太尉，請灌孟爲校尉。夫以千人與父俱。 細密 灌孟年老，潁陰侯彊請之，鬱鬱不得意，故戰常陷堅，遂死吳軍中。 以老不欲出而鬱鬱不自得，則宜其縮胸選懦矣，乃反以陷堅趨死，是其負氣忼慨，可知夫固綽有父風者也 軍法，父子俱從軍，有死事，得與喪歸。灌

隱躍難知。此皆筆墨褒貶之妙，然吾以為灌夫之病，不能勝其賢也。

灌夫圖報父仇，冒死不顧，其中直無一毫打算，而其終身處己待人處，亦不用一毫打算，此皆取死之道也。然死於忤田蚡，誠不若死於走吳壁矣。惜哉！

夫不好面諛，似矣；而在己之右者必欲陵之，此何理也！夫此處正與酷吏作用同符，矯枉過正，自禍厥軀，良不足法。

夫不肯隨喪歸，（出色矯拔）奮曰：「願取吳王若將軍頭以報父之仇。」（忠孝之氣勃窣而橫起）於是灌夫被甲持戟，（先寫披甲持戟，則下一段俱是直前無滯之景、不及轉矚之情矣。寫生妙手）募軍中壯士所善願從者數十人。及出壁門，莫敢前。獨二人及從奴十數騎，（眞奇絕之事）馳入吳軍，至吳將麾下，所殺傷數十人。不得前，復馳還，走入漢壁，（寫得灌將軍矯如游龍，便是項王鉅鹿一戰身分）皆亡其奴，獨與一騎歸。（若盡亡其騎，轉傳見戲，正妙在獨與一騎歸耳）夫身中大創十餘，適有萬金良藥，故得無死。夫創少瘳，又復請將軍曰：（便知其非偶然憤怒之氣，方是忠孝本領）「吾益知吳壁中曲折，請復往。」將軍壯義之，恐亡夫，乃言太尉，太尉乃固止之。（寫將軍、太尉交愛，夫之忠勇愈著）吳已破，灌夫以此名聞天下。（全傳出色在此，故不惜極揚之）潁陰侯言之上，上以夫爲中郎將。數月，坐法去。後家居長安，長安中諸公莫弗稱之。（再提「名聞天下」公案一筆）孝景時，至代相。孝景崩，今上初即位，以爲淮陽天下交，勁兵處，故徙夫爲淮陽太守。（仍從名聞天下處得來）建元元年，入爲太僕。二年，夫與長樂衞尉竇甫飲，輕重不得，夫醉，搏甫。（先寫一小小使酒樣子於此）甫，竇太后昆弟也。上恐太后誅夫，徙爲燕相。（使酒人卻能使大臣、人主交愛如此，故妙）數歲，坐法去官，家居長安。灌夫爲人剛直，使酒，不好面諛。貴戚諸有勢在己之右，不欲加禮，必陵之；諸士在己之左，愈貧賤，尤益敬，與鈞。稠人廣衆，薦寵下輩。士亦以此多之。（總寫生平處，能使瑕瑜不相掩，而令人讀之畢竟多愛其瑜而恕其瑕，此則筆妙使然也）夫不喜文學，好任俠，（夫之得禍，正坐不學無術耳）已然諾。諸所與交通，無非豪桀大猾。（一寫賓客之豪）家累數千萬，食客日數十百人。（再寫賓客之多）陂池田園，宗族賓

極寫灌夫家居之暴橫，三提賓客，所以力為灌夫出脫也。

失勢而不肯引退，喜與貴人游，則其受薄於人，必至之理也；以失勢之人，又不忍受人輕薄而樂與之爭；必敗之勢也；既不能推剛為柔，樂觀時變，又往往色厲內荏，不脫俗情，必窮之術也。讀史公此傳而悟所以處世之方，惟當責魏其、灌夫，而何暇責武安矣。

客爲權利，橫於潁川。三寫賓客之橫 潁川兒乃歌之曰：「潁水清，灌氏寧；潁水濁，灌氏族。」引此豈無意哉！夫之得禍有由，豈惟田蚡能殺之 灌夫家居雖富，然失勢，卿相侍中賓客益衰。及魏其侯失勢，兩失勢相應成局 亦欲倚灌夫引繩批根生平慕之後弃之者。魏其假灌夫以形他人之薄，一團私意 灌夫亦倚魏其而通列侯宗室爲名高。灌夫又假魏其以交通權貴，一發無謂，眞知進而不知退，知存而不知亡者 兩人相爲引重，其游如父子然。相得驩甚，無厭，恨相知晚也。

灌夫有服，偏寫得恁地濃至 過丞相。丞相從容曰：「吾欲與仲孺過魏其侯，會仲孺有服。」此蓋逆料其必以服爲辭，故意虛討好，實無意行也 灌夫曰：「將軍乃肯幸臨況魏其侯，夫安敢以服爲解！何說此？乃與剛直負氣處大不同，眞不足取 請語魏其侯帳具，將軍旦日蚤臨。」武安許諾。一發多事，驕蹇小人之前出此勢利語，武安蓋有以窺其微而薄之矣 灌夫具語魏其侯如所謂武安侯。健句 魏其與其夫人益市牛酒，夜灑掃，早帳具，一團勢利俗腸，然不得謂非灌夫誤之 至旦。平明，令門下候伺。至日中，丞相不來。瑣事寫得入情如許 魏其謂灌夫曰：「丞相豈忘之哉？」大掃興 灌夫不懌，曰：「夫以服請，宜往。」更多事 乃駕，自往迎丞相。丞相特前戲許灌夫，殊無意往。小人口吻，肺腑皆見 及夫至門，丞相尚臥。過意形容 於是夫入見，曰：「將軍昨日幸許過魏其，魏其夫妻治具，自旦至今，未敢嘗食。」武安愕，謝曰：「吾昨日醉，忽忘與仲孺言。」乃駕往，此自小人常態，武安於此原不足多責 又徐行，此徐行從灌夫眼中看出 灌夫愈益怒。及飲酒酣，夫起舞屬丞相，丞相不起，夫從坐上語侵之。忽慢忽恭，無一而可 魏其乃扶灌夫去，謝丞相。丞相卒飲至夜，盡驩而去。此句極寫得奸雄性情出，雖百世可知也 丞相嘗使籍福請魏

小人有小人之才，看武安自灌夫出「將軍乃肯幸臨既魏其」云云數語，早已窺破兩人底裏，以後全不為意矣。許往而高臥，命駕而徐行，起舞而不答，請田而無忌，種種揶揄，視同几肉，而兩人曾不悟也，可不哀乎！

前武安本無意過魏其，而灌夫多事強為撮合，遂為結怨之始；今灌夫本不欲過武安，而魏其又多事強拉之往，而竟成貫禍之媒，此兩人相牽相負處，正復相當。大抵皆有婞直之容，而中無堅忍之志，以此處世，無一而可。惜哉，一念之浮，決裂遂至於此也。

其城南田。（漸逼，妙）魏其大望曰：「老僕雖弃，將軍雖貴，寧可以勢奪乎！」（仍從勢利起見）不許。灌夫聞，怒，罵籍福。（罵得不當）籍福惡兩人有郄，乃謾自好謝丞相曰：（蓋自謂未往請也）「魏其老且死，易忍，且待之。」已而武安聞魏其、灌夫實怒不予田，（錯雜，妙）亦怒曰：「魏其子常殺人，蚡活之。（可知前所以請，實有挾而求）蚡事魏其無所不可，何愛數頃田？（小人聲口如繪）且灌夫何與也？吾不敢復求田。」（實是）武安由此大怨灌夫、魏其。（凡用多少曲折，寫成此句）元光四年春，丞相言：「灌夫家在潁川，橫甚，民苦之。請案。」上曰：「此丞相事，何請？」灌夫亦持丞相陰事，為姦利，受淮南王金與語言。（先伏此一段，則下文之「怒發之」不嫌其暴。下文之質辨出之，各有其因，而淮南語言一事，直貫至傳末，此刻意經營處）賓客居間，遂止，俱解。夏，丞相取燕王女為夫人，有太后詔，（偏是太后詔，此下半篇眼目，俱以太后作主）召列侯宗室皆往賀。魏其侯過灌夫，欲與俱。（更屬多事之極）夫謝曰：「夫數以酒失，得過丞相，丞相今者又與夫有郄。」（夫此處自知未嘗不明）魏其曰：「事已解。」強與俱。（何所見而為此，欲藉此求親厚耶？多事之極）飲酒酣，武安起為壽，坐皆避席伏。（此段寫勢利之態令人作惡，眞敍事神品）已魏其侯為壽，獨故人避席耳，餘半膝席。灌夫不悅。（伏一筆，凡敍事必隱隱隆隆而起）起行酒，至武安，武安膝席曰：「不能滿觴。」（實輕之也，然頗蘊藉）夫怒，因嘻笑曰：（一怒一笑，活畫欲發不得發之狀）「將軍貴人也，屬之。」時武安不肯。行酒次至臨汝侯，（亦輕之，故不時見夫，及至前，則又不膝席）臨汝侯方與程不識耳語，又不避席。夫無所發怒，乃罵臨汝侯曰：（詩甚）「生平毀程不識不直一錢，（蓋臨汝侯生平嘗有此毀，夫蓋訐其私而刺之，故謂之罵臨汝侯，並非罵程不識也）今日長者為壽，乃效女

發怒於杯酒之間，而賓客居間者遂莫能挽，要見田蚡積怒於灌夫，向之罷手，徒以陰事恐為所告，故姑忍以俟之耳。兩人不知，自投陷阱，觀其先繫灌夫，又分捕灌氏支屬，而後以大罪劾之，所以絕其告密之門，則殺之而不已者矣。蚡固奸人之雄，豈二子所能及耶？敘煩重之事而筆徑輕清、情詞兩活，此非細故也，全要得避就之妙。如東朝一辨，言甚多矣，然先將魏其、武安之言虛敘一番，此是點清主腦法；然後用田蚡自己口中，表出魏其所言丞相之短，借韓安國口中，代宣出田、賓二人所言灌夫長短，俱是

兒呫囁耳語！」武安謂灌夫曰：「程李俱東西宮衛尉，今衆辱程將軍，仲孺獨不爲李將軍地乎？」（放過臨汝反拈不識，又從不識扯過李廣，小人風雲轉變，暗激出許多對頭，妙）灌夫曰：「今日斬頭陷匈，何知程李乎！」（醉語啤嘈，直是索解不得）坐乃起更衣，稍稍去。（攪散一場良會，不得不恨）魏其侯去，麾灌夫出。武安遂怒曰：（此三句一氣讀，其事甚疾）「此吾驕灌夫罪。」（語坐客罪己，故巧甚）乃令騎留灌夫。（橫甚）灌夫欲出不得。籍福起爲謝，案灌夫項令謝。夫愈怒，不肯謝。（描細）武安乃麾騎縛夫置傳舍，（橫極）召長史曰：「今日召宗室，有詔。」劾灌夫罵坐不敬，繫居室。（隨口撰出一個棄市罪名，小人之智何捷也）遂按其前事，（既有賓客居間一段，則此事約畧之而已明矣）遣吏分曹逐捕諸灌氏支屬，皆得弃市罪。魏其侯大媿，（大媿寫得入情）爲資使賓客請，莫能解。（加一筆，見武安燄燄之勢不可嚮邇）武安吏皆爲耳目，諸灌氏皆亡匿，夫繫，遂不得告言武安陰事。（瞻前顧後，縝密乃爾）魏其銳身爲救灌夫。（此段寫魏其身分極高）夫人諫魏其曰：「灌將軍得罪丞相，與太后家忤，（特點太后，有眼）寧可救邪？」魏其侯曰：「侯自我得之，自我捐之，無所恨。且終不令灌仲孺獨死，嬰獨生。」（數語慷慨，可泣鬼神）乃匿其家，竊出上書。立召入，（特寫上注意魏其之殷，俱是反映太后，無一閑筆）具言灌夫醉飽事，不足誅。上然之，賜魏其食，曰：「東朝廷辯之。」（此處明暗之妙，乃不直武安可知）魏其之東朝，盛推灌夫之善，言其醉飽得過，乃丞相以他事誣罪之。（史公極用意處）武安又盛毀灌夫所爲橫恣，罪逆不道。（已上先暗畢一段）魏其度不可奈何，因言丞相短。（此非自尋對頭，蓋勢已不容更止）武安曰：「天下幸而安樂無事，蚡得爲肺腑，所好音樂狗馬田宅。蚡所

一番話作兩番敘法。惟田蚡言灌、竇二人惡處，安國口中芟去不提，即從蚡口正敘出來，此中皆有若心經營之妙，要須識得。

武安之言便佞旖旎，句句作自己投首，因而以危法中人。前朝嚴分宜情狀絕與此類，方知小人自有衣鉢。

韓安國平敘兩人是非，雖似首鼠兩端，然前明云：「非有大惡，不足引他過以誅」，後僅舉橫恣凌轢數句，正所謂他過，而

愛倡優巧匠之屬，不如魏其、灌夫日夜招聚天下豪桀壯士與論議，腹誹而心謗，不仰視天而俯畫地，辟倪兩宮間，幸天下有變而欲有大功。（俱是莫須有之事，說來隱隱躍躍，巧極、險極）臣乃不如魏其等所爲。」（仍用含糊語收之，妙）於是上問朝臣：（上意可知）「兩人孰是？」御史大夫韓安國曰：（借韓口中明宣出兩人之言來，法奇而妙）「魏其言灌夫父死事，身荷戟，馳入不測之吳軍，身被數十創，名冠三軍，此天下壯士，非有大惡，爭杯酒，不足引他過以誅也。魏其言是也。（先是魏其言，則意中自然左袒魏其）丞相亦言灌夫通奸猾，侵細民，家累巨萬，橫恣潁川，凌轢宗室，侵犯骨肉，（此數語實無大惡在內，早已放過幸變辟倪等語，其立說正而巧，當細思之，益人神智不淺）此所謂『枝大於本，脛大於股，不折必披』，丞相言亦是。惟明主裁之。」主爵都尉汲黯是魏其。內史鄭當時是魏其，後不敢堅對。餘皆莫敢對。（以汲黯之賢而猶不敢堅對，深寫武安勢盛，總之，一太后主之耳）上怒內史曰：「公平生數言魏其、武安長短，今日廷論，局趣效轅下駒，吾并斬若屬矣。」（上意愈益可知）即罷起入，上食太后。（便着意寫太后）太后亦已使人候伺，具以告太后。太后怒，不食，曰：「今我在也，而人皆藉吾弟，令我百歲後，皆魚肉之矣。（婦人偏執口氣，絕不論理之曲直，寫得如畫）且帝寧能爲石人耶！（先說己後說帝，妙有分寸）此特帝在，即錄錄，設百歲後，是屬寧有可信者乎？」上謝曰：「俱宗室外家，故廷辯之。（言外明明有竇太后在，正與「藉吾弟」句對針）不然，此一獄吏所決耳。」是時郎中令石建爲上分別言兩人事。（上接怒內史一案，不明載其語云何，要亦祖魏其者）

武安已罷朝，出止車門，召韓御史大夫載，（寫得氣勢餤餤）怒曰：「與長孺共一老禿翁，何爲

田蚡所誣指天畫地、曖昧大惡早已撇開，此正是老吏斷獄能手，不得少之。只是罵朝臣，絶不提魏其，而魏其之援手者已絶矣。

特贊石建一言亦有深意：是獄也，強直之汲鄭是之，謹厚之石建分別之，而優於儒，以循吏稱之韓安國顧陰為之地，而不敢明言，漢人之風氣略見，而武安之恣橫益明，蓋傳外傳也。

從來大行皇帝遺詔，尚書藏其副而受賜者錄其真。魏其以貴戚賢侯，勳業爛焉，便宜論上之旨，理所宜有，但詔書既係家丞封識，則必受賜於孝景臨幸，或曲宴燕朝之時，尚

首鼠兩端？」（言皆垂死之人，不足顧惜，蓋怒之甚也）御史良久，（思所以對者，寫得好）謂丞相曰：「君何不自喜？（接口奇妙）夫魏其毀君，君當免冠解印綬歸，曰：『臣以肺腑幸得待罪，固非其任，魏其言皆是。』如此，上必多君有讓，不廢君。魏其必內愧，杜門齰舌自殺。（此數語可以傾魏其亦可以安魏其。傾之者，武安未屈而太后已怒，況以此激之乎？安之者，魏其本為灌夫，魏其言是則灌夫不死，彼沾沾自喜之性，未必內愧自裁也。大抵安國意終為魏其）今人毀君，君亦毀人，譬如賈豎女子爭言，何其無大體也！」（此卻說得蘊藉有致，使奸雄心服，安國良善為說詞）武安謝罪曰：「爭時急，不知出此。」於是（遙接「太后怒，不食」一段）上使御史簿責魏其所言灌夫，頗不讎，欺謾。劾繫都司空。（初未見魏其所言不讎處，明借以塞太后之怒。然欺謾之罪，不過失侯係都司空獄，則不得復見。上不得已而思及此，然魏其竟自取死，可謂非數耶）孝景時，魏其常受遺詔，曰：「事有不便，以便宜論上。」及繫灌夫，罪至族，事日急，諸公莫敢復明言於上。（仍為灌夫起，見不負初心言，見魏其不令灌夫獨死，一片肝膽）魏其乃使昆弟子上書言之，幸得復召見。書奏上，而案尚書大行無遺詔。詔書獨藏魏其家，家丞封。乃劾魏其矯先帝詔，罪當棄市。（案者誰？劾者誰？皆田蚡使之也，不待蜚語惡言而始知鬼蜮之技矣）五年十月，悉論灌夫及家屬。魏其良久乃聞，聞即恚，病痱，不食欲死。（此時絕粒而死，賢於後死數日多矣）或聞上無意殺魏其，魏其復食，治病，（總是沾沾多易、策立不定之病）議定不死矣。乃有蜚語，為惡言聞上，（寫得甚曖昧，蚡惡甚於秦繆醜）故以十二月晦，論棄市渭城。（加「故以」字，見上始終不肯殺魏其）其春，（特寫得速於影響，語雖稍涉荒唐，而勸戒正復不少）武安侯病，專呼服謝罪。使巫視鬼者視之，見魏其、灌夫共守，欲殺之。竟死，子恬嗣。元朔三年，武安侯坐衣襜褕入宮，不敬。淮南王

聯經出版事業公司校印

書別無副本，宜也。小人巧發，害人，無所不至，而魏其之計實疏，即使復得召見，然不能借助於朝，又豈能轉圜於便殿？但以交情篤而奮不顧身，言之可耳，若謂魏其矯詔，灌賓可完，則未可信也。

此贊字字稱是過，毫髮不苟。末段歎惋深長，獨異諸篇，咀之無極。

安謀反覺，治。王前朝，武安侯爲太尉時，迎王至霸上，（此即灌夫所欲告之陰事，夫繫不得告，而史公代爲書之，以告天下後世，快絕、嚴絕）謂王曰：「上未有太子，大王最賢，高祖孫，即宮車晏駕，非大王立，當誰哉！」（武安前言魏其、灌夫指天畫地，幸天下有變而欲有大功，恰可謂自道其情矣）淮南王大喜，厚遺金財物。上自魏其時，不直武安，特爲太后故耳。及聞淮南王金事，上曰：「使武安侯在者，族矣。」

太史公曰：魏其、武安皆以外戚重，灌夫用一時決筴而名顯。魏其之舉以吳楚，武安之貴在日月之際。（輕薄之甚）然魏其誠不知時變，灌夫無術而不遜，（斷語鑿然，銖兩悉稱）兩人相翼，乃成禍亂。（卓識具眼）武安負貴而好權，杯酒責望，陷彼兩賢。嗚呼，哀哉！遷怒及人，命亦不延。（指兩人索命一段）衆庶不載，竟被惡言。（指淮南事覺一段）嗚呼，哀哉！禍所從來矣！（以上後半恩仇）

君子讀此傳，而深歎夫與人之不可以不慎也。灌夫之為人，惟有挺矛馳壁、奮不顧身，圖報父仇，一朝轟烈，謂之壯士，綽有英風而已。洎乎失勢家居，批根矯枉，已非明哲保身，況復賓客厮徒，田園恣横，其視田蚡，伯仲間耳。魏其感其歲寒柯葉，不改故常，遂視為左右手，而與之並驅並激於炎涼之場，即無田蚡，亦自致殺身之禍。夫鼓刀養母，聶政原無宜死之方；露版薦賢，孔融豈有當誅之罪？而睚眦嚴仲，以百金貿厥頭顱；輕肆禰衡，為數語覆其巢卵。蓋意氣之場，相靡相摧，瓦裂而不可復收，往往而然。此因不失其親之語，聖門所以惓惓也。嗟乎，潁川歌起，灌族久危，而厲鬼得朋，田侯頓滅。恩怨之於人甚矣哉！然君子於此，則以為蚡不足道矣。

聯經出版事業公司校印

廣之勝人處只是「才氣無雙」四字盡之，然才氣既勝，則未有肯引繩切墨而軌於法之正者，則其一生數奇，亦才氣累之也。篇中首載公孫昆邪一語，褒貶皆具。史公雖深愛李廣，而卒亦未嘗不幷著其短，所以為良史之才，他人不能及也。

文帝「惜乎，子不遇時！」之言，非謂高帝時尚武，而今偃武文也。文帝時，匈奴無歲不擾，豈得不倚重名將？帝意正以廣才氣跅弛，大有蹤、彭、樊、灌之風；當肇造區

李將軍列傳

李將軍廣者，隴西成紀人也。其先曰李信，秦時為將，逐得燕太子丹者也。（世為名將，綴信於前，綴陵於後，亦一章法）故槐里，徙成紀。廣家世世受射。（提出一傳眼目，以射為線道）孝文帝十四年，匈奴大入蕭關，（廣以匈奴起，以匈奴終）而廣以良家子從軍擊胡，用善騎射，殺首虜多，為漢中郎。（善射一）廣從弟李蔡亦為郎，（綴一陪客為篇末感慨伏脈，絕非浪筆）皆為武騎常侍，秩八百石。嘗從行，有所衝陷折關及格猛獸，（又虛寫一段，櫽括殊有遠神）而文帝曰：「惜乎，子不遇時！如令子當高帝時，萬戶侯豈足道哉！」（以天子愛之而復以不遇時為慨，初見之似不情，細味之亦具遠識）及孝景初立，廣為隴西都尉，徙為騎郎將。（細詳官閥，處處有感慨之意）吳楚軍時，廣為驍騎都尉，從太尉亞夫擊吳楚軍，取旗，顯功名昌邑下。（於不甚可揚處著力揚一筆）以梁王授廣將軍印，（廣不自重處）還，賞不行，徙為上谷太守，（處之極邊，實左遷之，為賢者諱而敘來無迹）匈奴日以合戰。典屬國公孫昆邪為上泣曰：（寫出愛才入骨）「李廣才氣，天下無雙，自負其能，數與虜敵戰，恐亡之。」（此數語是廣一生知己，「才氣無雙」、「自負其能」，一揚一抑）於是乃徙為上郡太守。後廣轉為邊郡太守，徙上郡。嘗為隴西、北地、雁門、代郡、雲中太守，皆以力戰為名。（此處凡六遷，俱在北邊，故總敘於此，以力戰約之）匈奴大入上郡，天子使中貴人從廣勒習兵擊匈奴。（重提在上郡時一事為寫生，◎此亦以名將，故重之也）中貴人將騎數十，縱，（縱字以一字為一句，言縱解之，使馳逐遠出也）見匈奴三人，與戰。三人還射，傷中貴人，殺其騎

宇之時，大者王、小者侯，取之如探策矣。今天下已定，雖勒兵陷陣，要必束之於簿書文法之中；緦緦紀律，良非廣之所堪也，故歎惜之。此實文帝有鑒別人才處；廣之一生數奇，早為所決矣。

史公甚愛李廣而獨不滿於衛青，青傳之「會有天幸」，此語亦頗不厭人意。至如廣之任情孤往，敗處每多於勝處，然略其敗而詳其出奇制勝之勇，令人讀之，滿腔都是奇特意思，則文字生色不少，如射雕一段，精神更自爍爍可愛。

且盡。中貴人走廣。廣曰：「是必射雕者也。」（是習邊事者之言，射雕乃匈奴至精之騎，別勒為部）廣乃遂從百騎往馳三人。（以百餘騎逐三人，不足為武。此自以射雕者形容廣之善射，以百餘騎作下數千騎引子，看去乃見其筆法之妙）三人亡馬步行，行數十里。廣令其騎張左右翼，而廣身自射彼三人者，殺其二人，生得一人，（善射二）果匈奴射雕者也。已縛之上馬，望匈奴有數千騎，（此處方為百騎正寫）見廣，以為誘騎，皆驚，上山陳。廣之百騎皆大恐，欲馳還走。廣曰：（以膽兼略，非僥倖可比）「吾去大軍數十里，今如此以百騎走，匈奴追射我立盡。今我留，匈奴必以我為大軍誘之，必不敢擊我。」（以上是其略）廣令諸騎曰：「前！」（已下是其膽）前未到匈奴陳二里所，止。（細寫軍令，奇而法，整而暇）令曰：「皆下馬解鞍！」其騎曰：「虜多且近，即有急，奈何？」廣曰：「彼虜以我為走，今皆解鞍以示不走，用堅其意。」（拿得定，做得徹）於是胡騎遂不敢擊。有白馬將出護其兵，（復綴此一段，勇決愈見）李廣上馬，與十餘騎犇，射殺胡白馬將，（善射三）而復還至其騎中，解鞍，令士皆縱馬臥。是時會暮，（逐時寫出，如身在行間目擊之者）胡兵終怪之，不敢擊。夜半時，胡兵亦以為漢有伏軍於旁，（廣之意固爾）欲夜取之，胡皆引兵而去。平旦，李廣乃歸其大軍。（暇甚）大軍不知廣所之，故弗從。（註一筆，亦見李出之輕易）居久之，孝景崩，武帝立，左右以為廣名將也，（忽插左右一語，見廣無特達之知）於是廣以上郡太守為未央衛尉，而程不識亦為長樂衛尉。（又拈一陪客，此處愛廣、惜廣意俱見，全在兩兩形擊）程不識故與李廣俱以邊太守將軍屯。及出擊胡，而廣行無部伍行陣，就善水草屯，舍止，人人自便，不擊刁斗以自衛，莫府省

廣惟有勇略，又能愛人，于兵法仁、信、智、勇、嚴五者實有其四，惟少一嚴耳。然其遠斥候以防患，法亦未嘗不密也，但說到無部伍行陣、省文書籍事，此大亂之道，恐不能一日聚處，疑亦言之過甚。先輩謂載程不識以形擊之，愚謂要是文字生色耳，未必簡易至此極也。

此段云「破敗廣軍」，後云「漢兵死者大半」，則廣之麾下失亡不可勝計，而廣纔以善射自完，律以常法，殊難為廣占地步矣，但其敗後之勇決奇變，殊勝於他人之奏凱策勳者百倍。史公必不肯以成敗論英雄，是其一生獨得之妙，故出力數寫如此。

約文書籍事，（軍行無紀律至此，鮮有不敗者。廣於此誠不可訓，疑亦言之太過）然亦遠斥候，未嘗遇害。（要亦適有天幸）程不識正部曲行伍營陳，擊刁斗，士吏治軍簿至明，軍不得休息，然亦未嘗遇害。（程才固不如李，而語語對寫，却不肯一字排仗，非史公不能）不識曰：「李廣軍極簡易，然虜卒犯之，無以禁也；而其士卒亦佚樂，咸樂爲之死。我軍雖煩擾，然虜亦不得犯我。」（特載不識之語，所以明軍法之正，即爲程不識附小傳，非與李廣也）是時，漢邊郡李廣、程不識皆爲名將，然匈奴畏李廣之畧，（看其歸到李廣輕重不失之妙）士卒亦多樂從李廣而苦程不識。程不識孝景時以數直諫爲大中大夫。爲人廉，謹於文法。（并詳程不識之究竟，是附傳意）後漢以馬邑城誘單于，（此王恢之失策，別有傳，此特以廣在行間無功而帶及之）使大軍伏馬邑旁谷，而廣爲驍騎將軍，領屬護軍將軍。是時單于覺之，去，漢軍皆無功。（廣之數奇亦在其中）其後四歲，廣以衞尉爲將軍，（敍廣官閥、進退、兼銜俱詳悉）出鴈門擊匈奴。匈奴兵多，破敗廣軍，生得廣。單于素聞廣賢，令曰：「得李廣必生致之。」胡騎得廣，廣時傷病，置廣兩馬間，絡而盛臥廣。（敗軍之餘身且爲虜，有何足紀？而史公偏寫得十分英矯奇特，蓋文之能榮辱人也如此）行十餘里，廣詳死，睨其旁有一胡兒騎善馬，廣暫騰而上胡兒馬，因推墮兒，取其弓，（伏弓巧甚）鞭馬南馳數十里，復得其餘軍，因引而入塞。（壯滿可想）匈奴捕者騎數百追之，廣行取胡兒弓，射殺追騎，以故得脫。（善射四）於是至漢，漢下廣吏。（數奇至此）吏當廣所失亡多，爲虜所生得，當斬，贖爲庶人。頃之，家居數歲。廣家與故潁陰侯孫屏野居藍田南山中，（野蕊疎花，點綴入妙）射獵。（亦不脫善射）嘗夜從一騎出，從入田間飲。還至霸陵亭，霸陵

「飛將軍」三字疑亦從絡繹兩馬間，騰身忽上馳入塞內之事而得，實懾於其一身之勇，非嘆服其御衆之能也。

云芟其繁複以類相從，則此傳之零零碎碎處，當刪當竄者多矣。須熟讀此等段落，方悟其理。

尉醉，呵止廣。廣騎曰：「故李將軍。」（四字慘淡）尉曰：「今將軍尚不得夜行，何乃故也！」（醉詈倨侮如畫）止廣宿亭下。居無何，匈奴入殺遼西太守，敗韓將軍，韓將軍徙右北平。於是天子乃召拜廣爲右北平太守。（廣以僨軍之將，能使天子屢思而召之，豈偶然哉？非蓋世之才，何以致此）廣即請霸陵尉與俱，至軍而斬之。（廣瑣瑣處亦不爲之諱）廣居右北平，匈奴聞之，號曰「漢之飛將軍」，避之數歲，不敢入右北平。（廣之戰功不足紀，每就不戰處寫出精神）廣出獵，見草中石，以爲虎而射之，（善射五）中石沒鏃，視之石也。（非漫寫奇事，實亦其才氣爲之）因復更射之，終不能復入石矣。（惟不能復入，乃益見其射之奇）廣所居郡聞有虎，常自射之。（善射六）及居右北平，射虎，虎騰傷廣，廣亦竟射殺之。（善射七）廣廉，得賞賜輒分其麾下，飲食與士共之。終廣之身，爲二千石四十餘年，家無餘財，終不言家產事。（一段又特書其廉，而愛士之節亦幷見）廣爲人長，猨臂，其善射亦天性也。（又就善射出色虛寫一段，精神百倍）雖其子孫他人學者，莫能及廣。（與篇首「世世受射」對）廣訥口少言，（播此五字，妙在不倫，因益見射之專）與人居則畫地爲軍陳，射闊狹以飲。專以射爲戲，竟死。（竟死猶終世也，言畢生以射爲事）廣之將兵，乏絕之處，見水，士卒不盡飲，廣不近水，士卒不盡食，廣不嘗食。（複寫愛人）寬緩不苛，（複寫簡易）士以此愛樂爲用。其射，見敵急，非在數十步之內，度不中不發，發即應弦而倒。（縷縷寫善射，而其語愈出而愈精彩）用此，其將兵數困辱，其射猛獸亦爲所傷云。（因必待其近而後發，故猝不及制，亦得傷敗）居頃之，石建卒，於是上召廣代建爲郎中令。（此段直接前「數歲不敢入右北平」句，看他中間瑣瑣嵌入四段俱是虛景，蓋實事動輒無功，故特以虛間寫之）元朔六年，廣復爲後將軍，

此段廣之勇烈，乃其遇之艱危，皆大略與其孫陵相似：皆以別將失道，獨與虜遇；皆以少敵衆。而廣之終得拔身還漢者，卒以救軍之來也。史公寫此極詳，蓋亦有所感云。◎附入李敢，又奇。蓋見隴西家風，世優才氣，而陵卒顇其家聲，故篇末亦不復少為之地也。

從大將軍軍出定襄，擊匈奴。諸將多中首虜率，以功為侯者，（相形一句，益難堪）而廣軍無功。（數奇如此）後三歲，廣以郎中令將四千騎出右北平，博望侯張騫將萬騎與廣俱，異道。行可數百里，匈奴左賢王將四萬騎圍廣，（又是一番敗衄，而廣益見精神，眞乃奇事）廣軍士皆恐，廣乃使其子敢往馳之。敢獨與數十騎馳，直貫胡騎，出其左右（二句兩意：直貫者入其中，出左右者繞其外，其視四萬人直如無物）而還，告廣曰：「胡虜易與耳。」軍士乃安。廣為圜陣外嚮，胡急擊之，矢下如雨。漢兵死者過半，漢矢且盡，廣乃令士持滿毋發，（即度不中不發之教）而廣身自以大黃射其裨將，殺數人，（大黃即連弩，一發可殪數人，善射八）胡虜益解。會日暮，吏士皆無人色，（借他人以形廣之勇）而廣意氣自如，益治軍。軍中自是服其勇也。（軍中服其勇亦匪自今日，至是乃益著耳）明日，復力戰，而博望侯軍亦至，匈奴軍乃解去。漢軍罷，（此張騫之軍）弗能追。是時廣軍幾沒，罷歸。漢法：博望侯留遲後期，當死，贖為庶人。廣軍功自如，無賞。（數奇如此）初，廣之從弟李蔡與廣俱事孝文帝。（遙應篇首）景帝時，蔡積功勞至二千石。（歷舉仕途順適，咄咄逼人）孝武帝時，至代相。以元朔五年為輕車將軍，從大將軍擊右賢王，有功中率，（與律同，所獲首虜合格也）封為樂安侯。元狩二年中，代公孫弘為丞相。蔡為人在下中，名聲出廣下甚遠，（著意輕薄李蔡，言外如聞嘆息之聲）然廣不得爵邑，官不過九卿，而蔡為列侯，位至三公。（重說一遍，徘徊感愴，敍事中夾有議論，絕非他傳常格）諸廣之軍吏及士卒或取封侯。廣嘗與望氣王朔燕語，曰：（寫出忼慨不自聊光景）「自漢擊匈奴而廣未嘗不在其中，（有慨乎其言之）而諸部校尉以下，才能不及中人，（史公既為之言而廣又自

廣之將兵敗衂既多，其所以不得侯者，似亦無難共曉，而廣獨緫緫於才能不為人後，不當困躓，自疑自惜，王朔別援陰禍以解之。予謂此可備一說，而終非定論。廣才氣有餘而紀律不整，如虎豹雖雄豪絕世，然羈縻於文物之中，有不如立仗之馬、駕輦之牛者。此豈可以焜煌霍擲之奇論哉。廣歷事三朝，文帝以為不遇時，武帝之時邊功日競，而天子復以年老數奇少之，要之二君皆不可謂不知廣者。文帝以為跅弛之士，多見長於草昧之初，武帝以為數遯之才，難與共功名之會。也。前朝戚元戎繼光為一代名將，臨陣之際，

言，其情良有（不能自已者）然以擊胡軍功取侯者數十人，而廣不為後人，然無尺寸之功以得封邑者，何也？（此與項王既敗諜諜自稱語，情實相似）豈吾相不當侯邪？且固命也？」（說相、說命，英氣索然，寫無聊如畫）朔曰：「將軍自念，豈嘗有所恨乎？」（朔固術者，却與言陰隲之理，亦有高識）廣曰：「吾嘗為隴西守，羌嘗反，吾誘而降，降者八百餘人，吾詐而同日殺之。至今大恨獨此耳。」（武安杜郵之刎亦以殺降為恨，但此處史公只是惜廣之深，反覆推言，以明其才本過人耳，並不重誅降意，當從其前後紬理求之）朔曰：「禍莫大於殺已降，此乃將軍所以不得侯者也。」後二歲，大將軍、驃騎將軍大出擊匈奴，廣數自請行。天子以為老，弗許；良久乃許之，以為前將軍。（始以老絀之，既復用為前部，實紿之也）是歲，元狩四年也。（此番為廣之結局，特倒點年分，鄭重有法）廣既從大將軍青擊匈奴，既出塞，青捕虜知單于所居，乃自以精兵走之，（貪功之心如揭）而令廣并於右將軍軍，出東道。（數語寫得極明劃，便足為李將軍功罪鐵案，眞良史之筆）東道少回遠，而大軍行水草少，其勢不屯行。廣自請曰：（再自請，妙）「臣部為前將軍，今大將軍乃徙令臣出東道，（不可曉，故不得不請）且臣結髮而與匈奴戰，今乃一得當單于，（詞厲氣聲，想見憤踴）臣願居前，先死單于。」（其言不利，青益不肯）大將軍青亦陰受上誡，以為李廣老，數奇，毋令當單于，恐不得所欲。（補寫此數句，正是前自請行，良久乃許註脚，文法明暗入妙）而是時，公孫敖新失侯，為中將軍從大將軍，大將軍亦欲使敖與俱當單于，故徙前將軍廣。（前從上誡足以徙廣矣，必又將衞青私公孫敖之意再寫一層，惡青而惜廣也）廣時知之，固自辭於大將軍。（兩自請又固自辭）大將軍不聽，令長史封書與廣之莫府，曰：「急詣部，如書。」（以軍令勒之，惡甚）廣不謝大將軍而起行，意甚慍怒而就部。引兵

裨將以下，必視其體貌充暢者遣之，以為功名之事，不可與福薄者共之。恐或因以僨大事。此雖偶然之論，蓋亦未可廢也。

衛青不必有害廣之意，而史公寫得隱隱躍躍，使人不能釋然，要是恐青之深耳。

廣一生蹭蹬，至白首之年自請出塞，其意實以衛青福將，欲藉之以成大功。不意反為所賣，觀其「幸從大將軍」「又徙廣部」等語，飲恨無窮，真乃一字一涕。

此下悉將廣子若孫官位、事功、性情、生平，纖悉零碎，一一寫出，盡於二百餘字之中。又妙在人人負氣，往往屈阨，皆影影與李將軍弔動，此

與右將軍食其合軍出東道。軍亡導，或失道，後大將軍。（既回遠又亡導，謂非青有意殺之，可乎）大將軍與單于接戰，單于遁走，弗能得而還。（卻又仍不能得所欲，豈數奇者誤之哉）南絕幕，遇前將軍、右將軍。（軍還始遇）廣已見大將軍，還入軍。（餘怒猶勃勃，不出一語，妙）大將軍使長史持糒醪遺廣，因問廣、食其失道狀，（先用慰勞後用激厲，廣負氣宿將必不能堪）青欲上書報天子軍曲折。（此亦長史述青之言）廣未對，大將軍使長史急責廣之幕府對簿。廣曰：「諸校尉無罪，乃我自失道。吾今自上簿。」（慷慨憤踴）至莫府，廣謂其麾下曰：「廣結髮與匈奴大小七十餘戰，今幸從大將軍出接單于兵，而大將軍又徙廣部，行回遠而又迷失道，（其言深婉，非一見可盡曉，其含意甚遠也）豈非天哉！（歸之於天，總為兩「又」字一嘆）且廣年六十餘矣，終不能復對刀筆之吏。」遂引刀自剄。（負氣到老，死乃賢於生）廣軍士大夫一軍皆哭。百姓聞之，知與不知，無老壯皆為垂涕。（廣廉而愛人，又以名將數奇，死非其罪，此哭要有無數痛惜在內）而右將軍獨下吏，（趙食其）當死，贖為庶人。廣子三人，（以下附傳）曰當戶、椒、敢，為郎。天子與韓嫣戲，嫣少不遜，當戶擊嫣，（又一個負氣人）嫣走。於是天子以為勇。當戶早死，拜椒為代郡太守，皆先廣死。當戶有遺腹子名陵。（各伏一筆，敍事有組織之妙）廣死軍時，敢從驃騎將軍。廣死明年，李蔡以丞相坐侵孝景園壖地，當下吏治，蔡亦自殺，不對獄，國除。（漢丞相坐法多自裁，常事也。但此處亦影動多負氣男子）李敢以校尉從驃騎將軍擊胡左賢王，力戰，奪左賢王鼓旗，斬首多，賜爵關內侯，食邑二百戶，（於李蔡之下復接李敢從驃騎之功，彼失一侯，此得一侯，聊為廣吐氣，妙）代廣為郎中令。頃之，怨大將軍青之恨其父，乃擊傷大將軍，

所謂神情見於筆墨之表者也。

衞青隱匿擊傷，毋亦心虧理屈且攝於其氣而不敢校耶？且果諱之，則彼去病者，又烏敢取諸天子之旁而彎弓報怨？誰實主之乎？青本人奴，霍亦孽種，一時遭際，妄誕至此，君子是以知孝武之失刑也。

子長以李陵得禍，而陵傳亦驟括事蹟，不復細為描摹，正以陵之所以然者，本末已具於任少卿一書也。古人動筆，早信其文之必傳，若東塗西抹，彼此複沓，義之所不肯出也。後人不識此意，或謂陵傳匆匆，正持大體；或謂臨文不諱，良史獨裁，皆非定論。

大將軍匿諱之。擊韓嫣於天子之前，壯士也。然擊傷衞青，斯尤壯矣 居無何，敢從上雍，至甘泉宮獵。驃騎將軍去病與青有親，射殺敢。去病時方貴幸，上諱云鹿觸殺之。居歲餘，去病死。特綴此語，若敢為厲者，然冷得妙 而敢有女為太子中人，愛幸，敢男禹有寵於太子，然好利，李氏陵遲衰微矣。責備李氏處，正其極推李廣處

李陵既壯，選為建章監，監諸騎，善射，愛士卒。五字綽有祖風 天子以為李氏世將，而使將八百騎。嘗深入匈奴二千餘里，過居延，視地形，無所見虜而還。此時便已英略蓋世 拜為騎都尉，將丹陽楚人五千人，教射酒泉、張掖以屯衞胡。數歲，天漢二年秋，貳師將軍李廣利將三萬騎，擊匈奴右賢王於祁連天山，匈奴謂天為祁連，祁連山即天山，合稱之者，傳寫之誤也 而使陵將其射士步兵五千人出居延北可千餘里，欲以分匈奴兵，此欲字乃武帝隱衷，恐貳師之不能成奇功也。極平常語，却有針線在 毋令專走貳師也。陵既至期還，而單于以兵八萬圍擊陵軍。陵軍五千人，特再點清五千人，妙 兵矢既盡，士死者過半，而所殺傷匈奴亦萬餘人。且引且戰，連鬬八日，數語寫得極詳亟亦極精神，先輩謂其匆匆，非也 還未到居延百餘里，匈奴遮狹絕道，陵食乏而救兵不到，誰實陷之 虜急擊，招降陵。陵曰：「無面目報陛下。」此處卻絕不下一曲筆，所以為高 遂降匈奴。其兵盡沒，餘亡散得歸漢者四百餘人。單于既得陵，素聞其家聲，句中赫然有李廣在 及戰又壯，乃以其女妻陵而貴之。漢聞，族陵母妻子。自是之後，李氏名敗，而隴西之士居門下者，皆用為恥焉。收得凜然有餘響。責備李氏處，正極推尊李氏

太史公曰：傳曰：「其身正，不令而行；其身不正，雖令不從。」其李將軍之謂也？余

本傳皆摹寫李將軍才氣，而贊又極歎其忠誠，文固有彼此互見之法，蓋當於未盡處渲染，不當於精透處畫添也。

睹李將軍，悛悛如鄙人，口不能道辭。及死之日，天下知與不知，皆為盡哀。彼其忠實心誠信於士大夫也。比本傳更寫得壯浪諺曰：「桃李不言，下自成蹊。」此言雖小，可以喻大也。

冒頓弒父作逆，犬羊之俗，不足復道。然其作用，一何妙哉！觀其蓄志行弒，卻絕不囁囁呫嗶，託意腹心，惟以勒兵之中嚴明斬斷，則大事就，而舉國無敢搖動者，無他，積威約之漸也。岳忠武之論兵，曰：「顧方略何如耳。」霍冠軍亦有「運用存乎一心」之論，冒頓之方略運用，何嘗從成法得來，才過孫吳遠矣。肇造朔廷，千古常勁，豈偶然哉！

匈奴列傳

單于有太子名冒頓，（音墨突）後有所愛閼氏，生少子，而單于欲廢冒頓而立少子，乃使冒頓質於月氏。（音肉低）冒頓既質於月氏，而頭曼急擊月氏。（欲藉手殺之）月氏欲殺冒頓，冒頓盜其善馬，騎之亡歸。（非久下人者可如）頭曼以為壯，令將萬騎。（反假之為逆之具）冒頓乃作為鳴鏑，習勒其騎射，（蓄志甚遠而大作有略）令曰：「鳴鏑所射而不悉射者，斬之。」行獵鳥獸，（逐層敘來如畫）有不射鳴鏑所射者，輒斬之。已而冒頓以鳴鏑自射其善馬，（梟雄之姿殊乃可愛）左右或不敢射者，冒頓立斬不射善馬者。居頃之，復以鳴鏑自射其愛妻，左右或頗恐，不敢射，（敘法俱變動）冒頓又復斬之。居頃之，冒頓出獵，以鳴鏑射單于善馬，左右皆射之。於是冒頓知其左右皆可用。從其父單于頭曼獵，以鳴鏑射頭曼，其左右亦皆隨鳴鏑而射殺單于頭曼，遂盡誅其後母與弟，及大臣不聽從者。冒頓自立為單于。冒頓既立，是時東胡彊盛，聞冒頓弒父自立，乃使使謂冒頓，欲得頭曼時有千里馬。冒頓問羣臣，羣臣皆曰：「千里馬，（妙在絕不露圭角，）匈奴寶馬也，勿與。」冒頓曰：「奈何與人鄰國而愛一馬乎？」遂與之千里馬。（如此尋釁，底裏已為人窺破）（藏之九淵之識也）居頃之，東胡以為冒頓畏之，（逐處停蓄）乃使使謂冒頓，欲得單于一閼氏。冒頓復問左右，左右皆怒曰：「東胡無道，乃求閼氏。請擊之。」冒頓曰：「奈何與人鄰

聯經出版事業公司校印

既聞殺父，何不以此為問罪之名，顧別尋他釁，非冒頓敵手，可知。

冒頓不惟志滅東胡，幷欲借東胡以摧諸國，以篡國所造之時而蓄銳養精。開創大業，先須想其堅忍之志，而終乃觀其迅疾之情。

按：淳維自夏后氏立國，至冒頓時已二千餘年矣，而一朝振興，南抗中國，固古今來夷夏一大關會也。觀詩書所載，僅有攘斥撻伐之詞，及漢以來，方有和親款塞之說，則冒頓之為匈奴第一代開疆鼻祖可知。然其開疆始祖，而即以殺父誅母、魚肉昆弟為務，是則禮教親厚之意，總不

國愛一女子乎？」遂取所愛閼氏予東胡。（加「所愛」二字，見其志遠大，絕不在區區色欲玩好上著眼）東胡王愈益驕，西侵。與匈奴間，中有弃地，（伏筆）莫居，千餘里，各居其邊為甌脫。東胡使使謂冒頓曰：「匈奴所與我界甌脫外弃地，匈奴非能至也，吾欲有之。」（此處偏作遜詞，文筆起落入妙）冒頓問羣臣，羣臣或曰：「此棄地，予之亦可，勿予亦可。」於是冒頓大怒曰：「地者，國之本也，（大學問，與孟子「諸侯之寶」章合吻，然非眞語）奈何予之！」諸言予之者，皆斬之。冒頓上馬，令國中有後者斬，（具有處女脫兔之奇）遂東襲擊東胡。東胡初輕冒頓，不為備。（前兩番忍辱只為此耳）及冒頓以兵至，擊，大破滅東胡王，而虜其民人及畜產。（匈奴本行國，故只以人民畜產為重，而地則空之而已，乃知前「地者，國之本」一句，實駕言也）既歸，西擊走月氏，南幷樓煩、白羊河南王。侵燕、代，悉復收秦所使蒙恬所奪匈奴地者，（長句亦勁）與漢關故河南塞，（以周時河南舊塞為交關境）至朝那、膚施，（皆長安邊邑）遂侵燕、代。是時漢兵與項羽相距，中國罷於兵革，以故冒頓得自彊，（補筆好，理方周匝，不但為中國占身分也）控弦之士三十餘萬。自淳維以至頭曼千有餘歲，（總束之文，筆力宏大，又有疏宕之氣，故奇）時大時小，別散分離，尚矣，其世傳不可得而次云。然至冒頓而匈奴最彊大，盡服從北夷，（總前文作一句）而南與中國為敵國，其世傳國官號乃可得而記云。（收上即以提下）置左右賢王，左右谷蠡王，左右大將，左右大都尉，左右大當戶，左右骨都侯。匈奴謂賢曰「屠耆」，故常以太子為左屠耆王。（官號雜引漢胡之語，蓋即事著撰，非屑屑求合也。如屠耆王即賢王，推此可見谷蠡、骨都皆胡語）自如左右賢以下至當戶，大者萬騎，小者數千，凡二十四長，立號曰「萬

足以繫屬之，亦明甚矣。奈何漢啓和親之門，唐宋以下，世世有加，始如舉驕子，後且若事嚴父，可勝歎哉！吾讀此傳，而知孝武之功良亦何可少也，故摘其要者以見大凡，而餘則略之。

匈奴本無城郭都邑，惟逐水草、課人畜爲富強，故其法簡善可行。若明季闖、獻二賊，驅烏合之衆，橫行天下，戰則克，攻則破，亦不過得其人人自爲趣利一法，及鳥集瓦解行徑耳，及據城奸位，則坐困而立矣。故匈奴之強，亦第可強於匈奴，非其法之果善也。

騎」。（已上通舉官號）諸大臣皆世官。呼衍氏、蘭氏，其後有須卜氏，此三姓其貴種也。諸左方王將居東方，（官號凡稱左者皆居東，凡稱右者皆居西）直上谷以往者，東接穢貉、朝鮮；右方王將居西方，直上郡以西，接月氏、氐羌；（其郡之大可知，然此皆以近中國一面言，其北則不能知也）而單于之庭，直代、雲中：各有分地，逐水草移徙。而左右賢王、左右谷蠡王最爲大國，左右骨都侯輔政。諸二十四長亦各自置千長、百長、什長、裨小王、相、將、都尉、當戶、且（音疽）渠之屬。（以上又詳官制）歲正月，諸長小會單于庭，祠。五月，大會龍城，祭其先、天地、鬼神。秋，馬肥，大會蹛林，課校人畜計。（一國之政除祠祭外，惟課校人畜以爲富強之資而已）其法，拔刀尺者死，坐盜者沒入其家；有罪，小者軋，（軋只作鞭笞解）大者死。獄久者不過十日，一國之囚不過數人。（中國安能及此）而單于朝出營，拜日之始生，夕拜月。（亦有古禮朝日夕月之義）其坐，長左而北鄉。日上戊巳。（然則亦有歷法也）舉事而候星月，月盛壯則攻戰，月虧則退兵。（亦覺爽利）其攻戰，斬首虜賜一卮酒，而所得鹵獲因以予之，得人以爲奴婢。故其戰，人人自爲趣利，（實良法，然中國必不可行）善爲誘兵以冒敵。故其見敵則逐利，如鳥之集；其困敗，則瓦解雲散矣。（畫出情狀宛然）戰而扶輿死者，盡得死者家財。後北服渾庾、屈射、丁靈、鬲昆、薪犂之國。（前已敍東西南三路并吞，此復補出北路一面來，文密如此）於是匈奴貴人大臣皆服，以冒頓單于爲賢。（作一大結穴）

衛霍列傳

元狩四年春，上令大將軍青、驃騎將軍去病將各五萬騎，（總提）步兵轉者踵軍數十萬，（轉輸糧糗輜重者）而敢力戰深入之士皆屬驃騎。（務欲令去病成不世之功，當時非明有此令，乃史公特筆也）驃騎始爲出定襄，當單于。（不令大將軍當單于，而委曲徙部，務令去病成不世之功）捕虜言單于東，而更令驃騎出代郡，令大將軍出定襄。郎中令爲前將軍，太僕爲左將軍，（李廣、公孫賀不書名，亦偶然，或謂諱之，不必）主爵趙食其爲右將軍，平陽侯襄爲後將軍，皆屬大將軍。兵即度幕，（一往深入）人馬凡五萬騎，（重提明畫）與驃騎等咸擊匈奴單于。（穿筆）趙信爲單于謀曰：（漢將亡降匈奴者）「漢兵既度幕，人馬罷，匈奴可坐收虜耳。」乃悉遠北其輜重，皆以精兵待幕北。而適值大將軍軍出塞千餘里，見單于兵陳而待，（始固欲去病當單于，而大將軍偏又當之，用「適值」二字妙，蓋出於武帝意外也）於是大將軍令武剛車自環爲營，而縱五千騎往當匈奴。匈奴亦縱可萬騎。會日且入，（一路逐節詳寫，精神百倍）大風起，沙礫擊面，兩軍不相見，（此時已苦戰良久）漢益縱左右翼繞單于。單于視漢兵多，而士馬尚彊，戰，（應士馬罷句）而匈奴不利。薄暮，單于遂乘六贏，壯騎可數百，直冒漢圍西北馳去。（第二節，單于夜遁）時已昏，漢匈奴相紛挐，殺傷大當。漢軍左校捕虜言單于未昏而去，（第三節，餘兵蹂躪）漢軍因發輕騎夜追之，大將軍軍因隨其後。匈奴兵亦散走。（第四節，乘勝窮追）遲明，行二百餘里，不得單于，（第五節，深入奏凱）頗捕斬首虜萬餘級，（先束一筆，寫

以衛將軍、李廣相提而論，則抑衛而右李；以霍驃騎與衛青相提而論，則右衛而貶霍。史公筆補造化，卓識超空迴，非班、范所得見也。此段為漢擊匈奴末後一著。

大將軍深入窮追，戰功最烈；又且因糧於敵，使幕南積聚一空；又且單于跳身苟免，使其衆不知所在，漢威已極，此平城以後第一吐氣之功也。乃孝武以親幸驃騎之故，務欲其騰踔而駕青之上，因令其徙

部代郡，獨當單于，又悉配以敢戰深入之士，追單于適與青值，絕幕窮追，而驃騎反得以斬級搴旗之功，從容而收其利，因而苑枯勢異，顯晦頓殊，此亦絀伸之際，不得其平之極致也。史公偏于青之一戰，臚次極其詳盡，使千古以下，猶若身在行間，聞鼓鼙而搏髀者。於去病之功，悉削之不書，而惟以詔書代敘事，則炙手之勢，偏引重於王言，而裹革之忠，自銘勞於幕府。其輕其重，文人代握其權矣，不但寫景之工，開卻唐人許多沙場佳句也。

比、車耆，皆匈奴王號。

（追亡逐北之雄）遂至窴顏山趙信城，得匈奴積粟食軍。軍留一日而還，悉燒其城餘粟以歸。（直寫至此，功簿明晰，銖兩不遺）大將軍之與單于會也，（另提以補二將失道一案。蓋前專寫大將軍戰功，既不暇夾敘，而於事文不宜漏，故複出一段）而前將軍廣、右將軍食其軍別從東道，或失道，後擊單于。大將軍引還過幕南，乃得前將軍、右將軍。大將軍欲使使歸報，（此語又爲青出脫，與李將軍傳不同）令長史簿責前將軍廣，廣自殺。右將軍至，下吏，贖爲庶人。大將軍軍入塞，凡斬捕首虜萬九千級。（再總束一句，合寫出塞戰功，明晝之至）是時匈奴衆失單于十餘日，（寫至此，亦寫大將軍一戰之奇也，並非贅筆）右谷蠡王聞之，自立爲單于。單于後得其衆，右王乃去單于之號。驃騎將軍亦將五萬騎，（又重提，更明晝）車重與大將軍軍等，（亦穿一筆）而無裨將。悉以李敢等爲大校，當裨將，出代、右北平千餘里，直左方兵，所斬捕功已多大將軍。（只用一筆敍過，前極詳此極略，而悉於詔書中敍出，虛實變化，巧妙絕人，亦開後人無限法門也）軍既還，天子曰：「驃騎將軍去病率師，躬將所獲葷粥之士，約輕齎，絕大幕，（謂輕騎度沙漠）涉獲章渠，（涉水得王章渠）以誅比、車耆，轉擊左大將，斬獲旗鼓，歷涉離侯。（三字山名）濟弓閭，獲屯頭王、韓王等三人，將軍、相國、當戶、都尉八十三人，封狼居胥山，禪于姑衍，登臨翰海。（三句言其絕遠）執鹵獲醜七萬有四百四十三級，（至此方註明「所斬虜功已多大將軍」句）師率減什三，取食於敵，逴行殊遠而糧不絕，（古雅可誦）以五千八百戶益封驃騎將軍。」（驃騎至此凡五益封矣）右北平太守路博德，（以下歷敍裨將封賞，愈覺炙手可熱）屬驃騎將軍，會與城，不失期，從至檮余山，斬首捕虜二千七百級，以千六百戶封博德爲符離侯。北地都尉

聯經出版事業公司校印

「師率減什三」以下三句，敍去病方略最明淨健舉，謂簡練精卒，十之七不攜斗糧，但掠食匈奴積聚，而孤軍深入，未嘗乏絕也。舊解謂師率減什三，指漢軍失亡之數少，恐與上下文勢不貫，不必從。

敍功之狀繁而不殺，正史公筆力大處，若入後人手，必有許多芟除歸併之法，不古甚矣。然史公他文亦頗有可省處，惟此詔備載得體，一字不可去，須味之。

驃騎方略殊壯而不恤士卒，衛青仁善退讓而節慨鮮聞，二人貴極一時，功冠西漢而品則如此，則漢之風尚可知矣。為二人傳，

邢山，從驃騎將軍段段點從驃騎，妙獲王，以千二百戶封山爲義陽侯。故歸義因淳王復陸支、樓專王伊即軒此二人匈奴降王皆從驃騎將軍有功，以千三百戶封復陸支爲壯侯，以千八百戶封伊即軒爲衆利侯。從驃侯破奴、昌武侯安稽，從驃騎有功，益封各三百戶。校尉敢得旗鼓，爲關內侯，食邑二百戶。校尉自爲爵大庶長。軍吏卒爲官，賞賜甚多。又虛撇一筆而大將軍不得益封，軍吏卒皆無封侯者。此處驃騎甚詳，大將軍極畧，相對看，各極其妙兩軍之出塞，此傳外隻眼，史公自作特筆，更不關兩人之事塞閱官及私馬凡十四萬匹，而復入塞者不滿三萬匹。頓令前文戰功煊赫腦後一針，妙不可言乃益置大司馬位，大將軍、驃騎將軍皆爲大司馬。定令，令驃騎將軍秩祿與大將軍等。並爲大司馬，又別定功，令班其祿秩，孝武着意擡舉如此自是之後，大將軍青日退，而驃騎日益貴舉。大將軍故人門下多去事驃騎，二句附見，亦傳外傳也輒得官爵，惟任安不肯。驃騎將軍爲人，以下分置品題，不滿驃騎之意固多，然亦終不肯過許衛青，是史公一片之心痛惜李廣處少言不泄，有氣敢任。天子嘗欲教之孫吳兵法，對曰：「顧方畧何如耳，不至學古兵法。」天子爲治第，令驃騎視之，對曰：「匈奴未滅，無以家爲也。」由此上益重愛之。然少而侍中，此段痛貶，正與李將軍傳「仁愛士卒」處一一對看貴，不省士。其從軍，天子爲遣太官齎數十乘，既還，重車餘棄粱肉，而士有饑者。其在塞外，卒乏糧，或不能自振，而驃騎尚穿域蹋鞠。事多此類。如此爲將，鮮不覆敗者，而驃騎竟成大功，即前所云適有天幸也。史公文字彼此互相發明，非偶爾著筆大將軍爲人仁善退讓，以和柔自媚於上，青爲人實然，原非過抑然天下未有稱也。

故不得不敘述平生，然敘於菀枯分勢之後，則深有意焉，不僅以簡筆了之。

衛、霍一傳，敘伐胡功烈屢矣，莫奇於元狩四年之役。兩軍分出，彼此各敘而虛實詳畧一一對針，極盡筆力之奇，無一毫零贅也。楊升庵云：自「日且入」至「行二百餘里」，寫得如畫。唐詩：「胡沙獵獵吹人面，漢虜相逢不相見。」又「月黑雁飛高，單于夜遁逃；欲將輕騎逐，大雪滿弓刀。」皆用此事，實千秋之絕調也。

聯經出版事業公司校印

司馬相如迎合孝武之意，開邊病民，以遂自己晝錦題橋之樂，其人殊不足取，但為詞人之魁傑，而前半敘文君事，絕為神品，則真未可廢也。

舍官而作游客，是擊劍讀書之胚胎。

以相如之才，且又令客，車騎雍容，亦久為富人所屬目，則以令為蹇修，文君不患不歸相如矣，而乃必挑以琴，心奔於亡命，何哉？蓋相如、文君千古之佳儷也，使以令為媒，以勢相合，以利相隨，則亦賈兒販婦之常徑耳，何以見兩人之自具錦心，自

司馬相如列傳

司馬相如者，蜀郡成都人也，字長卿。少時好讀書，學擊劍，故其親名之曰犬子。豈以讀書擊劍為賤伎而被以惡名耶？小處不甚了了，故妙 相如既學，慕藺相如之為人，更名相如。慕之而生平無一相似，故奇 以貲為郎，事孝景帝，為武騎常侍，非其好也。與篇首好學反應 會景帝不好辭賦，二句亦倒裝法 是時梁孝王來朝，從游說之士齊人鄒陽、淮陰枚乘、自是詞人氣類 吳莊忌夫子之徒，相如見而說之，因病免，客游梁。梁孝王令與諸生同舍，相如得與諸生游士居數歲，乃著子虛之賦。可見古人作一傳文，必有許多耳濡目染之助 會梁孝王卒，相如歸，而家貧，無以自業。素與臨邛令王吉相善，吉曰：「長卿久宦游不遂，而來過我。」此平日久要之言，淡而有情味，不知史公如何摹得出來 於是相如往，舍都亭。臨邛令繆為恭敬，日往朝相如。胸中有一段事在 相如初尚見之，後稱病，使從者謝吉，吉愈益謹肅。從此以下悉是相如之謀，直敘得妙 臨邛中多富人，陡接妙 而卓王孫家僮八百人，程鄭亦數百人。二人乃相謂曰：富人眼熱，不覺墮計 「令有貴客，為具召之。」并召令。令既至，卓氏客以百數。至日中，謁司馬長卿，長卿謝病不能往，作態本極可厭，以有琴心一韻事，則涎臉皆佳 臨邛令不敢嘗食，自往迎相如。相如不得已，彊往，一坐盡傾。富人筵中豈有韻客？傾者為令而傾，非為相如而傾也 酒酣，臨邛令前奏琴，曰：「竊聞長卿好之，願以自娛。」相如辭謝，為鼓一再行。極意作態，憨韻俱有 是時，卓王孫有女文君，新

留青眼乎？彼挑此奔，所以明此段風流，絕不緣勢利作合耳。君王后之識法章，紅拂之識李藥師，皆是一腔雄心事，雖不得為正，而亦胡可得浪訾。史公娓娓寫之，固欲傳其奇耳，豈以著其醜哉！具隻眼者，須別有識以處此。

相如文賦皆可單行，附於傳，恐讀之不能終篇也。若史公之傳相如，則止此而已，故刪錄之。

寡，好音，故相如繆與令相重，而以琴心挑之。（倒轉前「繆爲恭敬」一句，可知此番作用本出相如主謀）相如之臨邛，從車騎，雍容閒雅甚都，（前既以琴心感文君，又補此句，不過以車騎動富人也，筆極周匝）及飲卓氏，弄琴，文君竊從戶窺之，心悅而好之，恐不得當也。（寫文君心曲，妙）既罷，相如乃使人重賜文君侍者通殷勤。（至此即不復用繆態矣）文君夜亡奔相如，（眞乃雄警女子，非可妄訾）相如乃與馳歸成都，家居徒四壁立。卓王孫大怒曰：「女至不材，我不忍殺，不分一錢也。」（以如許之事而乃名節不足論，惟以分錢爲斤斤，眞富人語，笑柄不小）人或謂王孫，王孫終不聽。文君久之不樂，曰：（苦境實難捱，非自咎其相從之孟浪也，玩「久之」二字甚妙）「長卿第俱如臨邛，從昆弟假貸，猶足爲生，何至自苦如此！」相如與俱之臨邛，盡賣其車騎，買一酒舍酤酒，而令文君當鑪。相如身自著犢鼻褌，與保庸雜作，滌器於市中。（藏過一段計謀，只以實筆寫出，而千古以下無不知其爲詭詐，故奇）卓王孫聞而恥之，爲杜門不出。（又中計）昆弟諸公更謂王孫曰：「有一男兩女，所不足者非財也。（先說破就裏，此子善說富人）今文君已失身於司馬長卿，長卿故倦游，雖貧，其人材足依也，且又令客，（此非富人所知，故只輕帶，急歸重令客，妙）獨奈何相辱如此！」卓王孫不得已，（富人出手不易）分予文君僮百人，錢百萬，及其嫁時衣被財物。文君乃與相如歸成都，買田宅，爲富人。居久之，蜀人楊得意爲狗監，侍上。上讀子虛賦而善之，曰：「朕獨不得與此人同時哉！」（倒應景帝不好詞賦）得意曰：「臣邑人司馬相如自言爲此賦。」上驚，乃召問相如。（千古第一遭逢）相如曰：「有是。然此乃諸侯之事，未足觀也。請爲天子游獵賦，（即後半篇無是公所云）賦成奏之。」

聯經出版事業公司校印

已上撮子虛賦大旨於前。

上許，令尚書給筆札。相如以「子虛」，虛言也，為楚稱；開千古文人滑稽之祖「烏有先生」者，烏有此事也，為齊難；「無是公」者，無是人也，明天子之義。故空藉此三人為辭，以推天子諸侯之苑囿。其卒章歸之於節儉，因以風諫。奏之天子，天子大說。

淮南既禽，詞連伍被，上以被雅詞多稱引漢之美，欲寬赦之，為張湯所爭而幷及於戮，則可見伍被諫淮南前後言語，並得上聞矣。此等言語，所謂秘謀閒說也，誰為籍紀者？殆伍被對簿漢廷，自述其始終條對之詳，以規免脫耳。迹其徽引往事，具見巔末，逆天而不知時一語，亦卓識不磨，然其知之既明，何故又依違隱忍，而卒為畫僥倖之謀，以自取族誅之慘？是猩猩嗜酒，其貪昧冥頑，反甚於不知其勢而妄圖之者矣。被之人與言俱不足取，而文義斐

淮南列傳

淮南王削地之後，其為反謀益甚。諸使道從長安來，為妄妖言，言上無男，漢不治，即喜；即言漢廷治，有男，王怒，以為妄言，非也。描畫愚騃人入骨，眞妙筆王日夜與伍被、左吳等案輿地圖，此處明插伍被而後文多伍被美詞，可見前是考竟之辭，後乃伍被文致之語部署兵所從入。王曰：「上無太子，宮車即晏駕，廷臣必徵膠東王，不即常山王，諸侯並爭，吾可以無備乎！詞亦蘊藉且吾高祖孫，親行仁義，以行仁義而必欲奸天位，小人有所為而為之，往往有此口吻陛下遇我厚，吾能忍之，萬世之後，吾寧能北面臣事豎子乎！」王坐東宮，召伍被與謀，曰：「將軍上。」欲與促膝深談被悵然曰：「上寬赦大王，賜几杖事在前王復安得此亡國之語乎！臣聞子胥諫吳王，吳王不用，乃曰：『臣今見麋鹿游姑蘇之臺也。』今臣亦見宮中生荊棘，露沾衣也。」伍被誠見及此，何故終不能自持，故未可信王怒，繫伍被父母，囚之三月。復召曰：「將軍許寡人乎？」被曰：「不，直來為大王畫耳。又順其勢而隳奪之臣聞聰者聽於無聲，被言直是一篇王命論，好體製明者見於未形，故聖人萬舉萬全。所謂來謀者，謀萬全也，此是正答昔文王一動而功顯于千世，列為三代，此所謂因天心以動作者也，已上似論冒故海內不期而隨。此千歲之可見者。夫百年之秦，近世之吳楚，亦足以喻國家之存亡矣。千歲、百年、近世，累累說下，若入後人手，不排則冗矣臣不敢避子胥之誅，仍跟前說，亦密願大王毋為吳王之聽。已上似提段昔秦絕先王之道，

然，理暢而氣古，比於莽大夫之劇秦美新，不啻駕之倍蓰，故錄之。

人臣無將，將則必誅。爲人臣子，位忝親藩，乃不思維城鞏固之忠，而出於覬覦非分之計，其必之逆，固已難逭，伍被但爲計算成敗，而絕不與較論是非，便非純臣之節矣，其終與之同陷於大戮也，不亦宜乎。

以下三段承「百年之秦」言之 殺術士，燔詩書，棄禮義，尚詐力，任刑罰，轉負海之粟，致之西河。東南輓漕以給西北 當是之時，男子疾耕不足於糟糠，女子紡績不足於蓋形。此句中已含欲爲亂者十之三四矣。古文以明暗互見爲變化者甚多 遣蒙恬築長城，東西數千里，暴兵露師常數十萬，死者不可勝數，僵尸千里，流血頃畝，百姓力竭，欲爲亂者十家而五。五、六、七三段極整齊又極排宕 又使徐福入海求神異物，還爲僞辭曰：『臣見海中大神，言曰：凡欲動人之聽者，必雜以恢宏曼衍之辭，此最得縱橫遺習「汝西皇之使邪？」臣答曰：「然。」「汝何求？」曰：「願請延年益壽藥。」神曰：「汝秦王之禮薄，得觀而不得取。」蓬萊仙子竟似貨藥馬醫，可笑極矣 即從臣東南至蓬萊山，見芝成宮闕，若幷不得觀，則望遂絕矣。餌得妙 有使者銅色而龍形，光上照天。幻絕，封禪書所未見 於是臣再拜問曰：「宜何資以獻？」海神曰：「以令名男子若振女即童男女，振與侲同，與百工之事，即得之矣。」』試問神仙何所資於人間百工之事？愚弄至此而不悟，蓋其蔽之者深矣 秦皇帝大說，遣振男女三千人，資之五穀種種百工而行。徐福得平原廣澤，止王不來。即今之日本國 於是百姓悲痛相思，欲爲亂者十家而六。又使尉佗踰五嶺攻百越，尉佗知中國勞極，止王不來，中國鼎沸，偏是化外之人得恣其欲 使人上書，求女無夫家者三萬人，以爲士卒衣補。秦皇帝可其萬五千人。於是百姓離心瓦解，欲爲亂者十家而七。先是力竭，繼是悲思，終於瓦解，層次井然 客謂高皇帝曰：『時可矣。』陡接 高皇帝曰：『待之，聖人當起東南間。』但以首難者爲聖人，非質言也 不一年，陳勝吳廣發矣。高皇始於豐沛，一倡天下不期而響應者不可勝數也。此所謂蹈瑕候間，

楚靈王聞子革誦祈招之詩，饋不食，寢不寐，卒不能自克，以及於難；淮南王聞伍被之言，氣怨結而涕滿匡，可謂深感矣，而卒亦終不免於叛逆者，甚矣，邪心之難格也！故孟子論大人，以格君心之非為主。

漢高祖以匹夫得天下，而其子孫往往效尤；明高祖亦以匹夫得天下，而文皇靖難，喋血家門，因而逆藩作逆者亦接踵而起，原其意，皆見前人得之之易也，然亦何不并觀於前人覆敗之酷乎？伍被引高帝之易，折入吳楚，此實有功世道不淺。

（四字立論之本）因秦之亡而動者也。百姓願之，若旱之望雨，故起於行陳之中而立為天子，功高三王，德傳無窮。今大王見高皇帝得天下之易也，（勘破隱衷，妙）獨不觀近世之吳楚乎？（折落近世之吳楚，其語猶夷恣肆而秩然整齊）夫吳王賜號為劉氏祭酒，復不朝，王四郡之衆，地方數千里，內鑄消銅以為錢，東煮海水以為鹽，上取江陵木以為船，（言畔者本領絕大而非時，終不能成功）一船之載，當中國數十兩車，國富民衆。行珠玉金帛賂諸侯宗室大臣，獨竇氏不與。（以竇嬰為將擊吳楚故）計定謀成，舉兵而西。破於大梁，敗於狐父，奔走而東，至於丹徒，越人禽之，身死絕祀，為天下笑。（寫得前如屯雲之集，後如落葉之掃，令人索然意消）夫以吳越之衆，不能成功者何？誠逆天道而不知時也。（逆天是正論，但就時勢上說，已失之矣）方今大王之兵衆不能十分吳楚之一，天下安寧有萬倍於吳楚之時，願大王從臣之計。（畧用一頓即疾轉，好筆力）大王不從臣之計，今見大王事必不成而語先泄也。（此中大有鈐束之妙）臣聞微子過故國而悲，於是作麥秀之歌，（亦暗與「宮中生荊棘，露沾衣」語遙作關會）是痛紂之不用王子比干也。故孟子曰：『紂貴為天子，死曾不若匹夫。』是紂先自絕於天下久矣，非死之日而天下去之。（檃括「聞誅一夫紂矣」之意而不襲其辭）今臣亦竊悲大王棄千乘之君，必且賜絕命之書，為羣臣先，死於東宮也。」（直以獨夫紂指斥王，可謂犯顏敢諫之至矣。卒為畫僥倖之計，何也）於是王氣怨結而不揚，涕滿匡而橫流，即起，歷階而去。

君子讀伍被折淮南反謀之言，而嘆見幾之宜審，赴義之不可以不決也。夫被而非智者則已。被誠智者，則宮中麋鹿，已成為沼之憂；故國黍禾，業隕沾襟之涕。持之過急，勢不過誅，狎之既深，氣將見奪，天下豈有父母縶於王宮，密畫需之半載，而猶不虞洩機謀於道路，啓猜釁於漢廷者哉？淮南之亡，翹足可待，乃被猶依違兩可，卒為首謀者，不過刀鋸當前，冀賒旦夕之死，事倖可成，則依日月之末光，固堪化家為國；即不成，亦欲藉此兩番苦口為免脫之緣耳。見幾不審，赴義不決，卒傾廟社，并陷身家，於乎惜哉！

史記菁華錄卷五終

汲長孺，武帝朝第一直臣，而不相；李將軍，武帝朝第一名將，而不得侯；史公蓋深惜之，故兩傳皆用零零碎碎寫法，鬚眉畢著，性情皆活。然黯之為人，幾於至誠動物，忌之者不能傷，驕之者不能折，愛之者不能私，短之者不能損，危言危行，如蹈康莊，真西漢第一流人物也。

切直人能以清淨無為之本領，所以為賢；若刻以濟其直，則不礙

史記菁華錄卷六

清　姚祖恩編著

汲鄭列傳

汲黯字長孺，濮陽人也。（衛地，為下句引）其先有寵於古之衛君。（無意着此語，亦為戇直者反面襯映）至黯七世，世為卿大夫。黯以父任，（門蔭中有此人，故奇）孝景時為太子洗馬，以莊見憚。（武帝為太子時，知黯已久）孝景帝崩，太子即位，黯為謁者。東越相攻，上使黯往視之。（兩使黯往視，實非其任而黯不辭，意固欲相機尋事出其囊中之穎也）不至，至吳而還，報曰：「越人相攻，固其俗然，不足以辱天子之使。」（出使半道，廢命而還，雖曰持大體，然亦見漢法寬厚，迴非後世所及）河內失火，延燒千餘家，上使黯往視之。還報曰：「家人失火，屋比延燒，不足憂也。（兩「不足」字皆為朝廷占地步，然何不於奉命之時言之，故知尋事見才是其本意）臣過河南，河南貧人傷水旱萬餘家，或父子相食，臣謹以便宜，持節發河南倉粟以振貧民。臣請歸節，伏矯制之罪。」（數語簡盡，足抵一篇奏疏，黯非一味率直者也）上賢而釋之，（武帝大過人）遷為滎陽令。黯恥為令，病歸田里。上聞，乃召拜為中大夫。（畢竟於為太子時知之有素，故惓惓如此）以數切諫，不得久留內，遷為東海太守。黯學黃老之言，治官理民，好清靜，擇丞史而任之。其治，責大指而已，不苛小。（此等自是大臣宰相局量，史公以為學黃老所致，此西漢人習氣，須分別論之）黯多病，臥閨閤內不出。歲餘，東海大治，稱之。（此豈談清淨者所能為）上聞，召以為主

聯經出版事業公司校印

武帝多欲一著，乃其隱微深痼之病。其四十餘年之間開邊權貨、封禪求仙無數敝政，皆此二字為之根，忽然被黯一言指破，實乃慚悚不違，故但恕其戇而不能罪，至於徘徊顧歎，終不得不以社稷臣目之。史公於面折犯顏之下，特寫一段帝之愛，一段帝之敬，然有深意存焉。

惟病國，亦必禍身矣。然吾謂黯之賢，誠為體正，清靜為用，此仲弓所謂居敬行簡者也。子長雄於文而樂言黃老，其見地固不無少偏者，須論世者自得之。

爵都尉，列於九卿。治務在無為而已，弘大體，不拘文法。（即以治郡者治天下，古大臣原無兩副本領）黯為人性倨，少禮，面折，不能容人之過。合己者善待之，不合己者不能忍見，（此段總敘其性情，須相筆尖轉動之處，裊裊如游絲欲墜）士亦以此不附焉。（此「亦以」是一層）然好學游俠，（篇中用「然」字轉處俱健絕）任氣節，內行修絜，好直諫，數犯主之顏色，常慕傅柏、袁盎之為人也。（宕筆多姿）善灌夫、鄭當時及宗正劉弃。（數人皆有一節類黯耳）亦以數直諫，不得久居位。（此「亦以」又一層）當是時，太后弟武安侯蚡為丞相，（此段證實生倨少禮）中二千石來拜謁，蚡不為禮。然黯見蚡，未嘗拜，常揖之。（具畫意）天子方招文學儒者，上曰吾欲云云，（寫生手）黯對曰：「陛下內多欲而外施仁義，奈何欲效唐虞之治乎！」（此段證實直諫犯顏）上默然，怒，變色而罷朝。公卿皆為黯懼。（點染法）上退，謂左右曰：「甚矣，汲黯之戇也！」（一字定評）羣臣或數黯，黯曰：「天子置公卿輔弼之臣，寧令從諛承意，陷主於不義乎？且已在其位，縱愛身，奈辱朝廷何！」（借點語特為戇字作註腳，蓋武帝戇字之評褒貶雙合，非直少黯也）黯多病，病且滿三月，上常賜告者數，終不愈。（此段寫上之愛黯）最後病，莊助為請告。上曰：「汲黯何如人哉？」（中有主見，問以決之，玩下「然」字，悠然神往）助曰：「使黯任職居官，無以踰人。然至其輔少主，（此一事）守城深堅，（此又一事）招之不來，麾之不去，（總承上二句）雖自謂賁育亦不能奪之矣。」（數語皆信於其未然，可謂知己矣）上曰：「然。古有社稷之臣，至如黯，近之矣。」（武帝朝多才，獨以社稷臣許黯，可思）

大將軍青侍中，（此段寫上之敬黯）上踞廁而視之。丞相弘燕見，上或時不冠。至如黯見，上不冠

黯一生與張湯抵牾，篇中凡三敘責湯之言，其意前後相足，不甚歧異，大概以刀筆吏深文周內，紛改舊章爲恨。按：秦法酷於商鞅，重於李斯，漢蕭何悉除去苛法，定爲二十二篇，曹參守之不失，蓋民之去湯火而濯清涼者，歷高惠文景四朝，而始有勝殘去殺之意。自湯一出，而紛紛舞亂，嗣是而蒼鷹屠伯鼓牙而興，縻爛其民，又甚於亡秦之世，則皆湯作之俑也。作俑無後，天理固宜，無種之言豈爲過哉。然湯子安世

不見也。（總寫一筆）上嘗坐武帳中，（又撮一事以實之，零星入妙）黯前奏事，上不冠，望見黯，避帳中，使人可其奏。其見敬禮如此。張湯方以更定律令爲廷尉，黯數質責湯於上前曰：（此段證實「面折，不能容人之過」）「公爲正卿，上不能褒先帝之功業，下不能抑天下之邪心，安國富民，使囹圄空虛，二者無一焉。（其言甚正，其識甚偉，足令老奸心死）非苦就行，放析就功，何乃取高皇帝約束紛更之爲？（詰得無致辯處）公以此無種矣。」（毒罵妙，然小人不敢仇，非至誠動物者不能）黯時與湯論議，湯辯常在文深小苛，黯伉厲守高不能屈，忿發罵曰：（意匠經營，化工肖物，千載而下如聞其聲）「天下謂刀筆吏不可以爲公卿，果然。必湯也，令天下重足而立，側目而視矣！」是時，漢方征匈奴，招懷四夷。黯務少事，（此眞武帝朝清涼散，如果相黯，爲四海造福遠矣）承上間，常言與胡和親，無起兵。上方向儒術，尊公孫弘。及事益多，吏民巧弄。上分別文法，湯等數奏決讞以幸。（前後只歸重律令一事）而黯常毀儒，面觸弘等徒懷詐飾智以阿人主取容，而刀筆吏專深文巧詆，陷人於罪，（囊括處亦極精彩）使不得反其眞，以勝爲功。（妙語可入典謨）上愈益貴弘、湯，（不情得妙，不如此不足見黯之積誠動物）弘、湯深心疾黯，惟天子亦不說也，欲誅之以事。（寫弘意中事，狠甚）弘爲丞相，乃言上曰：「右內史界部中多貴人宗室，難治，非素重臣不能任，（以譽之爲陷之，千古小人害君子多用此術）請徙黯爲右內史。」爲右內史數歲，官事不廢。（只如此妙）大將軍青既益尊，姊爲皇后，然黯與亢禮。人或說黯曰：「自天子欲羣臣下大將軍，大將軍尊重益貴，君不可以不拜。」黯曰：「夫以大將軍有揖客，反不重邪？」

聯經出版事業公司校印

竟以名德見稱，高官顯爵，赫奕有加，所謂天道，是耶？非耶？史公於黯責湯之言再三寫之，繁而不殺，其所感者深矣。殺運既開，雖聖人復起，未如之何，存黯之論，所以為萬世計也。

以上爭律令，此二段爭邊功，一點之深心大識，二生只惓惓此事，然漢廷羣在夢熟時，雖振臂疾呼，無益也。

「譬若奉驕子」一語，自漢以來，直至趙宋，無不如此。千秋短氣之事，發端者劉敬也，摘破者汲長孺也，是古今一大關捩也。

（善爲大將軍地）大將軍聞，愈賢黯，數請問國家朝廷所疑，遇黯過於平生。（此豈武夫所能？青於此稍有大臣之度）淮南王謀反，憚黯，曰：「好直諫，守節死義，難惑以非。（直諫守節之臣能令逆臣忌憚，故奇，豈必赳赳武夫而後爲公侯干城哉）至如說丞相弘，如發蒙振落耳。」天子既數征匈奴有功，黯之言益不用。始黯列爲九卿，而公孫弘、張湯爲小吏。及弘、湯稍益貴，與黯同位，（逐步寫來，咄咄逼人，正與李廣傳同一機局）黯又非毀弘、湯等。已而弘至丞相，封爲侯；湯至御史大夫；（此爲三公，位極人臣矣）故黯時丞相史皆與黯同列，（又加攔一筆）或尊用過之。（益妙）黯褊心，不能無少望，（善寫人肺腑閒事）見上，前言曰：「陛下用羣臣如積薪耳，後來者居上。」（巧中帶戇，非黯不能道）上默然。有閒，（畫得盡致）黯罷。上曰：「人果不可以無學，觀黯之言也日益甚。」（學爲諧媚耶？評得不情而有態）居無何，匈奴渾邪王率衆來降，漢發車二萬乘。縣官無錢，從民貰馬。民或匿馬，馬不具。上怒，欲斬長安令。（怒得無理）黯曰：「長安令無罪，獨斬黯，民乃肯出馬。（激得更無理，故妙）且匈奴畔其主而降漢，（妙得春秋之旨）漢徐以縣次傳之，（其持大體猶前也）何至令天下騷動，罷敝中國而以事夷狄之人乎！」上默然。（數寫「嘿然」俱妙）及渾邪至，賈人與市者，坐當死者五百餘人。（漢法：擅以中國貨物闌出關外通互市者，棄市）黯請間，見高門，曰：「夫匈奴攻當路塞，絕和親，（其罪如此）中國興兵誅之，死傷者不可勝計，（其爲中國患又如彼）而費以巨萬百數。臣愚以爲陛下得胡人，皆以爲奴婢以賜從軍死事者家；所鹵獲，因予之，（處分妙絕）以謝天下之苦，塞百姓之心。（大義正法，不復有道及者）今縱不能，渾邪率數萬之衆來

黯傳畢矣，治淮陽不過「如故」二字盡之，史公偏於受詔之時，去國之際，極力寫出其一腔忠誠惻怛之意，蓬勃懍慨，生氣凜然。其意中固以黯爲第一流人物，須以第一副筆墨寫之，或謂實政少而文章不能生色者，豈非妄哉。

降，虛府庫賞賜，發良民侍養，譬若奉驕子。（說得短氣，又說得傷心）愚民安知，市買長安中物，而文吏繩以爲闌出財物於邊關乎？（仍是痛詆刀筆吏口吻）陛下縱不能得匈奴之資以謝天下，又以微文殺無知者五百餘人，是所謂『庇其葉而傷其枝』者也，臣竊爲陛下不取也。」（還迴上意而收之，章法極不草草）上默然，不許，（嘿然者，深動心於黯之論，因自咎而不許論誅互市之人也）曰：「吾久不聞汲黯之言，今又復妄發矣。」後數月，黯坐小法，會赦免官。於是黯隱於田園。居數年，會更五銖錢，民多盜鑄錢，楚地尤甚。上以爲淮陽，楚地之郊，乃召拜黯爲淮陽太守。（黯名臣也，小過免之，過矣。至遇盤根錯節則終思利器，武帝之用人，不亦末乎）黯伏謝不受印，詔數彊予，然後奉詔。詔召見黯，（寫得侘傺而文淸剛）黯爲上泣曰：「臣自以爲塡溝壑，不復見陛下，不意陛下復收用之。臣常有狗馬病，力不能任郡事，臣願爲中郎出入禁闥，補過拾遺，臣之願也。」（薑桂之性愈辣，葵藿之心不移，老臣心地以安社稷爲悅者，如趙鼎過嶺出涕同一副本領也。不得以前恥爲令意例看之）上曰：「君薄淮陽邪？吾今召君矣。（帝雖不情，然其待黯亦未嘗不厚）顧淮陽吏民不相得，吾徒得君之重，臥而治之。」黯既辭行，過大行李息，曰：（老臣去國如此，所以爲社稷臣）「黯弃居郡，不得與朝廷議也。然御史大夫張湯，（暢發張湯巧佞之隱，眞如燃犀照渚，百怪惶惑。湯縱不能害黯，黯則必將誅湯，如有明嚴相之於椒山，其勢固不兩立。此帝之所以必欲出黯於外也）智足以拒諫，詐足以飾非，務巧佞之語，辯數之辭，非肯正爲天下言，專阿主意。主意所不欲，因而毀之；主意所欲，因而譽之。好興事，舞文法，內懷詐以御主心，外挾賊吏以爲威重。公列九卿，不早言之，公與之俱受其僇矣。」息畏湯，終

聯經出版事業公司校印

篇首既云濮陽人，又云其先有寵於古之衛君，至篇末遂牽連衛人仕宦者，而以皆嚴憚汲黯用其下結之，史公作文，雖閒句冷字，無一處無著落如此。

鄭當時傳只極寫其愛士好客，然通體皆用虛寫，獨以脫張羽於阸一事起，以任人賓客逋負貽累一事終，其成其敗，皆以客之故也。則當其廷議田、竇一事時，始是魏其，後不能堅對，則以竇嬰、灌夫亦好客

不敢言。黯居郡如故治，淮陽政清。寫出行所無事，簡而妙 後張湯果敗，上聞黯與息言，抵息罪。令黯以諸侯相秩居淮陽。七歲而卒。帝之重黯極矣，然終不樂近之，惟其多欲故也 卒後，上以黯故，官其弟汲仁至九卿，子汲偃至諸侯相。黯姑姊子司馬安亦少與黯爲太子洗馬。安文深巧善宦，與黯相反，激射得奇 官四至九卿，以河南太守卒。昆弟以安故，同時至二千石者十人。濮陽段宏特點濮陽字，與篇首應 始事蓋侯信，信任宏，宏亦再至九卿。然衞人仕者皆嚴憚汲黯，出其下。總一句，收得有味外味

鄭當時者，字莊，陳人也。其先鄭君常爲項籍將；黯與當時爲人相似處甚少，各引其先一人，又各與本人不類，俱文章羅紋之妙 籍死，已而屬漢。高祖令諸故項籍臣名籍，鄭君獨不奉詔。詔盡拜名籍者爲大夫，而逐鄭君。鄭君古之節烈士，而史公不着其名，不爲立傳，所以爲輕節義而重奸雄 鄭君死孝文時。鄭莊以任俠自喜，脫張羽於戹，實寫一事於前 聲聞梁楚之間。孝景時，爲太子舍人。每五日洗沐，常置驛馬長安諸郊，存諸故人，請謝賓客，夜以繼日，至其明旦，常恐不徧。此事亦後世所難行，莊之好客，自是任俠自喜故態 莊好黃老之言，特插此語，與汲黯同也 爲其慕長者如恐不見。年少官薄，然其游知交皆其大父行，天下有名之士也。極寫得士之盛 武帝立，莊稍遷爲魯中尉、濟南太守、江都相，至九卿，爲右內史。綜敘生平 歷任官閥，別是一格，可爲權式 以武安侯、魏其時議，貶秩爲詹事，此當時骨鯁處，却寫得極畧，以全傳不重此也 遷爲大農令。莊爲太史，誡門下：「客至，無貴賤，無留門者。」執賓主之禮，以其貴下人。莊廉，又

聯經出版事業公司校印

之甚者，故氣類有以感之，不必實為骨鯁之論也。故於廷議受貶既甚畧，而後復以趨和承意，不敢引當否言之，而惟極歎其愛士真切。蓋古人雖臨文愛賞極意處，終不肯妄許一字也。如此，千古稱良史才，斷非偶錄。

其廢亦以賓客之故累之，以一意到底。

汲傳不及賓客盛衰，鄭傳亦惟篇末一語「賓客益落」，贊語自發生平太息之意，故橫插翟公之言作案，實不專為汲鄭也。

不治其產業，仰奉賜以給諸公。（尤難在此）然其餽遺人，不過算器食。（以竹器貯食物，儉之至也）每朝，候上之間說，未嘗不言天下之長者。（總只一意變化出來）其推轂士及官屬丞史，（兩頭二「言」字虛寫）誠有味其言之也，（神往語，奇絕有至味）常引以爲賢於己。（即「有味」中紬繹出來）未嘗名吏，與官屬言，若恐傷之。（已上極寫好客之誠）聞人之善言，進之上，惟恐後。山東士諸公以此翕然稱鄭莊。鄭莊使視決河，自請治行五日。（此段只引證「翕然稱」之實）上曰：「吾聞『鄭莊行，千里不齎糧』，（此言其結客之多，到處有逢迎也。莊糧叶韻，蓋是時傳頌之語）請治行者何也？」然鄭莊在朝，常趨和承意，不敢甚引當否。（此與黯相反處，然廷議獨與黯同是，魏其侯傳中偏不詳寫。古人作法須看全局，不肯草草如此）及晚節，漢征匈奴，招四夷，天下費多，財用益匱。莊任人賓客爲大農僦人，多逋負。司馬安爲淮陽太守，發其事，莊以此陷罪，贖爲庶人。頃之，守長史。上以爲老，以莊爲汝南太守。數歲，以官卒。（以太守而卒，與黯同）鄭莊、汲黯始列爲九卿，廉，內行修絜。此兩人中廢，家貧，賓客益落。（合寫二人相同處，發明合傳之意，大有感慨）及居郡卒後，家無餘貲財。（只用一句帶出質語來）莊兄弟子孫以莊故，（又一關鎖）至二千石六七人焉。

太史公曰：夫以汲、鄭之賢，（以傳外意作贊，別寓感歎）有勢則賓客十倍，無勢則否，況衆人乎！下邽翟公有言，始翟公爲廷尉，賓客闐門；及廢，門外可設雀羅。翟公復爲廷尉，賓客欲往，翟公乃大署其門曰：「一死一生，乃見交情。一貧一富，乃見交態。一貴一賤，交情乃見。」汲、鄭亦云，悲夫！

聯經出版事業公司校印

西漢之初多頌法黃老之言，其與孔孟之書，醇駁固未暇辨也。起處所引老子「上德不德」云云，正所謂德其所德，而非吾所謂德者。今但約舉大旨，不必深解，即是解人。

武帝之用酷史也，皆以為能而任之；而酷吏又實有公廉強幹之才，當武帝開邊括利之際，用之亦往往有成效，故借亡秦吏治武健嚴酷之風而贊其勝任愉快，此明是刺譏武帝本旨。下即以「由是觀之，在彼不在此」繳明尚德之意，又隨引兩酷吏之被誅，以為炯戒。諷諫微

酷吏列傳

孔子曰：「導之以政，齊之以刑，民免而無恥。導之以德，齊之以禮，有恥且格。」（引孔老兩家言起，以德字壓倒刑法，史公卓識）老氏稱：「上德不德，是以有德；下德不失德，是以無德。法令滋章，盜賊多有。」（在史公意，以不德為清淨無為，以不失德為科條詳備，而老子本旨又不盡然）太史公曰：信哉是言也！（双承孔老之言而歎之）法令者治之具，而非制治清濁之源也。（卓識名言）昔天下之網嘗密矣，（此指秦時言之）然姦偽萌起，其極也，上下相遁，（即指鹿為馬之禍，亦以法嚴令酷致之）至於不振。當是之時，吏治若救火揚沸，非武健嚴酷，惡能勝其任而愉快乎！（因網密而致奸多，因奸多而更立嚴法，其實無可奈何，史公顧若許其能靖亂者，亦反言之以剔起漢興之效耳）言道德者，溺其職矣。故曰：「聽訟，吾猶人也，必也使無訟乎。」「下士聞道大笑之」，非虛言也。（仍以孔子之言結之，意重無訟之道為末世嗤笑，亦斷章取義）漢興，破觚而為圜，斲雕而為樸，網漏於吞舟之魚，（此以高帝悉去秦苛法之時言之）而吏治烝烝，不至於姦，黎民艾安。由是觀之，在彼不在此。（可見救火揚沸亦終不在武健嚴酷，寓意深遠，咀嚼不盡）高后時，酷吏獨有侯封，刻轢宗室，侵辱功臣。呂氏已敗，遂禽侯封之家。孝景時，鼂錯以刻深頗用術輔其資，而七國之亂，發怒於錯，錯卒以被戮。（先寫兩個榜樣在前，重禽錯被戮處）其後有郅都、甯成之屬。

郅都者，楊人也。以郎事孝文帝。（孝文仁主，都無所見才可知）孝景時，都為中郎將，敢直諫，面折大臣於朝。（慘酷本領必附義理而行）嘗從入上林，賈姬如廁，野彘

情，盎然可掬，此極用意文字也。古語云：察見淵魚者不祥，蓋天下之事，每忌太盡。如郅都之爲人，公廉強毅，直諫敢言，守節奉公，居邊禦侮，固屬能臣之最；即其族滅豪宗，臨江對簿，亦分所應爲耳，祇以一念酷烈，不近人情，遂致身膏刀鋸，而天下快之。君子是以有「仁可過，義不可過」之言，郅都蓋過於義者也。汲長孺及宋之包孝肅、明之海忠介，清強峻厲處固有，而寬簡愛人，不務苛察，故爲賢耳。

卒入廁。上目都，都不行。[繪出木強情狀] 上欲自持兵救賈姬，都伏上前曰：「亡一姬復一姬進，天下所少寧賈姬等乎？[其言固正，只是覺得不近情，便成慘礉之氣耳] 陛下縱自輕，奈宗廟太后何！」[立言又奸巧] 上還，彘亦去。太后聞之，賜都金百斤，由此重郅都。

濟南瞯氏宗人三百餘家，豪猾，二千石莫能制，於是景帝乃拜都爲濟南太守。至則族滅瞯氏首惡，餘皆股栗。居歲餘，郡中不拾遺。旁十餘郡守，畏都如大府。[酷吏之效如此] 都爲人[虛敍一段，足盡生平]勇，有氣力，公廉，不發私書，問遺無所受，請寄無所聽。常自稱曰：「已倍親而仕，身固當奉職死節官下，終不顧妻子矣。」[清剛奉職自是能臣，一念慘惡遂成酷吏，顧用之何如耳] 郅都遷爲中尉。丞相條侯至貴倨也，而都揖丞相。[都似汲黯處頗多，然在黯傳寫來俱可慕，此傳寫來俱可畏，筆妙如化工肖物也] 是時民樸，畏罪自重，而都獨先嚴酷，致行法不避貴戚，列侯宗室見都側目而視，號曰「蒼鷹」。[數句是其殺身罪狀] 臨江王徵詣中尉府對簿，臨江王欲得刀筆爲書謝上，而都禁吏不予。[都之立意，總之入其門者，不復放一線生路而已] 魏其侯使人以間與臨江王。臨江王既爲書謝上，因自殺。[臨江王罪不致死，都殺之，適以自禍，亦天道使然] 竇太后聞之，怒，以危法中都，[已將殺之，却又少住以盡其才，須看兩中法句呼應] 都免歸家。孝景帝乃使使持節拜都爲鴈門太守，而便道之官，得以便宜從事。匈奴素聞郅都節，居邊，爲引兵去，竟郅都死，不近鴈門。[酷吏負邊才如此，亦豈易得哉] 匈奴至爲偶人象郅都，令騎馳射莫能中，見憚如此。[極寫其威攝人] 匈奴患之，竇太后乃竟中都以漢法。[所中之法不明言，蓋都不必有可殺之罪，而一生實蹟則無一念不足以殺其身耳] 景帝曰：「都忠臣。」欲釋之。竇太

寗成一生只是尚氣，篇中陵上操下，豪強惴恐處，雖極寫豪暴，然尚無靡爛其民之事也。為吏者，苟當驕侈之世，而力驕其狂瀾，如子產惠人，而猶謂政莫如猛，成亦何可厚非？故雖抵罪髡鉗，而猶得以素封威重於世，有以也夫。

汲黯廷折弘、湯處亦類於忮，然疾惡耳，非爭權也，奈何與周陽

后曰：「臨江王獨非忠臣邪？」於是遂斬郅都。（郅都斬）

寧成者，穰人也。以郎謁者事景帝。好氣，（寗或只是好氣二字做或一個酷吏）為人小吏，必陵其長吏；為人上，操下如束溼薪。猾賊任威。（又足四字，好氣之所以濟其惡者也）稍遷至濟南都尉，而郅都為守。（串郅都）始前數都尉皆步入府，因吏謁守如縣令，其畏郅都如此。（借襯法）及成往，直陵都出其上。（好氣而敢陵人所不敢陵之人，乃見其酷）都素聞其聲，於是善遇，與結驩。（能使都屈，亦非漫然使氣如灌夫之流）久之，郅都死後，長安左右宗室多暴，犯法，於是上召寧成為中尉。其治效郅都，其廉弗如，（以串法寫，詳畧俱有骨力）然宗室豪桀皆人人惴恐。

武帝即位，徙為內史。外戚多毀成之短，（從中尉內史得禍）抵罪髡鉗。（寗成髡鉗，髡鉗不足以蔽酷吏之辜也，故再寫一筆以志快，史公之意可見）是時九卿罪死即死，少被刑，而成極刑，自以為不復收，於是解脫，詐刻傳出關歸家。（是其猾賊作用）稱曰：「仕不至二千石，賈不至千萬，安可比人乎！」（與郅都所稱相去遠矣）乃貰貸買陂田千餘頃，假貧民，役使數千家。（又寫抵罪之後一番作用，猾賊任威之技乃盡，亦是文字逐段變化妙處）數年，會赦。致產數千金，為任俠，持吏長短，出從數十騎。其使民威重於郡守。（為小吏而陵上官，奇矣。至為刑餘而威重過郡守，不更異乎！成之才，亦實有過人者，未可深訾也）

周陽由者，其父趙兼以淮南王舅父侯周陽，（周陽地名）故因姓周陽氏。由以宗家任為郎，（宗家者，諸侯外戚之家。任與蔭同）事孝文及景帝。景帝時，由為郡守。武帝即位，吏治尚循謹甚，（先寫此筆，便定由罪案）然由居二千石中，最為暴酷驕恣。（驕恣字甚於猾賊任威，總寫其惡，不但絕異於郅都之公廉，亦殊遠於寗成之任俠）所愛者，撓法活之；所憎者，曲法誅滅之。所居郡，必夷其豪。為守，視都尉如令。為都

由並論？史公往往有文外支節不了了處。又舊註以「未嘗敢均茵伏」句總承汲黠、司馬安，非是。言與汲黠俱為忮害，雖以司馬安之文惡，然且同列而不敢亢禮也。

趙禹能識田仁、任安於微賤之中，亦賢大夫也，徒以文深為酷吏。須看「與張湯定律，用法益刻，自此始」數句，可見以三寸管釀禍無窮，正與殺人以梃與刃者同科，史公垂戒之深意可見矣。

古之取人必視其所與，張湯之所與者，皆非端士也：始因趙兼定交，繼為寧成掾屬，又為田蚡長史，終與趙禹交。

尉，必陵太守，奪之治。（加「奪之治」三字便非僅好氣，好氣者，不為勢位所詘，奪權則罔上行私，何所不至。此所以終及於禍也）與汲黯俱為忮，司馬安之文惡，俱在二千石列，同車未嘗敢均茵伏。由後為河東都尉，時與其守勝屠公爭權，相告言罪。勝屠公當抵罪，義不受刑，自殺，而由棄市。（周陽由棄市）自甯成、周陽由之後，（忽總束一筆，文勢極變動）事益多，民巧法，大抵吏之治類多成、由等矣。（至以群惡之罪歸之，即作俑無後之嘆也）

趙禹者，斄（音台）人。以佐史補中都官，用廉為令史，（禹稍廉平，獨以文深列於酷吏）事太尉亞夫。亞夫為丞相，禹為丞相史，府中皆稱其廉平。然亞夫弗任，曰：「極知禹無害，然文深，不可以居大府。」（亞夫有大臣識略，正與汲黯斥張湯意同）今上時，禹以刀筆吏（特點出「刀筆吏」三字，妙）積勞，稍遷為御史。上以為能，（傳中眼目）至太中大夫。與張湯論定諸律令，（串法）作見知，（見知者，律法名，即知而不舉者連坐之）吏傳得相監司。用法益刻，蓋自此始。（禹傳未畢即入張湯，又變）

張湯者，杜人也。其父為長安丞，出，湯為兒守舍。還而鼠盜肉，其父怒，笞湯。湯掘窟得盜鼠及餘肉，劾鼠掠治，傳爰書，訊鞫論報，并取鼠與肉，具獄磔堂下。（爰書即獄詞，其中備具士師訊鞫之由，及論罪如律而朝廷報可諸款式，然後并取盜鼠贓證，具獄而後磔，寫得絲毫不漏，故為天生酷吏才也）其父見之，視其文辭如老獄吏，大驚，遂使書獄。（引一小事起，見湯乃天生酷吏之才）父死後，湯為長安吏，久之。周陽侯始為諸卿時，（即周陽由之父趙兼）嘗繫長安，湯傾身為之。（亦從治獄中出身）及出為侯，大與湯交，偏見湯貴人。湯給事內史，為甯成掾，以湯為無害，（看其步步從刀筆吏露穎，便知與士大夫出身迥別）言大府，調為茂陵尉，治方中。（督治山陵中壙室）武安侯為丞

驩；天性既優於深刻，薰染俱極其傾邪，宜其為酷吏中之首惡也。

見文法輒取，亦不覆案，極寫趙禹辟好深文處。文法者，刻鞫文致之法，以為精覈而取錄之，亦不復檢覆律令故典以求其相合否也。惟其喜好刻深，所以嘗求官屬陰罪而致之於法。若張湯於上所是，即受而著獄決法附於廷尉，絜令是即近世新例之法也。即此二語，洞見禹、湯二人更定律令，紛紜繁重，大改高帝舊章，使人無所措手足矣，此二傳中骨子也。

相，徵湯為史，時薦言之天子，補御史，使案事。治陳皇后蠱獄，深竟黨與。於是上以為能， 此方是湯脫穎而出處，故亟下「上以為能」句 稍遷至太中大夫。與趙禹共定諸律令， 文有見於彼傳而此不復書者，獨共定律令事，禹傳、湯傳兩書之，所以深著其惡也 務在深文，拘守職之吏。已而趙禹遷為中尉，徙為少府，而張湯為廷尉，兩人交驩，而兄事禹。 先作一束 禹為人廉倨。 忽入禹傳，離奇開合，極文之變 為吏以來，舍毋食客。公卿相造請禹，禹終不報謝，務在絕知友賓客之請，孤立行一意而已。見文法輒取，亦不覆案，求官屬陰罪。 禹之為人與湯事事相反，徒以一念刻深，遂相得無間，特以禹為人、湯為人平提二段，以不沒二人之眞 湯為人多詐， 句句與禹反，妙。極整齊又極參差，故奇 舞智以御人。始為小吏，乾沒，與長安富賈田甲、魚翁叔之屬交私。及列九卿，收接天下名士大夫，己心內雖不合，然陽浮慕之。 為小吏婪賄不立品如此，至為三公，却有廉名，其詐可知。盡抉肺腑，惡之至也 是時上方鄉文學，湯決大獄，欲傅古義， 決大獄、傅古義，美事也，惟其一詐，寫得不值一文 乃請博士弟子治尚書、春秋補廷尉史，亭疑法。 亭即平，謂以經術平疑獄，如嚴延年以春秋律衛太子是也 奏讞疑事，必豫先為上分別其原，上所是受而著讞決法廷尉，絜令揚主之明。 絜即絜矩之義，比較舊法而附合之，即新例也 奏事即譴，湯應謝， 此段數用即字，皆妙 鄉上意所便，必引正、監、掾史賢者，曰：「固為臣議，如上責臣，臣弗用，愚抵於此。」罪常釋聞。 詳寫一大段，如秦宮寶鏡，無隱不燭，蓋湯好深文，故史公亦即以深文寫之，此亦酷吏手段，非他文所有也 即奏事，上善之，曰：「臣非知為此奏，乃正、監、掾史某為之。」其欲薦吏，揚人之善，蔽人之過如此。 揚善蔽惡亦美事也，惟其一詐，亦寫得不值一文 所治 此段專就治獄上寫其詐 即上意所欲罪，予監史深禍者；即上意所

湯立意亦要豪鉏強、振貧弱、收恤故舊、薦揚屬吏，及弘奬經術、敦尚廉恥一皆是美事，惟以詐行之，遂覺無往不陰邪曖昧。史公盡力雕繪，所謂雖百世可知也。

群酷吏非無暴過於湯者，然用事之專且久，得君之深且篤，則未有及湯者也；所以煩酷之氣溢於四海，上自公卿，下及黎庶，無不被其毒。湯

欲釋，與監史輕平者。所治即豪，必舞文巧詆；即下戶羸弱，時口言，雖文致法，上財察。（財同裁）於是往往釋湯所言。（先見上口奏以開釋之，故雖文致於法，而往往裁察見釋）湯至於大吏，內行修也。（亦終不沒其善）通賓客飲食。於故人子弟爲吏，（故人子弟爲吏者，飲食之；此倒句法）及貧昆弟，調護之尤厚。其造請諸公，不避寒暑。（本欲寫湯之得聲譽，却先着「造請不避寒暑」，則其得之者，更不值一文）是以湯雖文深意忌不專平，然得此聲譽。而刻深吏多爲爪牙用者，依於文學之士。丞相弘數稱其美。（弘好儒術，以湯依於文學之士，故亦稱美之。亦倒句法）及治淮南、衡山、江都反獄，皆窮根本。（湯之刻深治獄，只陳皇后蠱獄窮究黨與，及此處窮根本二實案，餘悉用虛寫）嚴助及伍被，上欲釋之。湯爭曰：「伍被本畫反謀，而助親幸出入禁闥爪牙臣，乃交私諸侯如此，弗誅，後不可治。」於是上可論之。（前言上所欲釋即與輕平者，此又將欲釋者爭而誅之，然則湯之立意刻酷益可見矣）其治獄所排大臣自爲功，多此類。於是湯益尊任，遷爲御史大夫。會渾邪等降，漢大興兵伐匈奴，山東水旱，貧民流徙，皆仰給縣官，縣官空虛。於是承上指，（大書「承上指」，既不恕湯，亦深譏上也）請造白金及五銖錢，籠天下鹽鐵，排富商大賈，出告緡令，鉏豪彊幷兼之家，舞文巧詆以輔法。（聚斂實弘羊、孔僅等所爲，湯惟舞文巧詆以附法，故盡寫在湯案內，筆法嚴極）湯每朝奏事，語國家用，（即承聚斂來）日晏，天子忘食。丞相取充位，天下事皆決於湯。（所謂天下之惡皆歸焉）百姓不安其生，騷動，縣官所興，未獲其利，姦吏並侵漁，（此皆桑、孔等罪案，今皆幷入「皆決於湯」句）於是痛繩以罪。（明明以羣兒之罪幷歸一人）則自公卿以下至於庶人，咸指湯。湯嘗病，天子至自視病，其隆貴如此。（「天子忘食」、「天子視病」兩頭，以寵異結成罪案）匈奴來請和

即煦煦於故人昆弟，亦何益矣。宛轉寫來，不留餘力也如此。

武帝朝有三大敝政：貴治獄之吏，信興利之臣，啓窮兵之禍是也。惟張湯一傳兼有之，即如狄山所議固不中肯，然湯特以愚儒無知一語駁之，追山自觸湯而武帝自責之乘鄣耳。段後獨綴羣臣震慴一語，便見窮兵之禍皆湯養成，而箝結衆口之威，幾如指鹿爲馬，皆文章辣手處。

親，羣臣議上前。（獨作一段，寫湯排陷朝士樣子）博士狄山曰：「和親便。」上問其便，山曰：「兵者凶器，未易數動。高帝欲伐匈奴，大困平城，乃遂結和親。（言既曲謹，不足以動雄略之主，而歷敘累朝之事亦絕不知忌諱，宜其言之不見聽而反以賈禍也）孝惠、高后時，天下安樂。及孝文帝欲事匈奴，北邊蕭然苦兵矣。（文帝乃不得已而用兵，非欲事匈奴之謂）孝景時，吳楚七國反，景帝往來兩宮間，寒心者數月。（言以用兵而懼）吳楚已破，竟景帝不言兵，天下富實。今自陛下舉兵擊匈奴，中國以空虛，邊民大困貧。由此觀之，不如和親。」（和親傷中國之體，本非長策，帝方欲威服四夷，何惜煩費）上問湯，湯曰：「此愚儒，無知。」（亦不達時務之謂）狄山曰：「臣固愚忠，若御史大夫湯乃詐忠。（愚忠、詐忠其言甚確，但不應舍本議而捃拾他事耳）若湯之治淮南、江都，以深文痛詆諸侯，別疏骨肉，使藩臣不自安。（與議和親事何與而自尋硬對耶）臣固知湯之爲詐忠。」於是上作色曰：「吾使生居一郡，能無使虜入盜乎？」（上方任湯而山痛詆之，故欲以事誅之，亦與本議無涉）曰：「不能。」曰：「居一縣？」對曰：「不能。」復曰：「居一鄣間？」（衛邊列亭山障爲屯戍）山自度辯窮且下吏，曰：「能。」於是上遣山乘鄣。至月餘，匈奴斬山頭而去。自是以後，羣臣震慴。（此蓋湯所使，非眞匈奴也，所以羣臣震慴）湯之客田甲，雖賈人，有賢操。（應田甲一段，大爲湯惜）始湯爲小吏時，與錢通，及湯爲大吏，甲所以責湯行義過失，亦有烈士風。（湯傳未畢，綴此句於田甲段下，有味）湯爲御史大夫七歲，敗。（自此以後皆湯所以致敗之事，亦極曲折）河東人李文嘗與湯有郤，已而爲御史中丞，恚，數從中文書事有可以傷湯者，不能爲地。（文欲傷湯而顧爲湯所殺，然湯之敗卒以此事發端也）湯有所愛史魯謁

漢之誅戮大臣，多以蜚語告姦及腹誹反唇諸曖昧之法，往往不厭人心，獨張湯以摩足細故遂致殺身，而讀者若猶以從容自裁未足蔽辜者，以湯之懷詐面欺，無一念不足以自賊其軀也。故湯之得幸也以詐，其致禍也亦以詐；其陷人也以詐，其終自陷也，亦以詐。鳴呼，山木自伐，膏火自煎，今之以智囊自負者，何不鑒於湯也。

湯喜排陷大臣，總是一腔忮刻之念，然獨莊青翟一事，竊謂湯不必有陷人之志，直苟欲自免。

居，知湯不平，使人上蜚變告文姦事，下湯，湯治論殺文，而湯心知謁居爲之。〔數寫心知，以著其陰險不可測揣〕上問曰：「言變事蹤跡安起？」湯佯驚曰：「此殆文故人怨之。」〔詐變將窮，數數描寫，皆爲後「面欺」二字伏脈〕謁居病臥閭里主人，湯自往視疾，爲謁居摩足。〔感其爲己報復，然極曖昧。文極平常，俱用零碎寫法疊成死案〕趙國以治鑄爲業，王數訟鐵官事，湯常排趙王。趙王求湯陰事。謁居嘗案趙王，趙王怨之，幷上書告：「湯，大臣也，史謁居有病，湯至爲摩足，疑與爲大姦。」〔告得不甚了了而能中武帝之忌，故妙〕事下廷尉。謁居病死，〔謁居不死，湯未必敗，此天亡之也〕事連其弟，弟繫導官。〔導官，獄名〕湯亦治他囚導官，見謁居弟，欲陰爲之，而佯不省。〔湯一生善詐，今偏以詐敗，可謂非天乎〕謁居弟弗知，怨湯，使人上書告湯與謁居謀，共變告李文。〔摩足之事固從李文起事，有原委〕事下減宣。〔串入減宣〕宣嘗與湯有郤，及得此事，窮竟其事，〔與湯窮竟他人處應〕未奏也。〔頓住另起〕會人有盜發孝文園瘞錢，丞相青翟朝，與湯約俱謝，至前，湯念獨丞相以四時行園，當謝，湯無與也，不謝。〔又詐，凡寫湯事，俱從心曲傳出〕丞相謝，上使御史案其事。湯欲致其文丞相見知，〔即前所造見知律，欲以此誅青翟，狠甚〕丞相患之。三長史皆害湯，欲陷之。〔忽起案，奇〕始長史朱買臣，會稽人也。〔朱買臣亦有奇特處，而史公不爲立傳，僅附見張湯傳中，故其書法較兩長史差詳，班掾遂爲補傳，蓋未得龍門去取之意也〕讀春秋。莊助使人言買臣，買臣以楚辭與助俱幸，侍中，爲太中大夫，用事；而湯乃爲小吏，跪伏使買臣等前。〔害湯，三長史俱只從炎涼起見，非有他故也，自然兩敗俱傷〕已而湯爲廷尉，治淮南獄，排擠莊助，買臣固心望。〔此念猶爲感助薦舉之恩〕及湯爲御史大夫，買臣以會稽守爲主爵都尉，

聯經出版事業公司校印

而已。蓋大臣有罪則見謝，所以明奉職無狀耳，湯以御史大夫無園陵關係，因不復謝；及後上問貫人居物之謀亦不復謝，其意總謂非己之罪而已。況一則曰欲文致，再則曰欲劾君，不過因三長史謀陷湯，借是以激丞相，恐未必有實迹之可辱也。且丞相即是行園之職，而瘞錢被盜，亦豈遂與長陵坏上同科，斷不至連及宰相而僨咎頓加也。總之，湯之苛刻自是取死之道，湯之詐妄，早伏見疑之根，而買臣等以深怨圖報，減宣、趙禹又以同類相戕，天道好還，巧於假手。陷人者人亦陷之，味趙禹之言可以自悟，而事之有無，不足更辯矣。

列於九卿。數年，坐法廢，守長史，（凡守丞相長史，皆後用效力起用之意）見湯，湯坐牀上，丞史遇買臣弗為禮。買臣楚士，深怨，常欲死之。（酷吏本好以氣凌人，況廢員乎？楚人剽悍，寫得深穩）王朝，齊人也，以術至右內史。（右內史及諸侯相皆眞二千石）邊通，學長短，（戰國縱橫之學）剛暴彊人也，官再至濟南相。故皆居湯右，（二人總寫）已而失官，守長史，詘體於湯。（與買臣詳略各妙）湯數行丞相事，知此三長史素貴，常凌折之。（由王朝而下，自一人總二人又總三人，文筆妥帖）以故三長史合謀曰：（遙接「三長史害湯，欲陷之」句）「始湯約與君謝，已而賣君；今欲劾君以宗廟事，此欲代君耳。（皆與莊青翟謀之言，直激之耳，未必果然）吾知湯陰事。」使吏捕案湯左田信等，（左，因佐證其罪者也）曰湯且欲奏請，信輒先知之，居物致富，與湯分之，（此亦賈人徵貴徵賤常態，自是冤獄；且湯既貴之後，亦不聞黷貨事也。三公之貴，何事不可致富，乃垂涎賈人羨餘耶）及他姦事。事辭頗聞。上問湯曰：「吾所為，賈人輒先知之，益居其物，是類有以吾謀告之者。」（問得猜狠之甚）湯不謝。湯又詳驚曰：「固宜有。」（疊寫二句，狡詐如鏡。「固宜有」三字，湯固欲移罪他人耳，適會減宣、趙禹兩酷吏與作勍敵，遂不可收拾，天實殺之也）減宣亦奏謁居等事。天子果以湯懷詐面欺，使使八輩簿責湯。湯具自道無此，不服。（頗頑鈍）於是上使趙禹責湯，（即「同定律令」、「素所兄事」者也，果報可畏）禹至，讓湯曰：「君何不知分也。君所治夷滅者幾何人矣？（妙絕，不與辨本案，只以現前果報惕之）今人言君皆有狀，天子重致君獄，欲令君自為計，何多以對簿為？」（趙禹至，湯固無生理矣，來俊臣鞫周興亦如此）湯乃為書謝曰：「湯無尺寸功，起刀筆吏，陛下幸致為三公，無以塞責。然謀陷湯罪者，三長史也。」遂自殺。湯死，家產直不過五百金，皆所得奉賜，無

禹只是文深而責湯處尚能以夷滅人為湯罪案，則其平緩可知也。壽終於湯死十餘年之後，宜哉！

從義縱以下，殘惡靡爛，無復人理，回視郅都、趙禹諸人，又如祥慶威鳳矣。史公用彼此形擊之法，相推相效，相忮相滅，如造蠱者聚百毒於一器，恣其呑噬。刼運至此，正何必問吳諸公繪踆摩變相也。

前寧成以兇鉗抵罪，豪於閭里，其傳未畢，又見義縱傳中，方結

他業。特書此語，見與田信分利之誣，史公雖甚惡湯，然初未嘗恕買臣等也 昆弟諸子欲厚葬湯，湯母曰：「湯爲天子大臣，被汙惡言而死，何厚葬乎！」爲天子大臣而有與賈豎分財之名，汙辱極矣。此母善於爲子報仇 載以牛車，有棺無椁。天子聞之，曰：「非此母不能生此子。」乃盡案誅三長史。武帝蓋終惜湯 丞相青翟自殺。此以三長史故，非爲宗廟事也 出田信。上惜湯，稍遷其子安世。惟湯有後 趙禹中廢，又接趙禹，其傳始終以一傳遶出湯傳之前後，文體極奇 已而爲廷尉。始條侯以爲禹賊深，弗任。及禹爲少府，比九卿。禹酷急，至晚節，事益多，吏務爲嚴峻，而禹治加緩，而名爲平。褒貶處銖兩不苟，筆態千曲百折，精悍特甚 王溫舒等後起，治酷於禹。妙句，是恕禹即是終不恕禹 禹以老，徙爲燕相，數歲，亂悖有罪，免歸。後湯十餘年，以壽卒於家。獨禹稍平，遂以壽終

義縱者，河東人也。爲少年時，嘗與張次公俱攻剽爲羣盜。伏張次公，傳外傳也，筆有餘妍 縱有姊姁，以醫幸王太后。王太后問：「有子兄弟爲官者乎？」姊曰：「有弟無行，不可。」有識，然亦巧於薦弟 太后乃告上，拜義姁弟縱爲中郎，補上黨郡中令。治敢行，少蘊藉，寫得妙絕，又是一種氣色 縣無逋事，舉爲第一。縱本群盜，故其一生只是盜賊器魄，一味斬殺，別無伎能 遷爲長陵及長安令，直法行治，不避貴戚。以捕案太后外孫修成君子仲，上以爲能，遷爲河內都尉。至則族滅其豪穰氏之屬，河內道不拾遺。酷吏治效如此 而張次公亦爲郎，以勇悍從軍，敢深入，有功，爲岸頭侯。寧成家居，又入寧成，極言成之暴以托起義縱之暴倍蓰於成來，背面鋪粉之法，最爲文字生色 上欲以爲郡守。御史大夫弘曰：「臣居山東爲小吏時，寧成爲濟南尉，其治如狼牧羊。其狼如此 成不可使治民。」上乃拜成爲

成案結，猶張湯傳中歸結趙禹之法也。若他手則傳各為起結，豈有此離奇出沒之妙。

按：軍數出定襄，而吏民亂敗，定則亦由於上之擾之，而不聊生耳，乃以殘暴之吏恣其賊虐，何哉？武帝之罪上通於天矣。◎為死罪解脫句，向以此語為私人相視罪名，謬甚。縱意蓋以死囚本無生理，今盡殺之，如為解脫其淹繫之苦者然，此惡人口吻也。

惟縱傳歷舉羣酷吏，相並而集其成，如破碎甯成，折服王溫舒，治放郅都，遠過張湯、趙禹，蓋萃衆人之惡為一人之惡，而超軼絕倫者也。恣肆寫來，筆有餘怒。

關都尉。歲餘，關東吏隸郡國出入關者，號曰：「寧見乳虎，無值寧成之怒。」（其見畏於人又如此）義縱自河內遷為南陽太守，（陡接）聞甯成家居南陽，及縱至關，（與他吏出入關者應）寧成側行送迎，（成見縱又若羊遇狼矣，奇甚）然縱氣盛，弗為禮。至郡，遂案寧氏，盡破碎其家。成坐有罪，及孔、暴之屬皆犇亡，南陽吏民重足一迹。（四字妙絕，即無所措手足之變化也）而平氏朱彊、杜衍、杜周為縱爪牙之吏，任用，遷為廷史。（酷吏未有不任其爪牙者）軍數出定襄，定襄吏民亂敗，於是徙縱為定襄太守。縱至，掩定襄獄中（妙在一掩字，殘酷無復人理在此）重罪輕繫二百餘人，及賓客昆弟私入相視亦二百餘人。（輕係既與重罪殊科，私入又非見囚可比，而縱一概殺之，所以為掩也）縱一捕鞫，曰「為死罪解脫」。是日皆報殺四百餘人。其後郡中不寒而栗，猾民佐吏為治。（奸猾反有生涯，從來如此）是時趙禹、張湯以深刻為九卿矣，（沉痛可味）然其治尚寬，輔法而行，而縱以鷹擊毛摯為治。後會五銖錢白金起，民為姦，京師尤甚，乃以縱為右內史，王溫舒為中尉。（兩兇相聚而縱之惡愈熾）溫舒至，惡其所為，不先言縱，縱必以氣凌之，（到底盜賊器魄）敗壞其功。其治，所誅殺甚多，然取為小治，姦益不勝，（積痼盡底提出）直指始出矣。（繡衣使者始出刺舉奸暴）吏之治以斬殺縛束為務，閻奉以惡用矣。（閻奉，從吏之惡者，公然拔用，皆縱之罪案也。兩「矣」字有太息之聲）縱廉，其治放郅都。上幸鼎湖，病久，已而卒起幸甘泉，道多不治。上怒曰：「縱以我為不復行此道乎？」嗛之。（縱之惡，人不敢問，而偶以意外取死，天也）至冬，楊可方受告緡，縱以為此亂民，部吏捕其為可使者。（楊可受告緡，上所使也，而縱捕之，豈得以修成子仲為例耶）天子聞，使杜式治，以為廢格沮

豪猾奸吏持其陰罪而縱使督奸，固亦一法；然曰「快其意所欲得」，則貰其罪勿問，則彼必競為賊害以希上之旨，而寃抑罹禍有不可勝言者矣。法非不善，而慘酷者行之，必不可長耳。

溫舒遷河內，久知豪猾之家，其殺氣之摩厲以須者，刻不容緩矣。無奈之郡日已是深秋，則捕鞫論奏、得報行誅，度三月之中未能集事，則無以逞其殘殺之威，故一到即私具驛馬，從河內至京，飛馳奏請，

事，棄縱市。後一歲，張湯亦死。天子方以告緡爲可獲利，故發怒。義縱棄市，又綴張湯，似無謂而妙

王溫舒者，陽陵人也。少時椎埋爲姦。出身與義縱略同 已而試補縣亭長，數廢。爲吏，以治獄至廷史。事張湯，串法妙 遷爲御史。督盜賊，殺傷甚多，稍遷至廣平都尉。擇郡中豪敢任吏十餘人，以爲爪牙，皆把其陰重罪，而縱使督盜賊，快其意所欲得。此人雖有百罪，弗法；即有避，因其事夷之，亦滅宗。條絡在手，此人亦有將帥之才，但用以督盜賊，亦未爲不可，用以戕民，即無人理矣 以其故，齊趙之郊，盜賊不敢近廣平，廣平聲爲道不拾遺。「聲爲」妙，不必實然 上聞，遷爲河內太守。素居廣平時，皆知河內豪姦之家，及往，九月而至。提九月 今郡具私馬五十疋，爲驛自河內至長安，部吏如居廣平時方略，捕郡中豪猾，此一念之惡，直包至「冬月益展一月，足吾事矣」一嘆，所謂惟日不足也 郡中豪猾相連坐千餘家。上書請，大者至族，小者乃死，家盡沒入償臧。奏行不過二三日，得可事。論報，私驛之效 至流血十餘里。比盡殺之語慘酷什倍 河內皆怪其奏，以爲神速。盡十二月，繳十二月，蓋三月中殺千餘家 郡中毋聲，毋敢夜行，野無犬吠之盜。此三句酷燄猶赫 其頗不得，偶有逋亡 失之旁郡國，梨來，梨與比同，及也 會春，溫舒頓足歎曰：「嗟乎，令冬月益展一月，足吾事矣！」漢法：立春後不許決囚，此溫舒置驛之意 其好殺伐行威，不愛人如此。天子聞之，以爲能，前聞聞其廣平道不拾遺，此聞聞其河內無犬吠之盜也。亦遙接法 遷爲中尉。其治復放河內，徙諸名禍猾吏與從事，河內則楊皆、麻戊，關中楊贛、成信等。河內、關中皆有舊 治，故徙其爪牙以爲搏擊之助 義縱爲內史，憚未敢恣治。憚者，溫舒憚義縱也。其文已在前，舊解作縱憚溫舒 及縱死，張湯敗後，徙爲

數日得報，流血成渠，而猶恨亡走之未及幷殺，因頓足浩歎，如此形容酷吏，真藥叉、羅刹未足以比其兇殘。

溫舒在十人中至為殘惡，而尹齊、楊僕特附見溫舒傳中，以溫舒之為中尉，適與彼相交卸也。舊說謂溫舒之惡，本傳不盡者又見尹齊傳中，是未知史公隱見出沒，若斷若聯之妙也。

楊僕本非酷史，而前以嚴酷二字為提，後以「治放尹齊」四字為繳本，和融無迹，史公亦着意幹旋如此。

十人中第一無品者，其才亦遠不逮，寧成輩，只是一個任用猾吏而

廷尉，而尹齊爲中尉。尹齊者，東郡茌平人。以刀筆稍遷至御史。事張湯，（以下皆張湯故吏，史公所以不肯恕湯而必列於酷吏中也。班史不知此義，別爲立傳，便非史識）張湯數稱以爲廉武，使督盜賊，所斬伐不避貴戚。遷爲關內都尉，聲甚於寧成。上以爲能，（虛寫各有詳略之妙）遷爲中尉，吏民益凋敝。尹齊木彊少文，豪惡吏伏匿而善吏不能爲治，以故事多廢，抵罪。（尹齊才具不逮溫舒遠甚而廉過之，便知牽尹齊只是極寫溫舒之惡）上復徙溫舒爲中尉，（再爲中尉）而楊僕以嚴酷爲主爵都尉。（又過一傳，離合有天巧）楊僕者，宜陽人也。（此段只爲楊僕爲主爵都尉小註）以千夫爲吏。河南守案舉以爲能，遷爲御史，使督盜賊關東。治放尹齊，以爲敢摯行。稍遷至主爵都尉，列九卿。天子以爲能。南越反，拜爲樓船將軍，有功，封將梁侯。爲荀彘所縛。居久之，病死。（征東越時敗衂失爵，史究言之，非此時事）而溫舒復爲中尉。（即再爲中尉事，接前段）爲人少文，居廷惛惛不辯，至於中尉則心開。（寫出惡人性情，奇而確）督盜賊，素習關中俗，知豪惡吏，豪惡吏盡復爲用，爲方略。（應尹齊爲中尉時，伏匿不能爲治）吏苛察，盜賊惡少年投缿（音項）購告言姦，（令人爲匿名告密。缿，銅櫃，可入不可出）置伯格長（即百家連坐法）以牧司姦盜賊。溫舒爲人諂，（又虛寫一段，見其品之汙賤不足比數，惡之至也）善事有勢者；即無勢者，視之如奴。有勢家，雖有姦如山，弗犯；無勢者，貴戚必侵辱。舞文巧詆下戶之猾，以焄大豪。（焄大豪，謂巧爲文致名作大豪也。舊解謂熏炙之，如借此懲彼之謂，則與諂態不符）其治中尉如此。姦猾窮治，大抵盡靡爛獄中，行論無出者。其爪牙吏虎而冠。（溫舒之惡在用奸吏，而其敗也亦根於此，故處處提出）於是中尉部中中猾以下皆伏，有勢者爲游聲譽，稱治。治數歲，其吏多以權富。（又點爪牙之惡）

已，宜其咎連五族，而千金之產適為屠劊之場也。

溫舒最酷，禍亦最慘者。尹齊雖不實寫，而誅滅既多，幸得免死，可謂天道疏而漏矣，遂以尸亡去歸葬者，以其死有餘辜，不得從容成禮以正首邱之報也。而舊註或謂尸自飛去，則豈殘人酷吏頓有飛昇羽化之術耶，不經甚矣。

獨於溫舒傳後痛發酷暴之吏無益於治而貽害甚

溫舒擊東越還，議有不中意者，坐小法抵罪免。是時天子方欲作通天臺而未有人，溫舒請覆中尉脫卒，得數萬人作。（諂上希旨故態）上說，拜為少府。徙為右內史，治如其故，（文簡而變化）姦邪少禁。坐法失官，復為右輔，行中尉事，（三為中尉）如故操。（文法小變）歲餘，會宛軍發，詔徵豪吏，溫舒匿其吏華成，（終以庇吏賈禍）及人有變告舒受員騎錢，他姦利事，罪至族，自殺。其時兩弟及兩婚家亦各自坐他罪而族。（王溫舒五族）光祿徐自為曰：「悲夫，夫古有三族，而王溫舒罪至同時而五族乎！」（假他人口出之，咨嗟涕洟，快耶？恨耶？寫得妙絕）溫舒死，家直累千金。（贓汙狼籍如此）後數歲，尹齊亦以淮陽都尉病死，家直不滿五十金。（特借尹齊相形如此）所誅滅淮陽甚多，及死，仇家欲燒其尸，尸亡去歸葬。（尹齊亡尸）自溫舒等以惡為治，（此該諸人在內）而郡守、都尉、諸侯二千石欲為治者，其治大抵盡放溫舒，而吏民益輕犯法，盜賊滋起。（此又獨歸罪溫舒，妙）南陽有梅免、白政，楚有殷中、杜少，齊有徐勃，燕趙之間有堅盧、范生之屬。（枚舉羣盜與羣酷吏正略相當也。然則酷吏非惟不足以禁寇，而實為致寇之媒，酷何裨於國哉）大羣至數千人，擅自號，攻城邑，取庫兵，釋死罪，縛辱郡太守、都尉，殺二千石，為檄告縣趣具食；（寫出視漢吏如兒戲，妙）小羣盜以百數，掠鹵鄉里者，不可勝數也。（此尤其小者，故上云百數，此云不可勝數）於是天子始使御史中丞、丞相長史督之。（酷吏之一變◎但督之，此亦酷耳）猶弗能禁也，乃使（二變）光祿大夫范昆、諸輔都尉及故九卿張德等衣繡衣，持節，虎符發兵以興擊，斬首大部或至萬餘級，（又加酷焉）及以法誅通飲食，坐連諸郡，甚者數千人。數歲，

大，則向所謂道不拾遺、野無犬吠之盜云云者，豈不誣哉？亦當時人主尊尚酷吏而文致其美以自欺欺人而已。史公文字彼此激射者極工。

正發明首敍「法令者治之具，而非制治情濁之源也」一段真詮。

減宣大抵纖嗇苛察之人，其才亦有過人者，然無大臣之度，而又濟之以酷急，則其禍不可勝言矣。明梁儉庵爲楚左藩伯，凡屬吏日用薪菜各有一牌，經其判斷乃許市買，謂之食料判，然自奉至儉，性仍和易，故遂爲名臣盛節，減宣則非其人也。

乃頗得其渠率。（筆端有眼，殺戮無辜不可勝紀，而問一二盜魁以塞責）散卒失亡，復聚黨阻山川者，往往而羣居，無可奈何。於是作「沈命法」，（三變◎沈沒其命，即連坐誅死也）曰：羣盜起不發覺，發覺而捕弗滿品者，二千石以下至小吏主者皆死。（所謂沉命坐也）其後小吏畏誅，雖有盜不敢發，恐不能得，坐課累府，（千古錮弊，至今爲烈）府亦使其不言。（終究無可奈何）故盜賊寖多，上下相爲匿，以文辭避法焉。

減宣者，楊人也。以佐史無害給事河東守府。衛將軍青使買馬河東，見宣無害，言上，徵爲大廐丞。（即從馬上得來）官事辦，稍遷至御史及中丞。使治主父偃及治淮南反獄，所以微文深詆，殺者甚衆，稱爲敢決疑。（疑獄有矜，不聞敢決也，品目殊妙）數廢數起，（別是一般敍法）爲御史及中丞者幾二十歲。王溫舒免中尉，（串溫舒）而宣爲左內史。其治米鹽，事大小皆關其手，（獨以苛細刻薄爲治）自部署縣名曹實物，官吏令丞不得擅搖，痛以重法繩之。居官數年，一切郡中爲小治辦，（語有斟酌）然獨宣以小致大，能因力行之，難以爲經。（宣起小吏，算權精敏，故能行其法）中廢爲右扶風，坐怨成信，信亡藏上林中，宣使郿令格殺信，吏卒格信時，射中上林苑門，（此天殺宣也）宣下吏詆罪，以爲大逆，當族，自殺。（減宣族殺）而杜周任用。（忽過一句，妙）杜周者，南陽杜衍人。義縱爲南陽守，（串義縱）以爲爪牙，（酷吏各有衣鉢）舉爲廷尉史。事張湯，湯數言其無害，至御史。使案邊失亡，所論殺甚衆。奏事中上意，任用，與減宣相編，（相編，字法妙，猶相次、相等也）更爲中丞十餘歲。其治與宣相放，然重遲，外寬，內深次骨。（善摹人情狀）宣爲左內史，周爲

一段放減宣而外寬稍勝，一段放張湯而伺上更工，然則周之惡概可見矣，然上意欲誅者，乃誅之，則黷刑酷殺，皆武帝有以啓之也。下段遂將當時詔獄之繁極寫一段，以終酷吏十人之局，是即篇中無數「上以為能」等句之大結穴處，故酷吏一傳，凡所以刺孝武也，此一傳之大結構也。

杜周非酷吏，直巧官耳，張湯亦然。惟二人行徑相似，故湯之後有安世，周之後有延年，班史遂將此兩人別立傳，蓋亦不為無見。但史遷十人合傳，只作一篇文字，其中結撰靈妙，固亦缺一不得。

廷尉，（與上段排比而長短疎密大殊）其治大放張湯而善候伺。上所欲擠者，因而陷之；上所欲釋者，久繫待問而微見其冤狀。（巧甚）客有讓周曰：「君為天子決平，不循三尺法，專以人主意指為獄。獄者固如是乎？」（自是正論）周曰：「三尺安出哉？（強詞卻自足以奪理）前主所是著為律，後主所是疏為令，當時為是，何古之法乎！」（律外有例，千古為昭，此語實發其窾）至周為廷尉，（此句遞入詔獄，有飛梁架棟之妙）詔獄亦益多矣。二千石繫者，新故相因，不減百餘人。（此舉天下多故而言之，殆非周等之故）郡吏大府舉之廷尉，一歲至千餘章。章大者連逮證案數百，小者數十人；遠者數千，近者數百里。（極意恣寫，如聞歎息之聲）會獄，吏因責如章告劾，不服，以笞掠定之。（此句接上「舉之廷尉」，此言廷尉會訊，不容展辯也）於是聞有逮，皆亡匿。獄久者至更數赦，十有餘歲。而相告言，大抵盡詆以不道。（重寫一遍，撮出詔獄所坐罪名）以上廷尉及中都官詔獄逮至六七萬人，吏所增加十萬餘人。（又總計算一遍）周中廢，後為執金吾逐盜，（執金吾之屬吏有逐盜校尉）捕治桑弘羊、衞皇后昆弟子，刻深，天子以為盡力無私，（處處深刻）遷為御史大夫。家兩子，夾河為守。（又添出二子之酷）其治暴酷皆甚於王溫舒等矣。（溫舒至酷而周及其子又過之，煩慘極目）杜周初徵為廷史，有一馬，且不全；及身久任事，至三公列，子孫尊官，家訾累數巨萬矣。（又補出其貪婪，皆深惡之辭）

太史公曰：自郅都、杜周十人者，此皆以酷烈為聲。（總斷一筆）然郅都伉直，（然後分別其善處）引是非，爭天下大體。張湯以知陰陽，（陰陽即向背也）人主與俱上下，時數辯當否，國家賴其

聯經出版事業公司校印

酷吏傳後引馮當、李貞等，猶游俠傳後引羣盜之意也。酷不可無才，俠不可無守，如此取人，真堪當冰鑑之目。

便。趙禹時據法守正。杜周從諛，以少言爲重。（獨提此四人，亦有微意）自張湯死後，網密，多詆嚴，官事寖以耗廢。九卿碌碌奉其官，救過不贍，何暇論繩墨之外乎！（可見官事之廢，實酷法有以致之；而酷法之吏，皆湯有以釀之也。史公不肯恕湯如此，而班氏獨別提出之，失其旨矣）然此十人中，其廉者足以爲儀表，其汙者足以爲戒，方略教導，禁姦止邪，一切亦皆彬彬質有其文武焉。雖慘酷，斯稱其位矣。至若蜀守馮當暴挫，廣漢李貞擅磔人，東郡彌僕鋸項，天水駱璧推減，河東褚廣妄殺，京兆無忌、馮翊殷周蝮鷙，水衡閻奉扑擊賣請，何足數哉！何足數哉！

逐段承接，文法斬斬不亂，史公才大而心未嘗不細如此。密尋之，方見其妙。

先言游俠之義足多，又言緩急時有，以見世實少不得此輩人，此進一步法。

游俠列傳

韓子曰：「儒以文亂法，而俠以武犯禁。」二者皆譏，而學士多稱於世云。引韓子語，以儒俠並譏起案，匹俠於儒，已占地步 至如以術取宰相卿大夫，此如公孫弘、張湯一輩人，似褒實貶 輔翼其世主，功名俱著於春秋，固無可言者。此正亂法之僞儒，掀開一邊 及若季次、原憲，閭巷人也，讀書懷獨行君子之德，義不苟合當世，當世亦笑之。再引眞儒無可譏笑者，而世復笑之。然則世俗之評論不足據可知，亦爲下排擯游俠俗見起案 故季次、原憲終身空室蓬戶，褐衣疏食不厭。死而已四百餘年，而弟子志之不倦。當時雖笑，沒而愈光 今游俠，陡接 其行雖不軌於正義，然其言必信，其行必果，已諾必誠，不愛其軀，赴士之阨困，既已存亡死生矣，而不矜其能，羞伐其德，蓋亦有足多者焉。數語洗出游俠眞面目，一篇骨子

且緩急，人之所時有也。頓起，文勢宕甚 太史公曰：述父談之恆言，引證緩急時有句 昔者虞舜窘於井廩，伊尹負於鼎俎，傅說匿於傅險，呂尚困於棘津，夷吾桎梏，百里飯牛，仲尼畏匡，菜色陳、蔡。此皆學士所謂有道仁人也，亦應起段學士 猶然遭此菑，況以中材而涉亂世之末流乎？其遇害何可勝道哉！不覺說到己身，脫口沉痛

鄙人有言曰：此段文極詆當世輕嘲匹夫游俠之見不過嗜利俗腸 「何知仁義，已饗其利者爲有德。」故伯夷醜周，餓死首陽山，而文武不以其故貶王；跖、蹻暴戾，其徒誦義無窮。由此觀之，「竊鉤者誅，竊國者侯，侯之門，仁義存」，非虛言也。重此二句，言其所稱道不過擁利之魁耳 今拘學或

聯經出版事業公司校印

排宕處正在粘而不粘，脫而不脫。

通篇長峽在此一段中有絕妙經營。

游俠之士，要是人生極意好，爲苟難之事，若以富厚豪公子，揮金結客者當之，則一文不值矣。史公之意千回百折，直送至龍門碣石之源，真極用意文字也。

稱朱家不容口而不使一實筆，然朱家竟足千古。

抱咫尺之義，久孤於世，豈若卑論儕俗，與世沈浮而取榮名哉！（以上是譏儒之失，引起下段）而布衣之徒，設取與然諾，千里誦義，爲死不顧世，此亦有所長，非苟而已也。故士窮窘而得委命，此豈非人之所謂賢豪間者邪？（隱括上「亦有足多」及「緩急時有」二段，重復唱歎一遍，意味深長）誠使鄉曲之俠，（然後合鎖儒俠，而歸到游俠一面來）與季次、原憲比權量力，效功於當世，不同日而論矣。（此是伸儒詘俠）要以功見言信，俠客之義又曷可少哉！（此是伸俠詘儒）古布衣之俠，靡得而聞已。（至此方獨點布衣之俠來）近世延陵、孟嘗、春申、平原、信陵之徒，（大爲俠客裝門面）皆因王者親屬，藉於有土卿相之富厚，招天下賢者，顯名諸侯，不可謂不賢者矣。此如順風而呼，聲非加疾，其勢激也。（明所以不取有位人之故）至如閭巷之俠，修行砥名，聲施於天下，莫不稱賢，是爲難耳。（明所以獨取布衣之俠故）然儒、墨皆排擯不載。自秦以前，匹夫之俠，湮滅不見，余甚恨之。（應明「古布衣之俠，靡得而聞」意）以余所聞，漢興有朱家、田仲、王公、劇孟、郭解之徒，雖時扞當世之文罔，（應上「以武犯禁」句，筆下不肯恕人如此）然其私義廉絜退讓，有足稱者。名不虛立，士不虛附。（極贊，峭潔）至如朋黨宗彊比周，設財役貧，暴豪侵凌孤弱，恣欲自快，游俠亦醜之。（妙，以游俠之醜見俠亦有眞僞，正與儒同）余悲世俗不察其意，而猥以朱家、郭解等，令與豪暴之徒同類而共笑之也。（隱隱與起手論僞儒相仿，好結構）

魯朱家者，與高祖同時。魯人皆以儒教，而朱家用俠聞。（猶有總敍餘影，此文家事外遠致）所藏活豪士以百數，其餘庸人不可勝言。然終不伐其能，歆其德，諸所嘗施，惟恐見之。（史公重游俠處在此，所以娓娓不去口）振人不贍，

歎。今之策備墓誌亦刺刺細事堆垜滿紙，閱之無一毫聳神，蓋古文之法不講久矣。

朱家傳虛矣，而劇孟傳更虛，蓋朱家傳尚從正面著筆，而劇孟傳著皆從四面八方著筆也。始言宰相得之若得敵國，則其傾動公卿，隱然操朝宁之重何如；次言母死而送者千乘，則其風靡四海，儼然駕王公之上何如；終言死無餘財，則其振人之急，不遺餘力何如。蓋因孟之行事大類朱家，則不容更複一語，故除卻死法，更尋活法也。古人文字金針亦大可識矣。

（奇特）先從貧賤始。家無餘財，（俱用虛敘，最高）衣不完采，食不重味，乘不過軥牛。專趨人之急，甚己之私。既脫季布將軍之阨，及布尊貴，終身不見也。（實事，亦畧扯作證）自關以東，莫不延頸願交焉。楚田仲以俠聞，（田仲只附見朱家傳中，筆極跳脫）喜劍，父事朱家，自以為行弗及。田仲已死，而雒陽有劇孟。（捷遞過，好筆）周人以商賈為資，（起法與前傳同）而劇孟以任俠顯諸侯。（正面只一句，奇絕）吳楚反時，條侯為太尉，乘傳車，將至河南，得劇孟，喜曰：「吳楚舉大事而不求孟，吾知其無能為已矣。」（條侯事見他人傳者俱可傳）天下騷動，宰相得之若得一敵國云。（斷語響）劇孟行大類朱家，而好博，多少年之戲。然劇孟母死，自遠方送喪蓋千乘。及劇孟死，家無餘十金之財。而符離人王孟（附傳一段）亦以俠稱江淮之間。是時濟南瞯氏、（即郅都所滅）陳周庸亦以豪聞，景帝聞之，使使盡誅此屬。其後代諸白、（白氏不止一豪，故曰諸白）梁韓無辟、陽翟薛況、陝韓孺紛紛復出焉。郭解，軹人也，字翁伯，善相人者許負外孫也。（史公最重郭解，獨書其字，又詳其系，末復綴其字，俱有深致）解父以任俠，孝文時誅死。（先了一案）解為人短小精悍，（頰上三毫）不飲酒。少時陰賊，慨不快意，身所殺甚眾。以軀借交報仇，藏命作姦，剽攻不休，及鑄錢掘冢，固不可勝數。（備著其少時盜賊姦宄之狀，愈見後之折節為奇）適有天幸，窘急常得脫，若遇赦。及解年長，更折節為儉，以德報怨，厚施而薄望。然其自喜為俠益甚。（此段是解立節之大凡）既已振人之命，不矜其功，其陰賊著於心，卒發於睚眦如故云。（此又見其天性之本具）而少年慕其行，亦輒為報仇，不使知也。

前二傳句句虛，此傳則句句實，古人避就之法，未嘗不極精密也。朱家、劇孟一以振人之急為主，郭解則急欲著己之奇。如人殺其姊子，必令其後窘急自歸，然後舍之；箕踞不敬，必使其知感謝罪，然後滿志。由此而推，則可知其執恭謹以待人者，皆欲假此以傾動天下，而陰賊剽攻，實其根於性而不可回者矣。夫以上有猜忌之君，下有刻深之相，而一布衣之士，方且任俠行權，風靡海內，此時即無殺人罪過，猶且不免於誅，況一人為俠而為之羽翼者皆儼然羣盜乎？解之族滅，非寃也。史公酷嗜奇烈之士，故次之。

貫徹通篇解姊子負解之勢，可殺與人飲，使之嚼。非其任，強必灌之。語質而有味人怒，拔刀刺殺解姊子，亡去。解姊怒曰：「以翁伯之義，人殺吾子，賊不得。」三句語氣不完而神態畢具棄其尸於道，弗葬，狠甚欲以辱解。解使人微知賊處。俠者作用賊窘自歸，具以實告解。解曰：「公殺之固當，吾兒不直。」遂去其賊，罪其姊子，乃收而葬之。此固見解之能收能展，然殺人賊王法不得過而問焉，解之犯禁網已根於此矣諸公聞之，皆多解之義，益附焉。解出入，人皆避之。有一人獨箕踞視之，解遣人問其名姓。即微知賊處之意客欲殺之。解曰：「吾邑屋至不見敬，一布衣出入不同避，何罪可殺是吾德不修也，偽自反彼何罪！」乃陰屬尉史曰：「欲其感而悔謝是人，吾所急也，至踐更時脫之。」「踐更」字亦取更替之義，亦取更籌之義一箕踞之故，不見較亦已矣，何必又特加惠乎？總是偽耳每至踐更，數過，吏弗求。怪之，問其故，乃解使脫之。箕踞者乃肉袒謝罪。少年聞之，愈益慕解之行。處處找此句，妙雒陽人有相仇者，邑中賢豪居間者以十數，終不聽。客乃見郭解。解夜見仇家，欲不使人知仇家曲聽解。解乃謂仇家曰：「吾聞雒陽諸公在此間，多不聽者。今子幸而聽解，解奈何乃從他縣奪人邑中賢大夫權乎！」此意殊詳密周匝，語氣亦藹然可感乃夜去，不使人知，夾語夾敍曰：「且無用待我，待我去，令雒陽豪居其間，乃聽之。」解執恭敬，不敢乘車入其縣廷。之旁郡國，為人請求事，事可出，出之；不可者，各厭其意，然後乃敢嘗酒食。諸公以故嚴重之，爭為用。又找邑中少年及旁近縣賢豪，夜半過門，常十餘車，請得解客舍養之。少年慕解

獨詳，然予奪在手，瑕瑜並呈，使千古讀之，宛如交臂，亦豈真進奸雄也哉。

考漢法有卒更、過更、踐更，皆守夜戍卒也，雖丞相子亦在調。卒更者，正調也；踐更者，受人之值而代役之者也；過更者，出錢三百納之官，官給戍者，如今之丁錢是也。後世丁役之法，大都本此。◎卒更編戶之常，踐更貧人之事，過更富民及宦室之事。

前云：吏恐，不敢不徙，蓋上之督責既嚴，不得不然耳。彼何罪而駢首戮之？公孫弘之言

之行，知解客亡命多人，請代爲給養）及徙豪富茂陵也，（提筆別甚）解家貧，不中訾，（索隱曰：訾不滿三百萬爲不中）吏恐，不敢不徙。（吏以其有豪名之故）衞將軍爲言：「郭解家貧，不中徙。」上曰：「布衣權至使將軍爲言，此其家不貧。」（語甚聰察，解之禍根伏矣）解家遂徙。諸公送者出千餘萬。（又找一筆，餘氣猶勁）軹人楊季主子爲縣掾，舉徙解。解兄子斷楊掾頭。由此楊氏與郭氏爲仇。（語未畢）解入關，關中賢豪知與不知，聞其聲，爭交驩解。（先安頓一處）解爲人短小，不飲酒，出未嘗有騎。（忽又找此數語，纏綿有餘味）已又殺楊季主。（遙接楊郭爲仇句）楊季主家上書，人又殺之闕下。（一時惡燄與大逆無異矣）上聞，乃下吏捕解，解亡，置其母家室夏陽，身至臨晉。臨晉籍少公素不知解，解冒，因求出關。籍少公已出解，（得人死力如此，所以深爲解惜也）解轉入太原，所過輒告主人家。（謂到此處即以先所主之家告之）吏逐之，跡至籍少公。少公自殺，口絕。（奇男子）久之，乃得解。窮治所犯，爲解所殺，皆在赦前。（先言解可無死，筆端裊娜盡致）軹有儒生侍使者坐，（補入一案，非另敍也。文法絕奇）客譽郭解，生曰：「郭解專以姦犯公法，何謂賢！」解客聞，殺此生，斷其舌。吏以此責解，解實不知殺者。殺者亦竟絕，莫知爲誰。（奇甚）吏奏解無罪。御史大夫公孫弘議曰：「解布衣爲任俠行權，以睚眦殺人，解雖弗知，此罪甚於解殺之。當大逆無道。」（天子、宰相皆首提布衣爲言，此總敍中「俠之門仁義存」一段議論所從出也）遂族郭解翁伯。（又綴其字，奇甚）

自是之後，爲俠者極衆，敖而無足數者。（先抑一筆然後揚之，恐其遂與朱家等並列也）然關中長安樊仲子，槐里趙王孫，長陵高公子，西河郭公仲，太原鹵公孺，臨淮兒長卿，東陽田君孺，雖爲俠

聯經出版事業公司校印

頗得大體，不得概以深文目之也。附見諸子，概以逡巡退讓一語括之，蓋得朱家等之一節者爾。

而逡逡有退讓君子之風。至若北道姚氏，西道諸杜，南道仇景，東道趙他羽公子，南陽趙調之徒，此盜跖居民間者耳，曷足道哉！此乃鄉者朱家之羞也。文有餘響

太史公曰：吾視郭解，傳重朱家，贊獨言解，彼此互見之法狀貌不及中人，言語不足採者。然天下無賢與不肖，知與不知，皆慕其聲，言俠者皆引以爲名。此俠之效而禍之根也。說之津津，其惜極矣諺曰：「人貌榮名，豈有既乎！」於戲，惜哉！

此序當與平準書相參而論，大抵皆為武帝聚斂而發。觀其從至治之世安俗樂業，而輓近塗民耳目，幾於無行說起，後又言最下者與之爭，總見民生日用安逸樂康，關乎至性。為人上者，當因其勢而導之，發則非有利期會徵而如水之趨下，自然竭能盡智，上下通泰，各見優裕。若權貨算繆，秋毫搜括而與之爭，則必且如周書所云：四民不出而匱乏，公私交困，人不聊生矣。大意如此。舊說或謂史公自傷貧因而傳貸殖，所謂以言引盲也。

貨殖列傳

老子曰：「至治之極，鄰國相望，雞狗之聲相聞，小小一事必從大處立脚民各甘其食，美其服，安其俗，樂其業，至老死不相往來。」必用此為務，此伏下「善者因之」道理輓近世塗民耳目，則幾無行矣。此伏下「最下與之爭」

太史公曰：夫神農以前，吾不知已。至若詩書所述虞、夏以來，耳目欲極聲色之好，口欲窮芻豢之味，身安逸樂，而心誇矜勢能之榮，使俗之漸民久矣，貨殖為養生之源，世非開其不竭之源淡泊則人爭智巧，貨殖亦安可少哉雖戶說以眇論，大道理、名議論終不能化。故善者因之，此至治之世其次利道之，其次教誨之，撙節法制其次整齊之，霸者作用最下者與之爭。掊克巧取夫山西饒材、竹、穀、纑、旄、玉石；山東多魚、鹽、漆、絲、聲色；江南出柟、梓、薑、桂、金、錫、連、丹沙、犀、瑇瑁、珠璣、齒革；龍門、碣石北多馬、牛、羊、旃裘、筋角；銅、鐵則千里往往山出棊置：此其大較也。先臚列四方大凡皆中國人民所喜好，謠俗被服飲食奉生送死之具也。遙承耳目口體等意故待農而食之，虞而出之，工而成之，三句賓商而通之。一句主此甯有政教發徵期會哉？此所以貴其因而導之也人各任其能，竭其力，以得所欲。故物，賤之徵貴，貴之徵賤，各勸其業，樂其事，若水之趨下，日夜無休時，不召而自來，不求而民出之。豈

聯經出版事業公司校印

范大夫一傳分見於貨殖傳及越世家。然越世家亦詳居陶之事，而特以長男不能棄財為謀吳餘勁。此傳卻只虛舉「與時逐而不責於人」為治生總持，文各有針路，非偶然也。

二句提起如題目，然其說乃見下文。

總論江淮沂泗之間民俗風氣，即具有沃土之民不

非道之所符，而自然之驗邪？（深遠精微）周書曰：「農不出則乏其食，工不出則乏其事，商不出則三寶絕，虞不出則財匱少。」財匱少而山澤不辟矣。此四者，民所衣食之原也。（借用原隰之原）原大則饒，原小則鮮。（以原隰作比）上則富國，下則富家。貧富之道，莫之奪予，而巧者有餘，拙者不足。（中有深感，令人不復貧富於命）

范蠡既雪會稽之恥，（必從謀國起線，是門面語）乃喟然而歎曰：「計然之策七，越用其五而得意。既已施於國，吾欲用之家。」（貨殖遂與君相同道，所謂善者因之，固通上下而言也）乃乘扁舟浮於江湖，變名易姓，適齊爲鴟夷子皮，之陶，爲朱公。朱公以爲陶天下之中，諸侯四通，貨物所交易也。（攬大勢，占全局）乃治產積居，與時逐而不責於人。（是「因」字善術）故善治生者，能擇人而任時。（忽下斷語，片言居要）十九年之中，三致千金，再分散與貧交疏昆弟。此所謂富好行其德者也。（傳外別調）後年衰老而聽子孫，子孫修業而息之，遂至巨萬。故言富者皆稱陶朱公。

夫天下物所鮮所多，人民謠俗，（編紀海內物產風俗，歷落零碎，仍饒疏逸之致）山東食海鹽，山西食鹽鹵，領南、沙北固往往出鹽，（三句言鹽而其文三變，可知利權所首重）大體如此矣。總之，楚越之地，（言大凡如此）地廣人希，飯稻羹魚，或火耕而水耨，果隋蠃蛤，（隋與蓏同）不待賈而足，地勢饒食，無饑饉之患，以故呰窳偷生，無積聚而多貧。（此即拙者不足之故，而具有大議論在內）是故江、淮以南，無凍餓之人，亦無千金之家。沂、泗水以北，宜五穀、桑、麻、六畜，地小人衆，數被水旱之害，民好畜藏，

材，瘠土之民莫不向義，一段大道理在內，然則貨殖者亦勞民勸相之一端也。君子臨文之際，必具小心恭慎之懷，而豈徒為市井賈人兒作身分哉。

廉吏久，久更富，其年利之方，亦有日計不足，而歲計有餘之益；廉賈歸富者，始若儉於取，終則厚於藏也。各舉廉者言之，而貪者可無論矣。設意至深。

利者尖纖之義，史公所云躡利屣者，其即婦人弓足之始也。然則以帛纏足，其不始於潘妃矣。

故秦、夏、梁、魯好農而重民。明明是兩扇文字，却極意參差古樸，翛然可愛 三河、宛、陳亦然，加以商賈。齊、趙設智巧，仰機利。燕、代田畜而事蠶。然則通天下計之，蓋莫惰於江淮以南之人也 由此觀之，賢人深謀於廊廟，論議朝廷，守信死節、隱居巖穴之士，設為名高者安歸乎？歸於富厚也。此段殊不厭人意，為其盡舉一世之人心行誼而悉歸之於利也，不知文章感慨處，只是確耳。今之訾病此文者，其居心果何等乎 是以廉吏久，久更富，廉賈歸富。富者，人之情性所不學而俱欲者也。感入心脾、痛入骨髓之言 故壯士在軍，以下歷舉一世之名節事功而一歸之於貨，逐段且看其辭藻繽紛，感歎深遠之妙 攻城先登，陷陣卻敵，斬將搴旗，前蒙矢石，不避湯火之難者，為重賞使也。其在閭巷少年，攻剽椎埋，劫人作姦，掘冢鑄幣，任俠并兼，借交報仇，篡逐幽隱，不避法禁，走死地如騖，其實皆為財用耳。句句變 今夫趙女鄭姬，設形容，揳鳴琴，揄長袂，躡利屣，目挑心招，出不遠千里，不擇老少者，奔富厚也。說盡猥鄙 游閑公子，飾冠劍，連車騎，亦為富貴容也。弋射漁獵，犯晨夜，冒霜雪，馳阬谷，不避猛獸之害，為得味也。博戲馳逐，鬬雞走狗，作色相矜，必爭勝者，重失負也。醫方諸食技術之人，焦神極能，為重糈也。吏士舞文弄法，刻章偽書，不避刀鋸之誅者，沒於賂遺也。此中有挾術奸巧者，亦有自力本計者，事雖不同而心實一致。讀書應制舉何獨不然？而當時未有其事，史公亦略過士人登朝一端，終是為同類諱耳，而讀者猶訾之耶 農工商賈畜長，長，餘也，即家無長物之長，當讀去聲 固求富益貨也。此有知盡能索耳。索亦盡義，舊解謂索財，大謬 終不餘力而讓財矣。妙句，言除是死方休也，却蘊藉而雅 諺曰：「百里不販樵，千里不販糴。」言隨所蓄而不遠取，此殖字精義 居之一歲，種之以穀，十歲，樹

聯經出版事業公司校印

明李滄溟汪次公墓誌用貨殖篇語頗多。其曰：懸疣之祥，應在再世，來之以德矣。用「來之以德」一句甚精鑿。因汪次公業貫，而其子道昆生時有豫兆，左乳懸疣，後為名卿，不但致富，而幷致貴；是徵于物者什一，而徵於人者且什九也。故百年之計，必以德來之。來，去聲，即「勞之來之」之義。

身有處士之義句，是特占身分，不肯為市儈冒譽。

收句言行二字對下，最妙。無其行而空為高大之言，又不能治生自給，所以可羞，班固不察而痛詆之，殊屬無謂。

之以木；百歲，來之以德。 此句便深 德者，人物之謂也。 人聚而物歸之 今有無秩祿之奉，爵邑之入，而樂與之比者，命曰「素封」。 素即素王之素 封者食租稅，歲率戶二百。千戶之君則二十萬，朝覲聘享出其中。 此段專解素封二字之義 庶民農工商賈，率亦歲萬息二千戶，百萬之家則二十萬，而更傜租賦出其中。 踐更傜役 衣食之欲，恣所好美矣。 封君之奉不能過 故曰陸地牧馬二百蹄，牛蹄角千，千足羊， 三句三樣，句法古妙絕倫 澤中千足彘，水居千石魚陂， 言養魚之陂可容千石，又變 山居千章之材。安邑千樹棗；燕、秦千樹栗；蜀、漢、江陵千樹橘；淮北、常山已南，河、濟之間千樹萩；陳、夏千畝漆；齊、魯千畝桑麻；渭川千畝竹；及名國萬家之城，帶郭千畝畝鍾之田， 言附郭腴田千畝，每畝收一鍾，則千鍾粟也 若千畝巵茜，千畦薑韭： 此二句總承名國萬家句來 此其人皆與千戶侯等。 再繳素封 然是富給之資也，不窺市井，不行異邑，坐而待收，身有處士之義而取給焉。 又寫出素封之樂，言外有餘羨，雖欲不求富，得乎 若至家貧親老，妻子軟弱，歲時無以祭祀進 即博進之進，聚物而輸之謂 醵，飲食、被服不足以自通，如此不慚恥，則無所比矣。 敍到此處，不覺感慨，乃餘意，非正意也 是以無財作力，少有鬬智，既饒爭時，此其大經也。 治生大略，盡此三言 今治生不待危身取給，則賢人勉焉。是故本富為上，末富次之，姦富最下。 分別斷制，語無畸重，方足傳世行遠 無巖處奇士之行，而長貧賤，好語仁義，亦足羞也。 然則巖處奇士而貧賤，不在此例 凡編戶之民，富相什則卑下之，伯則畏憚之，千則役，萬則僕，物之理也。 似太勢利，然史公不作欺人語 夫用貧求富，農不如工，工不如商，刺繡文不如倚市門，此言末富，貧者之資也。中略貪賈三之，廉賈五之，中略此皆誠壹之所致。由此觀之，富無經業，則貨無常主，能者輻湊，不肖者瓦解。總坐人事，亦窗下休言命之意千金之家，比一都之君；巨萬者，乃與王者同樂。豈所謂「素封」者邪？非也？

疢齋氏曰：孔子曰：「賜不受命，而貨殖焉。」又曰：「如不可求，從吾所好。」然則受不受亦即有命存乎其間，史公此傳，獨無一言及於命者，豈所謂慨當以忼耶？傳中子貢開儒賈之宗，下此若巴寡婦清，刁間收取桀黠奴，柏發用博戲富，胃脯簡微，濁氏連騎。富貴無種，自昔而然矣。

聯經出版事業公司校印

此敘固甚有滑稽之風，然其意亦極明劃，將「天道恢恢」二句，總攬六藝將亦可以句。頂著六個以字，見滑稽之雄，固將掇六藝之菁英而無不可者也。若不得其旨，即被他推墮汪洋大海中矣。

此數語豈得謂為髡之功，而史公如此搖曳者，傳體固不容不爾也。

滑稽列傳

孔子曰：「六藝於治一也。治字陪「解紛」二字 禮以節人，樂以發和，節人、發和等要是有以中人陪下「微中」字 書以道事，詩以達意，易以神化，春秋以道義。」太史公曰：天道恢恢，豈不大哉！無所不有故大，豈不能容一滑稽 談言微中，亦可以解紛。解紛亂亦治也 淳于髡者，齊之贅壻也。漢人輕贅婿，故獨着，非後世人語 長不滿七尺，滑稽多辯，數使諸侯，未嘗屈辱。以贅壻之困而儀表又不足觀，乃見其數使不屈全仗滑稽 齊威王之時喜隱，好為淫樂長夜之飲，沈湎不治，委政卿大夫。百官荒亂，諸侯竝侵，國且危亡，在於旦暮，左右莫敢諫。不極寫敗亂不見滑稽之功，此文章跌宕處，非實事也 淳于髡說之以隱曰：「國中有大鳥，止王之庭，三年不蜚，又不鳴，王知此鳥何也？」王曰：「此鳥不飛則已，一飛沖天；不鳴則已，一鳴則驚人。」威王警悟如此，若無髡言，豈竟危亡耶？故知前之過作形容也 於是乃朝諸縣令長七十二人，賞一人，誅一人，賞即墨，烹阿，奮兵而出。諸侯振驚，皆還齊侵地。威行三十六年。語在田完世家中。威王八年，楚大發兵加齊。既云威行三十六年，旋接以八年被兵，則彼此矛盾矣。蓋文筆恣縱之，故多此累 齊王使淳于髡之趙請救兵，齎金百斤，車馬十駟。淳于髡仰天大笑，冠纓索絕。王曰：「先生少之乎？」一語便先道破，機警可想 髡曰：「何敢！」王曰：「笑豈有說乎？」明已猜着，故作一閃，乃見滑稽 髡曰：「今者臣從東方來，見道傍有禳田者，操一豚蹄，酒一盂，而祝曰：『甌窶滿篝，汙邪滿車，五穀蕃熟，

甌窶之歌，每二字為句，自相為叶，古詩之流也，今人率爾讀去，不曉此理。先秦以前用韻之法迴殊，後世韓昌黎多摹之。○家當叶江。甌窶，高田；汙邪，低濕也。

史公雄於文而未嘗為賦，惟此段錯綜妍妙，絕有賦心。其中或用韻，或用排，精能之至，幾令子雲、相如欽衽退舍。蓋千古慧業，文人其腕下定無所不有，偶然露穎，而終以文單行者，不欲分其力也。

二段俱有男女雜坐，及男女同席語，其所諷諫者，固知醉翁之意不在酒也。

穰穰滿家。』（隨口謅出，古雋不凡，先生眞滑稽之首哉）臣見其所持者狹而所欲者奢，故笑之。」（仍歸到「少之」句）於是齊威王乃益齎黃金千溢，白璧十雙，車馬百駟。（既以如許厚幣買救，亦無藉先生神舌矣。髡傳俱調笑之辭耳）髡辭而行，至趙。趙王與之精兵十萬，革車千乘。楚聞之，夜引兵而去。威王大說，置酒後宮，召髡賜之酒。問曰：「先生能飲幾何而醉？」（威王妙人，題目既佳，文字自雋）對曰：「臣飲一斗亦醉，一石亦醉。」威王曰：「先生飲一斗而醉，惡能飲一石哉！其說可得聞乎？」髡曰：「賜酒大王之前，執法在傍，御史在後，髡恐懼俯伏而飲，不過一斗，徑醉矣。（第一層是爾時正面掀開一邊說）若親有嚴客，髡帣韝鞠䠞，（祖裼奉觴以致敬）侍酒於前，時賜餘瀝，奉觴上壽，數起，飲不過二斗，徑醉矣。若朋友交遊，久不相見，卒然相覩，歡然道故，私情相語，飲可五六斗，徑醉矣。若乃州閭之會，男女雜坐，行酒稽留，六博投壺，相引爲曹，握手無罰，目眙不禁，前有墮珥，後有遺簪，髡竊樂此，飲可八斗，而醉二參。（語意未畢）日暮酒闌，合尊促坐，男女同席，履舄交錯，杯盤狼籍，（即承上段，蓋醉餘更酌也。合尊促坐，乃客已半散，幷席移樽之意）堂上燭滅，主人留髡而送客，羅襦襟解，微聞薌澤，（幷非復醉鄉情事矣）當此之時，髡心最歡，能飲一石。故曰：『酒極則亂，（只此一句承上二段，是主句）樂極則悲』；萬事盡然。言不可極，極之而衰。」以諷諫焉。齊王曰：「善。」乃罷長夜之飲，以髡爲諸侯主客。宗室置酒，髡嘗在側。其後百餘年，楚有優孟。（優孟，楚莊王時人，在齊威王前二百餘年，此句誤）優孟，故楚之樂人也。長八尺，多辯，常以談笑諷

聯經出版事業公司校印

淳于生機鋒輕妙，而所載庚詞二段，皆無裨於國故，史公但云數使諸侯未嘗屈辱。若優孟、優旃，雖居弄臣之列，而所言皆足以匡君，故一則曰常以談笑諷諫，一則曰合於大道。各於傳首揭出眼目，大有意思，非閑筆也。

此數語真滑稽妙品，千載而下，猶若聞其笑語之聲。

優孟，古之節俠士也，特隱於伶官以玩世耳。孫叔敖秉政之際，堂堂楚國，眾材輻輳，而獨於一伶人冷眼覷定，以為託妻寄子之友。君子讀此文

諫。楚莊王之時，有所愛馬，衣以文繡，置之華屋之下，席以露牀，啗以棗脯。馬病肥死。（馬死得韻，而人之不韻愈見矣）使羣臣喪之，欲以棺槨大夫禮葬之。（大駭得可笑）左右爭之，以為不可。王下令曰：「有敢以馬諫者，罪至死。」（莊王賢主也，恐未必有此）優孟聞之，入殿門，仰天大哭。（淳于笑、優孟哭，此曹面孔，正復何所不可）王驚而問其故。優孟曰：「馬者，王之所愛也。以楚國堂堂之大，何求不得！（以將順為匡弼，最工）而以大夫禮葬之，薄。（一字句韻甚）請以人君禮葬之。」王曰：「何如？」對曰：「臣請以彫玉為棺，文梓為槨，楩楓豫章為題湊；發甲卒為穿壙，老弱負土；齊趙陪位於前，韓魏翼衛其後；（莊王時無趙韓魏三國，蓋文章逗漏處）廟食太牢，奉以萬戶之邑。諸侯聞之，皆知大王賤人而貴馬也。」（說破反少味）王曰：「寡人之過一至此乎！為之奈何？」優孟曰：「請為大王六畜葬之。（本曰食之，却仍曰葬之，奇妙）以壠竈為槨，銅歷為棺；齎以薑棗，薦以木蘭；祭以糧稻，衣以火光；葬之於人腹腸。」（語似歌謠，是樂人致語長伎）於是王乃使以馬屬太官，無令天下久聞也。

楚相孫叔敖知其賢人也，善待之。（點睛有意）病且死，屬其子曰：「我死，汝必貧困。若往見優孟，言『我孫叔敖之子也』。」（死生之際，公卿大夫無一可託者而獨託孟，又不刺刺而語，只以一冷語先之，孟之賢可知矣）居數年，其子窮困，負薪；逢優孟，與言曰：「我孫叔敖子也。父且死時，屬我貧困往見優孟。」優孟曰：「若無遠有所之。」（囑得妙）即為孫叔敖衣冠，抵掌談語；歲餘，像孫叔敖。（想頭卻奇絕）楚王左右不能別也。（言王之左右不能別，蓋如演劇者必試過數次，然後去嘗試人主）莊王置酒，優孟前為

也，為之淋漓感激，又為之蓋然而傷心也。

優孟抵掌而談，只是今人演弄爨色、摹彷形容之意。莊王筵前，搬撮調笑，因以感動之耳；即所謂三日謀諸婦者，亦不過落場重上，更端迭進之態，俱非實事。若認以一番談笑，莊王真欲以相位授之，乃必無之理，史公妙筆迷離，墮千古學者於雲霧中而不覺耳。

壽。莊王大驚，以爲孫叔敖復生也，欲以爲相。（此非實事也，史公妙筆寫來，人不能認其谿徑耳）優孟曰：「請歸與婦計之，三日而爲相。」莊王許之。三日後，優孟復來。王曰：「婦言謂何？」孟曰：「婦言：愼無爲！（先切戒之）楚相不足爲也。（再明其所以然之故）如孫叔敖之爲楚相，（前既貌似叔敖，此處不嫌竟入）盡忠爲廉以治楚，楚王得以霸。（只帶說妙）今死，其子無立錐之地，貧困負薪以自飲食。（正旨只二句）必如孫叔敖，（以上明是賓白）不如自殺。」（以下繼之以歌）因歌曰：「山居耕田苦，難以得食。起而爲吏。（第一解）身貪鄙者餘財，不顧恥辱。身死家室富，（第二解◎滅頂多凶，一言道盡）又恐受賕枉法，爲姦觸大罪，身死而家滅。（第三解）貪吏安可爲也！（轉筆趣）念爲廉吏，奉法守職，竟死不敢爲非。（第四解）廉吏安可爲也？（先歎一口氣，妙）楚相孫叔敖，持廉至死；（第五解）方今妻子窮困，負薪而食。不足爲也！」（再歎入神）於是莊王謝優孟，乃召孫叔敖子，封之寢丘四百戶，以奉其祀。後十世不絕。此知可以言時矣。（此蓋用論語「可以言而不與之言」句意，謂叔敖知人也）其後二百餘年，秦有優旃。

（莊王至秦始皇時四百年矣，語亦小誤）優旃者，秦倡朱儒也。善爲笑言，然合於大道。秦始皇時，置酒而天雨；陛楯者皆沾寒。（語妙）優旃見而哀之，謂之曰：「汝欲休乎？」陛楯者皆曰：「幸甚！」優旃曰：「我即呼汝，汝疾應曰：『諾！』」居有頃，殿上上壽呼萬歲。優旃臨檻大呼曰：「陛楯郎！」郎曰：「諾！」優旃曰：「汝雖長，何益？幸雨立！我雖短也，幸休居！」（兩幸字可解不可解，正爾趣絕）於是始皇使陛楯者得半相代。始皇嘗議欲大苑囿，

聯經出版事業公司校印

嬴秦方熾之際，擧朝阿諛，寇禍日深而無敢一字齒及，雖以叔孫通之為人，猶借鼠竊狗偷之言，僅得免於虎口。而優旃獨兩提寇至，矢口驚心，長歌之哀，深於痛哭矣。豈非奇士哉？末特結之以「二世殺死，優旃歸漢」，此其故可思也，而不可言也。嗚呼！史公之文，味外有味，畸則見之。

東至函谷關，西至雍、陳倉。優旃曰：「善。多縱禽獸於其中，寇從東方來，令麋鹿觸之足矣。」（絕不費詞而意極警動，有前二子之悠颺，不可無此子之簡捷）始皇以故輟止。二世立，又欲漆其城。優旃曰：「善。主上雖無言，臣固將請之。漆城雖於百姓愁費，然佳哉！漆城蕩蕩，寇來不能上。即欲就之，易為漆耳，顧難為蔭室。」（餘意不竭）於是二世笑之，以其故止。居無何，二世殺死，優旃歸漢，數年而卒。

太史公曰：淳于髡仰天大笑，齊威王橫行；優孟搖頭而歌，負薪者以封；優旃臨檻疾呼，陛楯得以半更。豈不亦偉哉！

滑稽傳所載三人，一層深一層。髡語勸百而諷一者也，舌辯之雄，而不必有裨於國。孟語篤友誼於死生，明功臣於沒世，節俠之流也。旃語惜陛楯之沾寒，警寇機於未至，忠厚之發也。史公特為諷諫立傳，非徒以談鋒調笑見長，褚先生不得其旨而妄續之，則夸而無當矣。

由前篇首起至「建於明堂、諸神受紀」句止，是太史公自敘家傳。自「先人有言曰」起至篇終，是全部史記後敘。其後又有逐篇小敘，須分三項看。今已芟錄什五，然其主腦須揭明之，庶易尋其脈絡。

封禪改朔之事，本非三代以上所重，後世乃自謂功德隆盛，假此以侈受命之符，且其事亦何關史臣論著之職？而太史談顧以留滯異地，不得從東封，至於發憤成疾，遂隕其身，不亦惑之甚乎！蓋談承前秦流弊，記事之言疑於誹謗，一切

太史公自序

太史公既掌天官，不治民。有子曰遷。遷生龍門，耕牧河山之陽。年十歲，則誦古文。先將一部史記奇偉恢廓大本領指出，並非漫作遊記也 二十而南游江、淮，上會稽，探禹穴，窺九疑，浮於沅、湘；北涉汶、泗，講業齊、魯之都，此句獨重，爲通篇伏脈 觀孔子之遺風，鄉射鄒、嶧；承上句，言於鄒嶧行鄉射禮，亦孔子流風所漸積也 戹困鄱、薛、彭城，過梁、楚以歸。於是遷仕爲郎中，奉使西征巴、蜀以南，南略邛、笮、昆明，觀此則知通西南夷一事，史公亦身與其役，不但博望、相如也 還報命。是歲，天子始建漢家之封，武帝元封元年，行封禪諸禮 而太史公留滯周南，自陝以東皆曰周南 不得與從事。故發憤且卒。此事是天官所掌，故以不與爲恨，然實是習氣 而子遷適使反，見父於河洛之間。太史公執遷手而泣曰：「余先，周室之太史也。寫得入情，一篇發憤情事，皆化爲忠孝文章矣 自上世常顯功名於虞夏，典天官事。後世中衰。絕於予乎？汝復爲太史，則續吾祖矣！惓惓於此，當時固以記事之史與卜祝之官合爲一職 今天子接千歲之統，封泰山，而余不得從行，是命也夫！命也夫！發明憤懣之旨 余死，汝必爲太史；爲太史，無忘吾所欲論著矣！且夫孝始於事親，一篇提綱在此一句 中於事君，終於立身。揚名於後世，以顯父母，揚名借作引子，非正意 此孝之大者。夫天下稱誦周公，言其能論歌文武之德，此跟論著意，是主 宣周邵之風，指二南風詩言之 達太王、王季之思慮，爰及公劉，以尊后稷也。逆數周家世德，一句串出，奇妙 幽厲之後，王道缺，禮樂

廢弛；而巫史卜祝之官，遂淪於倡優待詔之亞，故習氣所流，不能自振。然能於其時流連六籍，蘊蓄論著之端，且欲竊比春秋絕業，遷之功，實有以啓之，又何可不謂之賢豪閒者哉！

自此以下自敍史記，故又以六經引起，而仍託之先人，其實即檃括前言，不必云談復有此數語也。

假壺遂一問發明作史之由。前一段專指孔子隱桓以下、定哀以上二百四十二年之作言，後一段則通論邃古以來、下極無窮之世；總之，不可一日無史筆以維持於三綱五常之際。

衰。（此段方指授所欲論著之大凡）孔子修舊起廢，論詩書，作春秋，（隱隱隆隆逗起六經，伏綫作案）則學者至今則之。自獲麟以來，四百有餘歲，而諸侯相兼，史記放絕。（孔子時，列國猶有史職，至戰國兼并，日尋干戈，史職始廢）今漢興，海內一統，明主賢君忠臣死義之士，（此統指四百餘歲言之，非專言漢事）余為太史而弗論載，廢天下之史文。余甚懼焉。汝其念哉！」遷俯首流涕曰：「小子不敏，請悉論先人所次舊聞，弗敢闕。」（一句引起撰次，卻不說完）（要見一部史記，俱太史公談收集古文系本，但遷始裁擇潤色，勒為成書耳）卒三歲而遷為太史令，紬史記石室金匱之書。（特載此數語，遙應前「始建漢家之封」等語，隱隱見卒酬父志以釋其憤）五年而當太初元年，十一月甲子朔旦冬至，天歷始改，建於明堂，諸神受紀。

太史公曰：（此指自己，與前稱父者不同）「先人有言：（先人，則談也）『自周公卒，五百歲而有孔子。孔子卒後，至於今五百歲。（當時未有道統之說而史公為此言，自負良非鮮腆）有能紹明世，正易傳，繼春秋，本詩書禮樂之際？』意在斯乎！意在斯乎！小子何敢讓焉！」（此即上文「獲麟以來四百餘歲」一段大意，檃括重提為史記作自敍也）

上大夫壺遂曰：「昔孔子何為而作春秋哉？」（遂時為詹事，秩二千石，假人言以發明己意，專提春秋，是竊比正旨）太史公曰：「余聞董生（仲舒）曰：『周道衰廢，孔子為魯司寇，諸侯害之，大夫壅之。（八字只是道不行之案，不必謂別有寄託）孔子知言之不用，道之不行也，是非二百四十二年之中，以為天下儀表；貶天子，（所謂貶天子者，意謂貶斥時王以明文武之道，然自是語累）退諸侯，討大夫，以達王事而已矣。』子曰：『我欲載之空言，不如見之於行事之深切著明也。』（謂空言其理不若附見當時實事，故當時賈董之流皆有大篇而遷獨作史記，亦其意也）夫春秋，（數語贊春秋，實是自道其作史張本）上明三王之道，下辨人事之紀；別嫌疑，明是非，定猶豫；善善、

也。從遷以前，如晉狐、楚倚之屬，號稱良史，而其書俱不傳；春秋幸經聖人筆削，又得三傳發明，遂為萬古史歲鼻祖；至史遷創年表以續經，為記傳書志以繼傳，合經傳而出一人之手筆，以垂勸戒於後，實為繼往開來第一部書。即無爾許奇筆尚可不祧，況奇偉恢廓無所不備如此乎？其惓惓自擬春秋，有以也夫！

王介甫號稱經術宗師，猶詆春秋為爛朝報，無忌憚至此。太史公處秦政刦灰之後，而能表明經世之功，豈非千古巨眼？而班氏

惡惡、賢賢、賤不肖；存亡國，繼絕世，補敝起廢，王道之大者也。（以上正答何為作春秋之問）易著天地、陰陽、四時、五行，（此承「有能紹明世」一段而推言之）故長於變；禮經紀人倫，故長於行；書記先王之事，故長於政；詩記山川、谿谷、禽獸、草木、牝牡、雌雄，故長於風；樂樂所以立，故長於和；春秋辯是非，故長於治人。（言六經所長，亦不過約舉大意，不必深求其當否）是故禮以節人，樂以發和，書以道事，詩以達意，易以道化，春秋以道義。（再作一總，歸重春秋，筆力絕大）撥亂世、反之正，莫近於春秋。（按手自然無襞積痕，故妙）春秋文成數萬，其指數千。萬物之散聚皆在春秋。（以上又自發明）（春秋經世之功絕大）春秋之中，弒君三十六，亡國五十二，諸侯奔走不得保其社稷者不可勝數。察其所以，皆失其本已。（言由於大義不明，前故云「春秋以道義」也）故易曰：『失之毫釐，差以千里。』（承「失其本」失字而精言之）故曰：『臣弒君，子弒父，非一旦一夕之故也，其漸久矣！』（其初只有毫釐之差，其卒遂成篡弒之禍，蓋不過一念之肆為之漸漬而長）故有國者不可以不知春秋：前有讒而弗見，後有賊而不知。為人臣者不可以不知春秋：守經事而不知其宜，遭變事而不知其權。（如趙盾不討賊、許止不嘗藥，此種讒賊之人非明於春秋之義，安能辨之？辨之不早，其禍將長矣）為人君父而不通於春秋之義者，必蒙首惡之名；（承上二語而危言以惕之）為人臣子而不通於春秋之義者，必陷篡弒之誅，死罪之名。其實皆以為善；為之不知其義，被之空言而不敢辭。（其初自謂善事，故遂為之，由於義之不明也。至其後加以篡弒之名，安能解免）夫不通禮義之旨，（以下十三句乃複衍上文之旨，一氣趕出「故春秋者，禮義之大宗也」一句來）至於君不君，臣不臣，父不父，子不子。夫君不君則犯，臣不臣則誅，父不父則無道，子不子則

聯經出版事業公司校印

譏其貴黃老、後六經者，蓋指前半其父談論六家之要云云，而誤以為遷之罪案也。班有整齊之力而識見不高，殆無足道。◎史談於六家之要處，節去不錄。

史遷著書，固與孔子假褒貶，以討亂賊者不同，然以為力頌聖德，宣盡其意，則亦非其本旨也。想其心以封禪、平準等書刺譏當世之事者，良復不少，故特假此數言以相掩蔽，故謬其辭以自匿耳。讀者當於筆墨之外尋之，但勿泥其文也。

自敘作史之志，上擧六籍、竊比麟經，如此其深切，著明後適有李陵

不孝。此四行者，天下之大過也。以天下之大過予之，則受而弗敢辭。故春秋者，禮義之大宗也。（言六經之旨皆約而歸焉，如朝宗之義）夫禮禁未然之前，法施已然之後；法之所為用者易見，而禮之所為禁者難知。」（以上統為一大段，正言有天下國家者，不可一日廢史臣之職。言春秋者，皆言史，不復指孔子所作之書也）壺遂曰：「孔子之時，上無明君，下不得任用，故作春秋，垂空文以斷禮義，當一王之法。今夫子上遇明天子，下得守職，萬事既具，咸各序其宜；夫子所論，欲以何明？」（再着此問，是周旋本朝之法不得不爾，實非正旨）太史公曰：「唯唯，否否，不然！余聞之先人曰：（言必稱先，最有深意）『伏羲至純厚，作易八卦；堯舜之盛，尚書載之，禮樂作焉；湯武之隆，詩人歌之；（引盛世為例，仍必原本六經，文字縝密如此）春秋采善貶惡，推三代之德，褒周室，非獨刺譏而已也。』（此自救前文貶天子云云之文也，看「非獨刺譏」句，則知所刺譏者已過半矣）漢興以來，至明天子，獲符瑞，封禪，（再跟「建漢家之封」等意，落筆有來歷）改正朔，易服色，受命於穆清，澤流罔極。海外殊俗，重譯款塞，請來獻見者，不可勝道。臣下百官，力誦聖德，猶不能宣盡其意。（正答「欲以何明」之問）且士賢能而不用，有國者之恥；主上明聖而德不布聞，有司之過也。（雖作感慨以陪跌下句，遂不覺其用意之深）且余嘗掌其官，（點入此句，明盡職之意）廢明聖盛德不載，滅功臣世家賢大夫之業不述，（此二句約言本朝在內）墮先人所言，罪莫大焉！（緊跟先人，針路不紊）余所謂述故事，整齊其世傳，非所謂作也。（此二句言漢以前）而君比之於春秋，謬矣！」（明明自比春秋而轉謬他人之問，一閃入妙）於是論次其文。七年而太史公遭李陵之禍，幽於縲紲。乃喟然而歎曰：「是余之罪也夫！是余之罪也夫！

之禍，懼大業廢於垂成，故假古人憂患之端稍為寬譬。乃眛者獨指此為發憤著書之由，真不可曉。余故力雪之。以武帝元狩獲麟聊據作竊比春秋之一證，故云麟止。

（以不得卒業順承先澤為罪）身毀不用矣。」退而深惟曰：「夫詩書隱約者，欲遂其志之思也。（一轉轉入窮愁著書，乃末後不得已自己寬譬之辭，而世俱以此為作史張本，寃極、謬極，最不足採）昔西伯拘羑里，演周易；孔子戹陳蔡，作春秋；屈原放逐，著離騷；左丘失明，厥有國語；孫子臏腳，而論兵法；不韋遷蜀，世傳呂覽；韓非囚秦，說難、孤憤；詩三百篇，大抵聖賢發憤之所為作也。此人皆意有所鬱結，不得通其道也，（此直應孔子「諸侯害之、大夫壅之」數句，不為李陵之事）故述往事，思來者。」於是卒述陶唐以來，（須看「卒述」二字，乃終成其事，非託始於今也）至於麟止。自黃帝始。

史記一書，學者斷不可不讀，而亦至不易讀者也；蓋其文洸洋瑋麗，無奇不備，匯先秦以上百家六藝之菁英，羅漢興以來創制顯庸之大略，莫不選言就班，青黃纂緒，如遊禁籞，如歷鈞天，如夢前生，如泛重溟；以故譾材謏學，無有能閱之終數卷者。前喆雖有評林，要亦丹黃粗及，全豹不呈。不揣荒陋，特採錄而詳閱之，務使開卷犂然，皆可成誦，間加論斷，必出心裁。密字蠅頭，經涉寒暑，幸可成編，固足為囊案之快觀也。若所刪節者，刋本具存，豈妨繙讀。世有三倉四庫爛熟胸中之士，吾又安能限之哉？辛丑長至後三日，閱訖題此。

史記菁華錄卷六終

聯經出版事業公司校印

史記菁華錄

1977年12月初版
2024年11月三版

定價：新臺幣320元

編著者　姚祖恩

出版者	聯經出版事業股份有限公司	編務總監	陳逸華
地址	新北市汐止區大同路一段369號1樓	總編輯	涂豐恩
叢書主編電話	(02)86925588轉5305	總經理	陳芝宇
台北聯經書房	台北市新生南路三段94號	社長	羅國俊
電話	(02)23620308	發行人	林載爵
郵政劃撥帳戶	第0100559-3號		
郵撥電話	(02)23620308		
印刷者	世和印製企業有限公司		
總經銷	聯合發行股份有限公司		
發行所	新北市新店區寶橋路235巷6弄6號2F		
電話	(02)29178022		

行政院新聞局出版事業登記證局版臺業字第0130號

本書如有缺頁，破損，倒裝請寄回台北聯經書房更換。　ISBN 978-957-08-7531-7 (平裝)
聯經網址 http://www.linkingbooks.com.tw
電子信箱 e-mail:linking@udngroup.com

國家圖書館出版品預行編目資料

史記菁華錄 / (清)姚祖恩編著．三版．新北市．
聯經．2024.11．320面．14.8×21公分．
ISBN 978-957-08-7531-7（平裝）
[2024年11月三版]

1.CST：史記 2. CST：注釋

610.11 113016411